16	3	2	13
5	10	11	8
9	6	7	12
4	15	14	1

André Simões

FRANCIS HIME
Ensaio e entrevista

editora■34

EDITORA 34

Editora 34 Ltda.
Rua Hungria, 592 Jardim Europa CEP 01455-000
São Paulo - SP Brasil Tel/Fax (11) 3811-6777 www.editora34.com.br

Copyright © Editora 34 Ltda., 2023
Francis Hime: ensaio e entrevista © André Simões, 2023

A FOTOCÓPIA DE QUALQUER FOLHA DESTE LIVRO É ILEGAL E CONFIGURA UMA
APROPRIAÇÃO INDEVIDA DOS DIREITOS INTELECTUAIS E PATRIMONIAIS DO AUTOR.

Imagem da capa:
Retrato de Francis Hime por Cafi, 1973

Imagem da 4ª capa:
Francis Hime em 2017

Capa, projeto gráfico e editoração eletrônica:
Franciosi & Malta Produção Gráfica

Revisão:
Beatriz de Freitas Moreira

1ª Edição - 2023

Catalogação na Fonte do Departamento Nacional do Livro
(Fundação Biblioteca Nacional, RJ, Brasil)

Simões, André
S386f   Francis Hime: ensaio e entrevista /
André Simões — São Paulo: Editora 34, 2023
(1ª Edição).
384 p.

Inclui bibliografia e discografia.

ISBN 978-65-5525-136-4

1. Hime, Francis. 2. Música popular
brasileira. I. Título. II. Série.

CDD - 927

FRANCIS HIME
Ensaio e entrevista

Apresentação.. 9

Ensaio — Francis Hime, música e canção............................ 13
   1. Um artista privilegiado.. 15
   2. Largada na carreira: segunda geração da bossa nova,
      parceria com Vinicius e canções de festival.................. 21
   3. Parceria com Ruy Guerra: canções solenes 42
   4. Parceria com Paulo César Pinheiro: o operário da canção ... 52
   5. Parceria com Chico Buarque: consagração 56
   6. Olivia Hime: parceira de música e vida 72
   7. A prolífica fase na Som Livre 77
   8. Parceria com Cacaso: musicando redondilhas 88
   9. Geraldo Carneiro: o parceiro imortal......................... 90
   10. Música de concerto: novo começo........................... 95
   11. Volta aos estúdios, sempre produzindo 100

Entrevista
   1. O jovem Francis Hime: entre a música e a engenharia (1939-1965) 113
   2. Compondo para os festivais: derrotas e memórias felizes
      (1966-1968).. 132
   3. Dos estudos nos EUA ao primeiro álbum solo (1969-1972)............... 151
   4. Sucesso popular na parceria com Chico Buarque (1973-1976)............. 173
   5. A afirmação do cancionista (1977)............................. 184
   6. Abertura a novos ritmos e parceiros (1978) 203
   7. Múltiplas facetas do artista: trilhas, arranjos, canções (1979-1982) 215
   8. O fim do período na Som Livre (1983-1985) 234
   9. Escrevendo música para concerto (1986-1996)........... 248
   10. A retomada discográfica (1997-2003) 256
   11. Livre e ampla produção na Biscoito Fino (2004-2010)..................... 281
   12. A harmonia prevalece (2011-2018)........................... 298
   13. *Hoje* (2019)... 314
   14. *Estuário das Canções* (2020-2022) 332

Índice onomástico 337
Discografia 343

Cancioneiro por ordem cronológica 357
Cancioneiro por parcerias 366
Temas instrumentais e música para concerto 375
Trilhas e projetos especiais 378
Referências bibliográficas 380
Créditos das imagens.. 382
Sobre o autor 383

Este livro é dedicado a Ercilia Lobo e à memória de Zuza Homem de Mello, primeiros a apoiar minha ideia.

Agradeço também ao pleno e tocante apoio de minha família, da família Hime e da Editora 34, na figura de Paulo Malta.

Pela participação neste trabalho, meu muito obrigado a Geraldo Carneiro, Larissa Gouveia, João Marcondes, Thaís Nicodemo, Ranulfo Pedreiro e Juliana Ripke.

Francis Hime em retrato de 1980.

APRESENTAÇÃO

Este livro busca contribuir para o registro e a memória da cultura brasileira, lançando luz sobre a arte de Francis Hime, nome cuja fortuna crítica (e popularidade) tende a estar excessivamente centrada em sua parceria com Chico Buarque. O próprio Francis, justo dizer, não demonstra absolutamente ressentir-se da pouca divulgação massiva do todo de sua vasta obra, relativamente eclipsado no que diz respeito ao conhecimento público por uma pequena parcela quantitativa de sua produção: suas músicas letradas por Chico, tão forte e justamente integradas ao imaginário do cancioneiro nacional. Francis aparenta grande sinceridade quando diz ser apenas grato à projeção que essa parceria lhe deu, tendo a possibilidade de emocionar, e voltar a emocionar, novos e antigos ouvintes há cinquenta anos. Seria injusto, com esse privilégio, deixar tomar-se pela ambição de mais *hits*.

Ainda assim, para um pesquisador que se pretende atento à canção brasileira, grita o dever de chamar a atenção para tantas outras riquezas na obra de um artista multifacetado, também parceiro de quase todos os melhores letristas do país em outras canções, arranjador requisitado de sensível marca autoral. Há também, a partir da década de 1980, sua destacada atividade na música de concerto, exibindo rara conjunção (explique, Luiz Tatit!) do autor consagrado de canções que se mostra profundamente conhecedor da estrita técnica musical. Poderia comparar-se Francis a George Gershwin, não fosse empobrecedora qualquer comparação (por mais alto que lhe seja o alvo) quando se trata de tão original artista brasileiro.

Na primeira seção do livro, há um ensaio em que busquei analisar esses aspectos únicos da obra de Francis Hime, muitas vezes pouco comentados, sem deixar de, evidentemente, passar por sua louvada parceria com Chico Buarque.

Na seção seguinte, dispõe-se uma edição dos mais significativos momentos de várias sessões de entrevistas minhas com Francis Hime, totalizando um material bruto de cerca de quinze horas colhido ao longo de cinco anos. A ideia foi a de revisitar cronologicamente toda a sua trajetória, permitindo-se a exposição de minúcias do processo criativo pouco comuns à tradicional literatura memorialista de nomes da canção brasileira, mas também não incorrendo (até pelo caráter oral da coleta) no outro extremo do estilo tecnicista acadêmico. Não foram, é claro, barradas fugas da proposta cronológica quando a conversa derivava saborosamente para divagações várias, de modo a exibir-se também um pouco da personalidade do compositor, além de seu trabalho.

Na última parte, a intenção foi a de catalogar de maneira a mais rigorosa possível toda a obra de compositor de Francis Hime; a tarefa não se mostrou tão simples quanto pode parecer, pois parte significativa de suas composições não aparece em álbuns próprios. Repetidas vezes, um título trazido à tona pela pesquisa já estava esquecido pelo próprio Francis. Além disso, a produtividade assombrosa do compositor fez necessárias constantes atualizações dessa seção. Mesmo já depois do envio do primeiro original completo deste livro para a editora, Francis lançou um álbum com peças para piano solo, *Estuário das Canções*, em novembro de 2022 — e aí corremos para fazer as mudanças e os acréscimos necessários, além de incluir mais uma seção de entrevista. Como se não bastasse, já anunciou novas canções suas a serem lançadas em álbum de sua esposa Olivia Hime (por ele arranjado), previsto para o primeiro semestre de 2023.

Não seria surpresa se entre a redação destas linhas e a impressão do livro, o compositor aparecesse com mais umas vinte canções, dois concertos, uma sinfonia... E não reclamarei, pois os eventuais inconvenientes para a pesquisa não se sobrepõem ao prazer do admirador sempre ávido por novidades criativas do artista Francis Hime.

André Simões
São Paulo, janeiro de 2023

ENSAIO

FRANCIS HIME, MÚSICA E CANÇÃO

Afirmar que a obra de Francis Hime conjuga com maestria a música popular e a música erudita pode ser correto, mas não é preciso. Com Francis, os elementos "erudito" e "popular" não agem como entidades separadas que se misturam para a composição de peças exóticas.

O compositor soube abrir sua formação às mais distintas influências musicais, para a criação de um repertório afetivo em que o popular e o erudito sempre estiveram reunidos. Esse repertório lhe permitiu expressar-se artisticamente de maneira coesa, sem que precisasse reprimir vertentes de sua memória musical.

Assim, uma sinfonia de Francis não resulta numa peça erudita com alguns elementos de citação das formas mais populares; um samba lançado num álbum de canções, do mesmo modo, não é simplesmente entretenimento radiofônico com nuances mais sofisticadas, acordes invertidos e modulações. Isso já seria bastante, mas é bem menos do que ele oferece.

Francis lega à música brasileira arte e trabalho de autor, com grande carga de originalidade. E em sua arte e em seu trabalho — importante reforçar a indissociabilidade dos dois elementos —, o compositor não abre mão de usar as múltiplas facetas musicais de que gosta e as quais domina. Por que deveria?

Aparecem na obra de Francis — de modo perfeitamente integrado, não como camadas sobrepostas —, profundidade melódica, contrapontística e harmônica, o colorido orquestral e a organização de base europeia; as variações, síncopes e deslocamentos rítmicos ligados à tradição africana; a miscigenação, a naturalidade de combinar música e palavra típica da canção popular das Américas.

E tudo isso aparece nas criações de Francis praticamente o tempo todo: não é numa composição aqui, noutra acolá — não! A grata amálgama está em canções soltas, temas instrumentais, trilhas para teatro e cinema, concertos, sinfonias etc. Sua obra é intrinsicamente mestiça, por extensão diretamente vinculada a sua nacionalidade — e Francis Hime

Ensaio

se orgulha tanto da música brasileira quanto do fato de contribuir com sua tradição.

Quantos artistas podem gabar-se (embora o modesto Francis não seja dado à autoadulação) de manter-se em plena atividade com mais de 80 anos, depois de mais de cinquenta anos de carreira, sem cair na tentação de repetir a si mesmo, sempre acrescentando novas dimensões a sua obra?

E as dimensões de sua obra são muitas e várias, exercendo, isolada ou concomitantemente, os papéis de compositor, instrumentista, cantor, arranjador, regente, letrista, diretor musical e produtor.

Como autor de música para canções populares, inspirou o melhor dos parceiros quando apresentou melodias para serem letradas, e soube como poucos valorizar as nuances de um texto quando musicou letras já existentes. Nesse trabalho de junção para compor um todo maior do que a soma das partes, operou com estilos tão diversos quanto pode haver no trabalho de mais de sessenta (!) parceiros, número que é, provavelmente, um recorde na canção brasileira.

O rol de parceiros, além de extenso, é diverso, indo de Camões e Fernando Pessoa até autores bem mais jovens do que ele, como Thiago Amud e sua própria filha, Joana Hime. Num grupo à parte, estão os parceiros com quem compôs em larga escala: Vinicius de Moraes, Ruy Guerra, Paulo César Pinheiro, Chico Buarque, Olivia Hime, Cacaso e Geraldo Carneiro. Como se não bastasse, nas poucas ocasiões em que se sentiu à vontade para escrever as letras de suas próprias melodias, Francis absolutamente não deixou nada a dever.

O raro é encontrar, entre seus contemporâneos brasileiros, um letrista relevante que não haja composto com Francis Hime. E ele soube engrandecer o trabalho de todos esses parceiros, por mais consagrados e diversos na natureza da obra que fossem.

Seu trabalho conjunto com Chico Buarque é de qualidade tal que louvações correm o risco de ser redundantes; o fato de o sucesso comercial massivo de Francis estar, no entanto, restrito a apenas essa parceria só pode ser atribuído a razões (algumas mais, outras menos) imponderáveis do mercado fonográfico. Mesmo com repertório denso e formação erudita, a produção de Francis não soa hermética: comunica-se clara e eficaz.

Para além dos grandes sucessos da parceria com Chico, conhecidos de todos os que se interessam minimamente pela canção brasileira, há muitas e muitas canções de Francis à altura de seus *hits*, divididas com vários parceiros. Trata-se de repertório riquíssimo e relativamente pouco apreciado, sem dúvida merecedor de mais contemplação, pesquisa, análise — e simples desfrute.

Se a canção popular é o gênero artístico em que o Brasil mais se destacou em nível global, com contribuições que influíram na produção dos mais destacados pares por todo o mundo, a obra de Francis Hime é um momento de síntese em que essa conquista artística se estende para além do nicho da canção. Rótulos restritivos deixam de fazer sentido: a música de Francis Hime é popular *e* erudita, com ou sem letra, em diversas formas — e bela, e ampla, e comunicativa. Por isso merece os devidos reconhecimento e divulgação.

1. Um artista privilegiado

No que diz respeito ao desenvolvimento de sua trajetória de músico, Francis Hime, nascido no Rio de Janeiro em agosto de 1939, é consciente das condições privilegiadas de sua formação, fundamentais para o desenvolvimento de seu trabalho. À época de sua infância, fazia parte dos bons costumes da classe média alta cobrar aplicação de suas crianças nos estudos de piano, e assim foi com Francis, desde seus 6 anos.

Mas Francis, falando com enorme franqueza, dispensa o tradicional eufemismo "classe média alta" para referir-se a sua base familiar, usando o termo "fortuna incalculável" quando fala das riquezas de seu avô Francis Walter Hime, industrial do ramo siderúrgico — é verdade que sempre ressalta o fato de essa fortuna se ter diluído com a descendência, tendo chegado a ele e seus irmãos uma fração do montante conquistado na geração antecedente à dos seus pais.

Ainda assim, as condições familiares permitiram, além dos estudos musicais tipicamente burgueses, a convivência num ambiente que soa idílico aos aspirantes a artistas contemporâneos. Seu primeiro grande incentivador (e posteriormente, também o primeiro parceiro!) para seguir carreira de artista foi ninguém menos que Vinicius de Moraes, amigo de sua mãe, a pintora Dália Antonina. Vinicius frequentava sua casa, e viu o adolescente Francis tocar.

Ter ouvido do poeta um "esse garoto não tem de ser engenheiro, não, tem de ser músico", ao executar para o próprio autor sua "Valsa de Eurídice", foi sem dúvida um episódio fundamental para Francis Hime: inevitavelmente, essa história é contada quando relembra o começo de

Ensaio

Na página ao lado, Francis (à esquerda), com os irmãos Vera e Luiz, em 1947, fantasiados para o carnaval em Petrópolis.
Ao lado, audição no Conservatório Brasileiro de Música, no Rio de Janeiro.
Abaixo, com o irmão Luiz (à direita), na época do colegial na Suíça.

sua carreira e suas hesitações iniciais concernentes a dedicar-se integralmente à música e preterir a engenharia, desde muito cedo vista como válvula de segurança, uma vez que "viver de arte" seria algo um tanto "sonhador".

Curiosamente, essa cobrança por estabelecer-se numa profissão com mais garantias de remuneração, ao menos teoricamente, vinha do próprio jovem Francis — não de seus pais, sempre muito estimuladores dos talentos artísticos do filho. Francis não queria depender financeiramente de sua família, mas ao mesmo tempo era incapaz de abandonar a música, ou encará-la como simples *hobby*.

Suas memórias dos exercícios obrigatórios ao piano são tipicamente ruins ("eu queria era jogar futebol"), mas mesmo quanto a essa recordação desdenhosa devemos estabelecer ressalvas: afinal, se seus irmãos não tiveram relação longeva com o piano, sua particular dedicação ao instrumento não poderia tratar-se, parece lógico, apenas de imposição familiar focada exclusivamente em um dos filhos.

Havia a repetição das aborrecidas escalas supervisionadas, é verdade... Mas também se encontrava espaço para fugas clandestinas, no tempo que deveria ser dedicado ao repertório erudito, para interpretar canções do rádio, "de ouvido", quando ninguém estava perto; ademais, certamente deveriam sobrar elogios para o jovem pianista que "levava jeito" para a coisa, como admite.

De modo que até esse período inicial de sua relação com a música, apresentado em seu próprio relato como tormentoso, dá mostras, quando analisado, de ter-lhe rendido alguma forma de prazer. E certamente ali se forneceu uma base importante ao futuro artista profissional. O "sacrifício" da obrigação pianística, se questionável aos olhos de hoje do ponto de vista das concepções mais contemporâneas de educação infantil, no caso de Francis operou em sua vida futura como abençoada prerrogativa de bem-nascido.

E se havia mesmo um trauma para Francis quanto a sua relação com a chamada música de concerto, ela se desfez de todo na ocasião de mais uma possibilidade restrita aos privilegiados: em sua adolescência — num movimento paterno pensado inicialmente como punição por vagabundagem —, foi despachado à Europa para estudar. Em liberdade em relação aos pais, tornou-se lá o protótipo do bom aluno como por eles ambicionado, o que estava longe de ser no Brasil.

Além disso, instalado na Suíça, pôde aproveitar a malha férrea da Europa Ocidental para viajar e assistir a apresentações de grandes orquestras em cidades próximas. Francis presenciou Stravinsky regendo; deu-se de presente de 18 anos um bilhete a Zurique para ver Karajan na regência da Filarmônica de Berlim em execução da *9ª Sinfonia* de Beethoven. Nesse contexto, qualquer birra em relação à música erudita tende a desvanecer mais facilmente.

De volta ao Brasil (ao Rio de Janeiro, precisamente), no contexto de efervescência da bossa nova, tinha acesso a Vinicius de Moraes, com quem depois de alguns anos compôs suas primeiras canções e engatou sua primeira parceria; por extensão, logo Francis também tinha acesso a Tom Jobim, Ronaldo Bôscoli, Baden Powell... Alguns de seus melhores amigos eram Edu Lobo, Marcos Valle, Dori Caymmi, Ruy Guerra — todos jovens talentosos que se influenciavam e despontavam com força na cena artística.

Francis estava no lugar certo, na hora certa e com as condições adequadas, iniciando sua carreira musical exatamente quando começaram os grandes festivais musicais na televisão. Suas canções eram parcerias com Vinicius, Ruy Guerra e Paulo César Pinheiro; seus intérpretes nas disputas foram Elis Regina, Jair Rodrigues, Roberto Carlos, Wilson Simonal e Taiguara, entre outros — simplesmente os cantores mais famosos do país.

É verdade que essa conjuntura, aliada ao seu talento, não foi suficiente para que Francis se tornasse um vencedor de festivais como seus amigos Edu e Dori, nem para que tivesse um grande sucesso popular à altura dos conseguidos pelos irmãos Valle em "Preciso Aprender a Ser Só", "Samba de Verão" e "Viola Enluarada". Ainda assim, aos olhos de hoje, espanta a insegurança do Francis dos anos 1960 com suas perspectivas no mundo artístico.

Ser membro de uma família rica e conviver com os melhores letristas e intérpretes não lhe pareceu, por muito tempo, suficiente para depositar todas as fichas na arte: havia essa questão de honra em torno de "ganhar a vida". Sua hesitação fez com que talvez não se tenha dedicado à promoção de sua carreira na música, nesse primeiro momento, com a força máxima potencial, e certamente o impediu de se dedicar plenamente ao curso superior de engenharia, que arrastou pelo maior número de anos possível.

Resultado irônico: neuroticamente angustiado pelo fantasma de se tornar um eterno dependente financeiro, Francis agiu de modo a justamente estender sua dependência dos pais, postergando e postergando, até ter 30 anos completos, sua decisão quanto a ser engenheiro ou músico.

Em mais um lance curioso, foi justamente quando enfim se graduou em engenharia, em 1969, que decidiu de uma vez por todas que seu futuro estava nas partituras.

E aí, com a segurança psicológica do título de engenheiro formado que nunca chegou a ser de fato, partiu para temporada de estudos musicais em Los Angeles. Se o autor de canções Francis Hime já apareceu maduro no cenário musical (obras como "Minha" e "Saudade de Amar" não deixam margem para dúvidas), ainda havia um tanto a se desenvolver em estudos formais de composição, orquestração e regência.

Durante os quatro anos radicado nos Estados Unidos (voltaria ao Brasil em 1973), Francis tomou aulas particulares com nomes consagrados na cena de Hollywood, como Lalo Schifrin, Albert Harris, David Raksin e Paul Glass, em lições principalmente voltadas à formação para autores de trilhas sonoras. Os recursos financeiros para esse "aprendizado sensacional" (palavras de Francis) vieram de uma bolsa de estudos oferecida conjuntamente por seu pai e por seu sogro.

Se é pertinente documentar as condições privilegiadas da formação de Francis Hime (as quais ele é o primeiro a reconhecer), seria estupidez despeitada relativizar seus méritos artísticos por conta desse fator. Das oportunidades que teve, Francis não fez mau uso ou negligenciou nem uma sequer, com inquietação artística, perfeccionismo — muito suor aliado à mítica imagem da inspiração do gênio.

Para quem já compunha canções em grande estilo, circundado por artistas renomados, seria fácil acomodar-se. Não com Francis: ele usou sua oportunidade de estudos em Los Angeles para criar uma marca distintiva mesmo entre os nomes de primeiro escalão: nele, as figuras de compositor, arranjador e orquestrador se mesclam de forma a ser difícil isolar essas facetas.

O Francis que retorna ao Brasil em 1973 é esse artista completo, fazendo questão de mostrar o que havia aprendido como orquestrador em seu suntuoso álbum solo de estreia, batizado simplesmente de *Francis Hime*; além disso, imediatamente começaria carreira de sucesso como autor de trilhas para teatro e cinema, sendo também requisitado arranjador em álbuns de outros artistas.

Os estudos nos EUA ainda lhe forneceriam o estofo necessário para, em momento posterior, desenvolver seu trabalho como autor de música de concerto — não dá para dizer que o dinheiro de pai e sogro tenha sido mal empregado. Infelizmente, nem todos os aspirantes a artistas tiveram e terão as mesmas chances de Francis Hime; muitos outros, no entanto, tiveram oportunidades semelhantes: quantos as aproveitaram oferecendo ao mundo um trabalho tão luminoso como o de Francis Hime?

2. LARGADA NA CARREIRA:
SEGUNDA GERAÇÃO DA BOSSA NOVA,
PARCERIA COM VINICIUS E CANÇÕES DE FESTIVAL

Os tantos parceiros de Francis Hime na autoria de canções — como vimos, mais de sessenta, e ainda estamos com a contagem aberta — proporcionaram a sua obra diversidade além da já intrínseca a sua formação, num procedimento consciente de busca de novos pontos de vista líricos como fomentadores de ideias originais a desenvolver musicalmente. Alguns nomes, porém, firmaram-se como parceiros constantes.

Vinicius de Moraes foi o primeiro deles: considerando canções que Francis terminou posteriormente à morte de Vinicius, são mais de quinze títulos em parceria. A associação ao poeta provavelmente facilita a constante menção a Francis como membro da chamada "segunda turma da bossa nova", junto com seus amigos Edu Lobo, Dori Caymmi e os irmãos Marcos e Paulo Sérgio Valle.

Reunir sob um epíteto didático amigos que de fato compartilhavam admiração pelos nomes mais destacados do movimento era tentação simplificadora para jornalistas; essa denominação, no entanto, só fez sentido nos primeiríssimos momentos em que essa turma despontou, tornando-se anacrônica muito rapidamente. O único trabalho de Francis Hime em que realmente predomina uma sonoridade "bossa nova" foi seu LP instrumental de estreia, no qual liderava o conjunto Os Seis em Ponto no álbum homônimo lançado em 1964 pelo histórico selo Elenco.

O disco é visto hoje por Francis com certa condescendência nostálgica: o músico o identifica como algo próximo a um entusiasmado arroubo amador de juventude. Francis era o líder, arranjador e pianista do grupo — na verdade, o único com alguma formação musical no conjunto, que incluía Nelson Motta em sua primeira e última experiência discográfica tocando violão: depois disso, Nelsinho largaria sua curta carreira de instrumentista para dedicar-se "só" aos ofícios de jornalista, letrista e produtor (e isso considerando apenas o campo musical!).

Apesar de certo constrangimento por parte de Francis — ele brinca que o melhor do disco são os textos da contracapa, assinados por Tom

Ensaio

os seis em ponto

Francis Hime

Alberto Hekel Tavares
Carlos Alberto
Nelson Motta Filho
Carlos Eduardo
João Jorge Vargas

XRLP-5264

luciana　　mar azul　　borandá　　inútil paisagem　　só tinha que ser você

Os Seis em Ponto
Arranjos de FRANCIS HIME

XRLP-5.264

Eis aqui um disquinho feito com Amor.
Simplicidade, Pureza, moços que amam a música e se reuniam para tocar, fizeram agora êste disco.
O repertório foi bem escolhido.
Os arranjos são simples e dizem muito, o que quer dizer que devem ter dado muito trabalho a Francis Hime. São variadas e suas estruturas fogem ao banal, ao standard.
As introduções são bem feitas, as melodias enunciadas claramente e os improvisos gostosos.
Muitas vêzes disseram que improviso é jazz, mas isso não é verdade. Os perfumes da terra brasileira são inconfundíveis e aí estão:
A moçada sabe o que quer e cria sua linguagem para dizer o que sente.
Do "Samba do Carioca" até "O Menino das Laranjas" tudo é amor e é caminho que trilha a música popular brasileira.

Antonio Carlos Jobim

P.S. A moçada é esta:

Francis Hime, 25 anos, estudante de Engenharia. Estudou piano Clássico.
E' compositor e arranjador neste disco.
Alberto Hekel Tavares — 20 anos, toca flauta e estuda Química.
Carlos Alberto Cumarão — 25 anos, quintanista de Engenharia. Trombone.
Nelsinho Motta — 19 anos, estuda desenho industrial. Estudou Violão com Roberto Menescal.
Carlos Eduardo Sadock de Sá — 18 anos, 3.º clássico. Toca Contrabaixo.
João Jorge Vargas — 17 anos, 1.º clássico. Baterista.

A. C. J.

LADO A

1 — SAMBA DO CARIOCA
(Carlos Lyra - Vinicius de Moraes)
2 — INÚTIL PAISAGEM
(Antonio Carlos Jobim - Aloysio de Oliveira)
3 — MAR AZUL
(Francis Hime - João Vitorino)
4 — LUCIANA
(Antonio Carlos Jobim - Vinicius de Moraes)
5 — BORANDÁ
(Eduardo Lobo)
6 — AMOR A ESMO
(Francis Hime - João Vitorino)

LADO B

1 — A PAZ DE UM HOMEM SÓ
(Roberto Menescal - Ronaldo Boscoli)
2 — SEM MAIS ADEUS
(Francis Hime - Vinicius de Moraes)
3 — SE VOCÊ PENSAR
(Francis Hime - João Vitorino)
4 — CANÇÃO DA LIBERDADE
(Oscar Castro Neves - Luverecy Fiorini)
5 — SÓ TINHA QUE SER VOCÊ
(Antonio Carlos Jobim - Aloysio de Oliveira)
6 — O MENINO DAS LARANJAS
(Théo)

FICHA TÉCNICA:
Lay-out da capa — OTAVIANO MELLO e RAUL VOGT
Fotografia da capa — RENATO LANDIM
Engenheiro de Som — UMBERTO CONTARDI

E' com um orgulho de que vocês não podem saber, que já me sinto meio "velha guarda" diante da bossa novíssima, a bossa dos meninos que fazem êste adulto LP.
Conheci a quase todos êles, sem exagêro, de calças curtas e de primeiros solfejos. Eram fans dos primeiros festivais que realizávamos nas faculdades e colégios. Francis Hime e Nelsinho Motta prometiam com olhos redondos que "um dia entraremos neste babado e vamos acabar com o baile".
A verdade é que os afazeres pessoais e o próprio curso da vida me afastaram dêstes rapazes. Não faz muito tempo reencontrar Francisco e Nelsinho.
— Nós não prometemos?
— E cumpriram?
— Bem... ainda é cedo para acabar com o baile mas formamos um conjunto e já fomos contratados pela RGE para gravar. Queríamos que você escrevesse a contracapa.
Em poucas linhas está explicada a razão da minha presença aqui — eu, já meio "velha guarda" diante da bossa novíssima.
Realmente, desponta uma geração com vontade e aptidões para — usando da irreverência simpática dos jovens — "acabar com o baile".
Existem garotos compondo o "fino" como Edu Lobo, Francis Hime, os irmãos Valle e tantos outros.
Existem garotos cantando com firmeza. Estão aí Wanda, Marcos Valle e Tita que não me deixam mentir.
Enfim, a safra promete sons nítidos e maduros. E êstes meninos são frutos maduros nesta primavera bacaníssima.
Francis Hime definiu um piano com um talento muito mais velho que seus vinte e pouquíssimos anos. Mais que tudo — é excelente compositor. Ouçam com atenção o Mar Azul, Amor a Esmo, Se Você Pensar e Sem Mais Adeus.
Francis é também o arranjador e líder do conjunto.
Segue-se Alberto, que tem no sôpro de sua flauta um velho pássaro, quem sabe criado por seu pai — Hekel Tavares.
Carlos Alberto, fazendo frases bonitas no trombone.
Depois vem Nelsinho Motta, dedilhando uma guitarra de ginga convincente, tôda medida. Certinha como êle.
João Jorge Vargas, com uma independência rítmica de encabular.
Carlos Eduardo Sadock de Sá, garôto com sobrenome de rua, mas cheio de simplicidade quando anda, namora ou fere as cordas de seu contrabaixo.
Êstes seis rapazes encontram-se invariàvelmente às seis em casa de um ou de outro. E atravessam horas ensaiando.
Sem que se precise falar mais ficou explicado o nome do conjunto — SEIS EM PONTO.
E eu com carinho acrescentaria — seis em ponto de bala.
Vocês vão ouvir "tocando prá fora" músicas bonitas de excelentes criadores como Tom, Carlinhos Lyra, Théo, Edu Lobo e Oscar Castro Neves.
Menescal e eu fomos também homenageados em uma das faixas. Aliás a nossa mais recente composição.
Enfim, se eu não estiver certo vocês mesmos sentirão. Mas, cá comigo, tirante o coração grande que ouviu mais que a razão, acredito que não esteja enganado ao afirmar que SEIS EM PONTO vai longe.

Ronaldo Boscoli

NOTA: Na faixa "Amor a Êsmo" o trombonista Raulzinho substituiu Carlos Eduardo no contrabaixo, e João Palma substituiu João Jorge na bateria.

DISCOS RGE LTDA. — RUA PAULA SOUZA, 181 — 2.º e 5.º ANDARES — SÃO PAULO

O primeiro disco lançado por Francis Hime, em 1964,
liderando o conjunto Os Seis em Ponto, com Alberto Hekel Tavares na flauta,
Carlos Alberto Cumarão no trombone, Nelson Motta no violão,
Carlos Eduardo Sadock de Sá no contrabaixo e João Jorge Vargas na bateria.
Os textos de contracapa eram assinados por Tom Jobim e Ronaldo Bôscoli.

Jobim e Ronaldo Bôscoli —, é de espantar como meros amadores da década de 1960, que apreciavam as intrincadas sequências harmônicas da bossa nova, conseguiam soar dignamente, considerando os padrões de exigência instrumental da canção popular radiofônica contemporânea. O álbum *Os Seis em Ponto* soa como documento da sonoridade típica da época para um conjunto de bossa nova. Tentando uma síntese: não há aqui material que desse amostra significativa do grande artista que Francis Hime se tornaria, mas o álbum passa longe do vexatório, sendo de muito agradável audição, para usar termo simples.

Além de temas comuns ao repertório de vários artistas ligados à bossa nova na época (canções de Tom Jobim, Vinicius, Carlos Lyra, Roberto Menescal etc.), há quatro composições próprias de Francis: "Sem Mais Adeus", "Amor a Esmo", "Mar Azul" e "Se Você Pensar"; aqui, todas elas aparecem com sabor bossanovista, mas posteriormente "Sem Mais Adeus" e "Amor a Esmo" (transformada em "A Noiva da Cidade" ao ganhar letra de Chico Buarque, mais de uma década depois) seriam retrabalhadas por Francis como orquestrador maduro, distanciando-se muito do feitio original e alcançando outro patamar de grandeza. Só esses dois exemplos, aliás, já são sintomáticos da importância do papel de arranjador para a fruição completa da arte de Francis Hime.

Depois desse primeiro álbum com Os Seis em Ponto, não são majoritárias as aparições, na discografia de Francis, de canções que poderiam motivar plena identificação tardia com a bossa nova, ao tentar-se catalogação musical: há mais obviamente "Último Canto" (1965), "A Dor a Mais" (1974), "Terceiro Amor" (1978), "Flor do Mal" (1980), "A Tarde" (1981), "A Invenção da Rosa" (2006), "Existe um Céu" (2007), "Sessão da Tarde" (2014)... E pouco mais nesse sentido poderia ser pinçado, já que os sambas lentos de Francis geralmente são arranjados em feitio mais próximo ao tradicional samba-canção do que às convenções bossanovísticas.

Algumas outras canções, como "Pouco Me Importa" (1977), também foram concebidas originalmente por Francis como bossas, mas a contribuição dos parceiros letristas — nesse exemplo, Ruy Guerra — distancia-as do modelo lírico típico do gênero. É também o caso da gravação original de "Trocando em Miúdos", cantada por Francis no álbum *Passaredo* (1977) em feitio de bossa nova; o texto de Chico Buarque, no entanto, com suas marcas de amor em lençóis e incentivo a derretimento de alianças, soa, digamos, intenso demais para que possa ser confundido com letra de Ronaldo Bôscoli. Talvez por isso, a canção tenha sua interpretação mais eficaz com Chico Buarque em seu álbum de 1978: sem percussão, andamento *ad libitum*, contraponto de flautas — uma roupagem musical mais condizente com o conteúdo lírico. Não há risco de ferir vaidades nessa consideração, já que ambos os arranjos foram escritos por uma mesma pessoa, o autor da música, Francis Hime.

A própria parceria de Francis com Vinicius fica muito distante de escorar-se na bossa nova: além de "A Dor a Mais", música composta ainda na década de 1960, mas que aguardaria quase uma década para ganhar letra, apenas "Sem Mais Adeus" tem roupagem bossanovística, pelo menos em suas primeiras gravações: a já comentada interpretação do conjunto Os Seis em Ponto, instrumental, e a de Wanda Sá, que no mesmo ano de 1964, em seu álbum de estreia, tornou-se a primeira intérprete a gravar canções de Francis Hime, também colocando em seu disco outra bossa de Francis: "Mar Azul" (com letra de um amigo, João Vitório Maciel), tema muito próximo, estilisticamente, das produções da dupla Menescal/Bôscoli.

Mas o tratamento definitivo para "Sem Mais Adeus", como já se mencionou aqui, só viria em 1973, em gravação com grande orquestra para o primeiro álbum solo de Francis Hime, numa opulência muito distante dos dogmas da bossa nova. A canção, aliás, em seu aspecto composicional já se presta a uma paginação mais grandiosa do que o costumeiro intimismo da bossa nova, vindo de um tema "possivelmente inspirado" (como o próprio Francis classifica) em *O Lago dos Cisnes*, de Tchaikovsky, e a letra com a dramática imagem do amante vindo "banhado em pranto".

Mas se é verdade que o arranjo feito quase dez anos depois da criação original engrandeceria consideravelmente a obra, é impossível não perceber na estrutura de "Sem Mais Adeus", independentemente da instrumentação, uma música para canção muito bem resolvida, de maneira enxuta, em quarenta compassos em forma ABACC; cada seção dura oito compassos, e as construções melódicas são todas variações elegantes das seis primeiras notas do tema A, de sabor tchaikovskiano. Não se vê em "Sem Mais Adeus" a enxurrada voluntariosa de ideias musicais interessantes, mas nem sempre compatíveis, tão típicas de compositores talentosos, porém incipientes. "Sem Mais Adeus" é de beleza tão evidente que dispensa o reforço de notas elucidativas, mas considerando ser a alegada primeira canção escrita por Francis, o espanto se faz ainda maior: em certo aspecto, parece que Francis já nasceu pronto, para recorrer ao lugar-comum — e mesmo admitindo a possibilidade de que possa haver

Ensaio

certa fabulação por parte do autor para convenientemente esquecer de canções anteriores menos felizes, no mínimo é fato documentado que, junto à muito inferior "Mar Azul", é sua primeira canção gravada.

Se muitos compositores (alguns deles consagrados, de talento indiscutível — para não ir longe: Chico Buarque, por exemplo) manifestam certo embaraço ao se referirem às suas primeiras composições, pois elas ainda guardam características amadorísticas que destoam da produção madura, Francis Hime passa longe de compartilhar esse problema: não é exagero laudatório dizer que muitos artistas adorariam conseguir chegar, em seu ápice da carreira, ao nível da estreia de Francis. Só há certo constrangimento de Francis ao rever seus primeiros anos quando ele analisa suas limitações na execução e capacidade de orquestração, mas nunca quanto às canções compostas: sintomaticamente, "Sem Mais Adeus" é presença constante, até hoje, em seus shows, mesmo nunca tendo feito grande sucesso popular.

A segunda parceria entre Francis e Vinicius foi "Saudade de Amar", definida por Francis como ligada tanto ao seu apreço pela música erudita europeia quanto às suas memórias afetivas relacionadas às modinhas da tradição brasileira; com sua sequência de grandes saltos ascendentes repousando em notas agudas prolongadas, parece um tema impossível de ser considerado para o repertório de João Gilberto, estando muito distante do modelo composicional da bossa nova.

E a partir daí, a parceria com Vinicius tenderia para temas mais sacudidos, por preferência do próprio poeta, segundo lembra Francis: "ele me puxava para os sambas". A produção Francis/Vinicius, vista em conjunto, está mais próxima do que o poeta fez com Baden Powell do que das criações da dupla Tom e Vinicius: "Anoiteceu", "Felicidade", "Tereza Sabe Sambar", "Samba de Maria", "O Tempo da Flor" — todos temas próximos à safra de afrossambas de Baden e Vinicius.

Francis, aliás, não se cansa de ressaltar o tamanho da influência de Baden Powell em sua obra, julgando-o subestimado como compositor, talvez por "culpa" de sua altura como instrumentista, a ponto de indevidamente eclipsar seu trabalho de criação. "Consolação", particularmente, parece ser quase uma obsessão para Francis, surgindo como citação repetidas vezes, em distintos arranjos seus, ao longo da carreira. "Talvez [Baden] tenha me influenciado até mais do que o Tom... Não sei. São os dois." Mesmo sendo um violonista, e o outro, pianista, o peso da mão esquerda de Francis, ao interpretar sambas ao piano, é herdeiro direto do vigor da mão direita de Baden quando toca o estilo — ambos lançam mão dessa mesma abordagem quase *heavy metal* quando se debruçam sobre o ritmo nacional.

Também é curioso notar como, pensando nas canções de Francis Hime e no legado de Tom Jobim, a relação entre os dois se faz notar mais por meio dos temas não diretamente ligados à bossa nova: "Derradeira Primavera", "Eu Não Existo Sem Você", "Se Todos Fossem Iguais a Você", "Sabiá" e "Matita Perê" são mais próximas do universo de Francis do que "Garota de Ipanema" e "Ela é Carioca", digamos.

No mais, é importante lembrar que o próprio Vinicius, um dos pais do movimento, nunca foi um militante inflexível dos dogmas da bossa nova. No mesmo 1958 em que celebrizava os abraços e beijinhos e carinhos sem ter fim, escrevia a "Serenata do Adeus", dos versos "Crava as garras no meu peito em dor/ E esvai em sangue todo o amor/ Toda a desilusão", perfeita antítese da estética bossanovista.

A bossa nova foi de ascendência incontornável em seu tempo, mas não exerceu na obra de Francis Hime peso fundamentalmente mais decisivo do que a música erudita europeia, a canção americana (particularmente Gershwin) e a canção brasileira como um todo: se Baden Powell e Tom Jobim são os nomes primeiramente citados como preferidos, toda a geração de compositores da Época de Ouro, ouvida no rádio por Francis quando criança, foi fundamental para o composto de influências que o compositor trabalharia para fazer germinar sua obra intensamente original. Cartola, particularmente, aparece como um nome muito querido, sendo que Francis cataloga todo um nicho entre suas composições como sendo no estilo "samba de morro".

Assim, a cota bossanovista *stricto sensu* de Francis Hime parece mesmo ter se gasto quase inteiramente em seu primeiro ano de carreira, 1964, pois logo a seguir seu direcionamento musical tomaria rumos distintos, sendo muito identificado, durante toda a década de 1960, com as canções para os festivais de televisão, de grande importância no período; tipicamente, um repertório de interpretações muito mais intensas do que as costumeiras da bossa nova.

Aliás, é curioso notar que, entre a mal chamada segunda geração da bossa nova, apenas os irmãos Valle conseguiram compor canções que entraram para o cânone bossanovista: "Samba de Verão", principalmente, é presença obrigatória em qualquer coletânea dedicada ao gênero. E mesmo os Valle, que de fato deram contribuições importantes para a bossa nova, passam longe de terem se restringido ao gênero na carreira, tendo sido autores ou coautores, juntos ou separados, de sucessos tão díspares

Ensaio

27

O disco de Wanda Sá, *Wanda Vagamente*, de 1964, que trazia a primeira canção gravada de Francis Hime em parceria com Vinicius de Moraes, "Sem Mais Adeus".

Partitura manuscrita de "Samba de Maria",
composição de Francis Hime e Vinicius de Moraes, de 1967,
oferecida a Baden Powell.

quanto a canção de protesto "Viola Enluarada", o jingle global dos versos "Hoje é um novo dia/ De um novo tempo que começou" e o *megahit* sertanejo "Evidências".

O termo "segunda geração da bossa nova", até hoje usado para unir Francis, Edu Lobo, Dori Caymmi e os irmãos Valle, perdeu sua adequação já em 1965, com a vitória de "Arrastão" (parceria de Edu Lobo e Vinicius de Moraes), interpretada por Elis Regina a plenos pulmões, e a subsequente forte vinculação dos outros membros da turma (com a exceção já mencionada dos irmãos Valle), durante o resto da década, a uma estética identificada com os festivais, mais expansiva — "Saveiros", de Dori Caymmi e Nelson Motta, também foi uma vencedora de festival; Edu Lobo, como todos sabem, foi junto com Chico Buarque o maior vencedor de festivais de toda essa era.

Logicamente, as conquistas da bossa nova, e seu repertório, foram assimilados por todos eles e formam base importante para o trabalho que viriam a produzir; se fosse mesmo necessário, no entanto, rotular restritivamente a produção desse grupo de artistas, "pós-bossa nova" (ou o enquadramento no que depois seria consagrado como MPB) parece muito mais adequado do que "segunda geração da bossa nova". Com o privilégio da análise depois de anos passados, parece simples a observação, mas se faz necessário cravá-la quando a marca equivocada ainda é repetida tantas décadas depois. Como de costume, as palavras de Zuza Homem de Mello, ao rever o assunto, têm poder esclarecedor: "Viu-se que as canções da Bossa Nova não teriam êxito nos festivais; surgiu um novo formato denominado canção brasileira tipo festival".

É nesse cenário que Francis Hime desponta na década de 1960, embora não tenha sido um vencedor nos festivais. É de se pensar, aliás, quão diferentes teriam sido os rumos em sua carreira caso ele houvesse tido destaque imediato nessa década. Parece um daqueles exemplos em que um mero detalhe tem força definidora. Elis Regina, no mesmo festival em que venceu com "Arrastão", interpretou também "Por um Amor Maior", parceria de Francis com Ruy Guerra: enquanto "Arrastão" foi um marco, tornando-a nacionalmente conhecida (e também ao jovem compositor da música, Edu Lobo), "Por um Amor Maior", por sua vez, apesar de gravada por Elis em seu primeiro álbum da fase "adulta" (*Samba — Eu Canto Assim*), permanece até hoje relativamente obscura, tendo que esperar até 2007 para receber sua segunda gravação (com Olivia Hime), sem nunca ter entrado na própria discografia de Francis.

Cabe a ressalva, porém, de que o fato de Francis não ter estado na linha de frente dos festivais tem provável relação com suas recordações amenas do período, tendendo a se lembrar das disputas como eventos divertidos; Edu Lobo guarda memórias radicalmente distintas da época, tendo chegado a declarar que se sentia "como um cavalo de corrida", numa alusão às pressões para a vitória.

Também vale lembrar que, embora basicamente metade das canções publicadas por Francis na década de 1960 tenha sido lançada em festivais ("Por um Amor Maior", "Último Canto", "Anoiteceu", "Maria", "Eu Te Amo, Amor", "O Tempo da Flor", "Samba de Maria", "A Grande Ausente" e "Anunciação"), não foram colocadas em disputa nenhuma justamente "Sem Mais Adeus", "Saudade de Amar" e "Minha" — e apenas "A Grande Ausente", entre as canções para festival de Francis, está no mesmo nível de grandeza dessas três.

Coincidentemente ou não, a única canção de Francis a ter ficado entre as vencedoras de festival foi justamente "A Grande Ausente", parceria com Paulo César Pinheiro que conseguiu o 6º lugar no júri popular do 4º Festival de Música Popular Brasileira da TV Record, em 1968 — o último festival antes da decretação do AI-5. Sendo uma balada de grande lirismo, seu sabor poderia ser julgado como em desacordo com o espírito do tempo; seja por essa ou outra razão, seu intérprete Taiguara foi impiedosamente vaiado na ocasião, tendo que interromper a execução para pedir ao público condições para "defender" (como se dizia à época) a canção. A premiada pelo júri especial nesse festival foi "São, São Paulo Meu Amor", de Tom Zé, criada conscientemente de modo a refletir preocupações estéticas contemporâneas. A vencedora do júri popular, no entanto, foi "Benvinda", de Chico Buarque; quando comparada a "A Grande Ausente", pode ser notada na canção de Chico a mesma verve lírica, possivelmente soando antiquada, a muitos, naqueles momentos de grande tensão política, com a desvantagem de ser uma criação menos sofisticada. No que pese serem comparações valorativas um assunto muito complexo em arte, será difícil achar um ângulo avaliativo em que "Benvinda" não possa ser considerada simplesmente como muito inferior a "A Grande Ausente", na opinião deste autor.

Alguns dos malogros de Francis em festivais (em relação aos quais, reiteramos, ele não parece guardar muita mágoa, uma vez que nem estava firme na resolução de priorizar sua carreira musical) podem, portanto, ser atribuídos ao acaso, ao imponderável. No que diz respeito a tantas outras participações nas disputas, porém, faz-se necessária certa franqueza para analisar a situação: na maior parte das criações da parceria Fran-

Ensaio

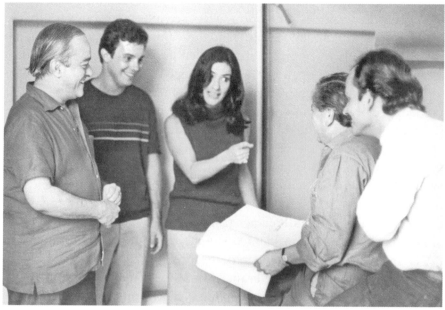

Vinicius de Moraes, Francis Hime, Suzana de Moraes (filha de Vinicius)
e o diretor José Marques da Costa em ensaio do espetáculo
Vinicius: Poesia e Canção, no Teatro Municipal de São Paulo, em 1965.
No alto, os dois parceiros, que se conheceram ainda nos anos 1950.

Quatro nomes da chamada "segunda geração da bossa nova" em 1964:
Edu Lobo, Francis Hime, Marcos Valle e Paulo Sérgio Valle.

cis/Vinicius, as letras das canções não acompanham a qualidade da música — embora Francis faça questão de manifestar sua discordância enfática da análise deste autor.

Após o início da parceria com duas canções evidentemente trabalhadas com rigor, em que se pode notar o apuro típico do sonetista consagrado nas letras de Vinicius — em "Saudade de Amar" se encontra o virtuosismo do esquema com rima preciosa na passagem "Chorando a tua ausÊNCIA// VENCE A tua solidão/ Abre os braços e VEM" —, as contribuições de Vinicius para as músicas de Francis parecem ter se dado numa chave de valorização de coloquialismo e espontaneidade nas letras.

Em alguns casos, essa opção estética rendeu muito bem, como em "Anoiteceu": Francis julga que pode ter havido má vontade perante o time reunido em torno dessa canção no 2º Festival de Música Popular Brasileira da TV Record, em 1966, que incluía, além dos autores, Roberto Carlos (!) como cantor, provavelmente por sugestão de Vinicius, conforme lembra Francis; a canção nem alcançou as finais, não chegando aos dias de hoje nenhum registro dessa interpretação histórica, que marca, antes da Tropicália, o primeiro reconhecimento das qualidades do "alienado" jovenguardista Roberto Carlos por parte de representantes da MPB. A aliança inusitada de forças da canção brasileira, no estilo "frente ampla", talvez ainda não pudesse ser compreendida por jurados com necessidades compartimentalizantes. Consta que Roberto ficou arrasado com a desclassificação precoce da canção, chegando às lágrimas, interpretando o ocorrido como perseguição particular por parte do "pessoal da música brasileira". As qualidades de "Anoiteceu" foram, no entanto, logo reconhecidas por outros artistas: logo depois, Leny Eversong, Nara Leão e Joyce lançaram em disco suas interpretações para o samba.

Em outras parcerias Francis/Vinicius, porém, as letras em registro aparentemente ligeiro transmitem menos leveza do que a impressão de um Vinicius em modo piloto automático. A pouca maturação no aspecto lírico das canções tende a afetar menos os sambas sacudidos do que os temas camerísticos: é o caso de "Maria", defendida por Wilson Simonal em 1966 no 1º Festival Internacional da Canção da TV Rio (Vinicius, naquele ano, realmente estava decidido a convocar intérpretes inusitados para suas parcerias com Francis), canção lenta e desafiadora por sua complexidade harmônica, um exemplo claro de beleza musical que pedia letra mais elaborada; acontece o mesmo com "Eu Te Amo, Amor", defendida por Cláudia em 1967 no 2º Festival Internacional da Canção. Transcrevemos aqui a recordação de Francis Hime sobre a gênese do tema: "O Edu Lobo tinha feito a primeira parte do 'Canto Triste', sem a segunda parte. Resolvi então fazer essa segunda parte, para ter uma parceria com ele. Fui encontrá-lo para mostrar o que havia feito, mas ele já tinha composto tudo! Aí fiquei com uma segunda parte pendurada, tive de compor uma primeira parte depois [gerando a música de "Eu Te Amo, Amor"]. Por coincidência, o mesmo poeta letrou as duas". Não dá para deixar de notar que, sendo canções aparentadas e tendo o mesmo letrista, Francis teve o azar de não contar com Vinicius trabalhando, em sua "Eu Te Amo, Amor", com o mesmo grau de qualidade depositado em "Canto Triste" (admita-se, também uma criação musical superior de Edu Lobo), embora a enorme melancolia comum a ambas tornasse qualquer uma das duas impraticáveis para êxito festivalesco, como acabou acontecendo. Mas enquanto "Canto Triste", igualmente preterida em festival, conta com perto de três dezenas de regravações até hoje, "Eu Te Amo, Amor" é uma canção obscura, tendo ganhado seu primeiro registro discográfico apenas em 1993, pelo próprio Francis Hime, para o *songbook* produzido por Almir Chediak dedicado à obra de Vinicius de Moraes (Virgínia Rodrigues, em 2008, gravou a canção pela segunda vez, e até agora última).

E por vezes, mesmo num tema acelerado como o "Samba de Maria", interpretado por Jair Rodrigues em 1967 no 3º Festival de Música Popular Brasileira, é impossível não deixar de observar que a música instigante merecia letra menos apressada. Zuza Homem de Mello definiu a canção como "um rosário de, acreditem, 29 Marias numa letra pouco inspirada de Vinicius, que não agradou". A despeito de certa mordacidade no comentário, "Samba de Maria" parece mesmo destoar do corpo de finalistas daquela edição do festival, que incluiu a vencedora "Ponteio" (Edu Lobo e Capinan), "Roda Viva" (Chico Buarque), "Domingo no Parque" (Gilberto Gil) e "Alegria, Alegria" (Caetano Veloso), sem contar "Eu e a Brisa", de Johnny Alf, desclassificada ainda nas eliminatórias para posteriormente se tornar um *standard* da canção brasileira, com mais de quarenta gravações registradas.

Claro, apontar certo descompasso qualitativo entre letra e música nas canções da parceria Francis/Vinicius (particularmente as que concorreram em festivais) surge apenas como tentativa de entendimento das razões pelas quais Francis não se tornou um nome famoso ainda na década de 1960, mesmo com composições de altíssimo nível; certamente, além desse fato de que suas melhores canções do período não entraram em competições, há fatores simplesmente intangíveis, e outros nem tanto:

Compacto de Leny Eversong lançado por ocasião do 2º Festival da Record, em 1966, com "Anoiteceu", de Francis Hime e Vinicius de Moraes no lado B. Leny interpretou "Lá Vem o Bloco" no festival, enquanto "Anoiteceu" foi defendida por Roberto Carlos.

O disco *É Tempo de Samba*, do Zimbo Trio, de 1967, que abria com uma bela interpretação instrumental de "Anoiteceu".

I Festival Internacional Da Canção Popular
RIO

O LP do 1º FIC, de 1966, com a composição "Maria", de Francis Hime e Vinicius de Moraes, interpretada por Wilson Simonal e o MPB-4. Assim como ocorreu com "Anoiteceu", a canção não se classificou para as finais do festival.

como já vimos, o próprio Francis se mostrava hesitante quanto à carreira musical, e sua atuação como cantor (sempre a principal vitrine para um artista dedicado à canção popular) esteve limitada a alguns shows. Deve ser lembrado que as letras ligeiras de Vinicius, para vários títulos da parceria com Francis, não fazem ruins nenhuma dessas canções: apenas talvez as tenham impedido de atingir sua máxima potência, quando se analisa a força do componente musical das obras; e certamente, ainda, a importância da contribuição de um autor ou de uma parceria entre autores não deve ser vinculada a uma pretensa "média" entre a qualidade de suas criações, mas sim à intensidade dos pontos luminosos da obra: no caso da dupla Francis/Vinicius, os grandes momentos, e o caráter fundamental para o prosseguimento da carreira de Francis, são mais do que suficientes para louvar-se esse encontro — e mesmo nos momentos não tão grandes, essa parceria sempre resultou saborosa.

Curiosamente, a última das canções compostas entre os dois, "Marília e Marina" (1976), é o momento em que se volta a perceber por parte de Vinicius, na parceria, um preciosismo verbal que certamente lhe tomou muitas horas de trabalho. Talvez a alteração de procedimento no modo de escrever do poeta, para as músicas de Francis, tenha vindo do fato de que "Marília e Marina" foi composta como trilha para filme homônimo de Luiz Fernando Goulart, roteirizado como adaptação da "Balada das Duas Mocinhas de Botafogo", poema narrativo do próprio Vinicius, em rigorosa métrica fixa; a canção é uma filha temporã da dupla, cujo trabalho foi realizado basicamente na década de 1960, excetuando-se esse tema e "A Dor a Mais" — além das canções com contribuição póstuma de Vinicius, poemas musicados por Francis, invertendo a forma de composição usual da dupla enquanto o poeta esteve vivo, na qual era Vinicius quem letrava as músicas do parceiro. A canção "Marília e Marina" explora variações melódicas e harmônicas para uma única célula rítmica, correspondente a cada um dos versos da letra, e surge no filme com uma instrumentação curiosa, em que se combina piano e voz (de Francis), violoncelo e sintetizador (o primeiro uso em sua carreira). Uma grande canção escondida, já que, depois de ser lançada dentro da trilha, só voltou a ser gravada em 2009 (para o disco de Francis *O Tempo das Palavras... Imagem*), em versão instrumental, permanecendo até hoje inédita, em registro para álbuns, no formato canção.

Voltando à era dos festivais: é verdade que Francis Hime custou a ser um nome conhecido do público (mais do que seus colegas aos quais costumam associá-lo facilmente: Edu Lobo, Dori Caymmi, Marcos e Paulo Sérgio Valle). Entre músicos, no entanto, ainda na década de 1960 se tornou uma referência de respeito, sendo chamado para escrever arranjos por nomes como Gilberto Gil (na canção "Minha Senhora", inscrita em festival) e Caetano Veloso (fez alguns arranjos para *Domingo*, álbum de estreia de Caetano, dividido com Gal Costa em 1967); várias de suas canções, embora nenhuma até aquela altura houvesse se tornado um *hit*, integraram o repertório de destacados intérpretes — notadamente Elis Regina, que gravou "Por um Amor Maior", "Último Canto", "Tereza Sabe Sambar" e "Minha" (na década seguinte, ainda gravaria de Francis "Atrás da Porta", claro, e "Valsa Rancho"); em 1968, Francis foi chamado para suas primeiras experiências na composição de trilhas sonoras, encarregando-se da peça *Dura Lex Sed Lex No Cabelo Só Gumex*, com texto de Oduvaldo Vianna Filho e direção de Gianni Ratto, e do filme *O Homem que Comprou o Mundo*, de Eduardo Coutinho. Francis vê, nessas primeiras experiências na área, marcas de incipiência, como o fato de expor um sem-número de temas, em vez de desenvolver adequadamente poucos motivos musicais ao longo da trilha, conforme aprenderia com estudos específicos em sua temporada nos Estados Unidos. Ainda assim, o fato de ter sido convocado como músico nessas produções mostra o prestígio que já vinha conquistando entre os pares artistas.

Por fim, resta lembrar que Francis, no fim da década de 1960, já estava com o repertório pronto para o lançamento de um álbum solo, inclusive com arranjos escritos; preferiu, no entanto, abortar o projeto, pois não queria viajar para seu período de estudos em Los Angeles com amarras contratuais. É verdade que Francis demonstrou algumas vezes, em declarações, ligeira sombra de arrependimento por ter iniciado tardiamente sua carreira de intérprete de canções; a possibilidade de contato mais direto com o público, assim, foi adiada, vindo a primeira chance apenas em 1973, com o lançamento de seu primeiro álbum solo pela Odeon, quando retornou ao Brasil; analisando a situação por um viés mais positivo, no entanto (sem precisar impor nenhuma distorção à Pollyanna para isso), pode-se perceber que o longo tempo de incubação permitiu que o lançamento efetivo de sua carreira na linha de frente de exposição artística se desse já com o artista plenamente maduro, num álbum antológico.

Ensaio

teatro do autor brasileiro

apresenta

"DURA LEX SED LEX NO CABELO SÓ GUMEX"

revista de
Oduvaldo Vianna Filho

idealização e roteiro de
Oduvaldo Vianna Filho, Paulo Pontes e Armando Costa

música de
Dori Caymmi, Francis Hime e Sidney Waismann

direção de
Gianni Ratto

primeiro espetáculo do
TEATRO DO AUTOR BRASILEIRO

REVISTA DO
TEATRO MESBLA

É elaborado pela
Editôra Jockey Diário Ltda.
Rua da Quitanda, 45, 7.º
Tels.: 42.9419 e 22.3234 — Rio
Diretor Responsável
Dr. *Domingos Pontes Vieira*
Coordenador Geral:
Pedro Petersen
Departamento Jurídico
Geraldo Matheus
Publicidade
Marílio Martins
Supervisão Gráfica
Atlas Vasconcellos
A matéria redacional é de in-
teira responsabilidade da Cia.
produtora do espetáculo.

teatro do autor brasileiro

WHO'S WHO NA MÚSICA

1.ª PARTE

Ave-Maria — Francis Hime
Chegou-Chegou — Dori Caymmi e Sidney Waismann
Somos todos Desempregados — Francis Hime
Desafio — Dori Caymmi
Apresentação do Quadro da Classe Média — Francis Hime
Porteiro, Abre a Torneira, Mas isso vai acabar, A Feira, Canção do Dinheiro, Canção do Ônibus — Dori Caymmi
É com o pé, é com a mão, Ministério, Comercial — Sidney Waismann
Encerramento da primeira parte — Dori Caymmi

2.ª PARTE

Defende a tua pátria — Francis Hime
Pelo mundo, pelo mundo — Sidney Waismann
Ai que saudade — Francis Hime
Vote na Dona Isabel — Francis Hime
Não vim trazer a paz, mas a espada — Sidney Waismann
Abaixo a Princesa Isabel — Francis Hime
É cravo com canela — Francis Hime
Ai não sou feliz — Francis Hime
Meu pai, meu pai — Dori Caymmi
Já perdi dez vêzes — Sidney Waismann
Aqui termina esta revista — Dori Caymmi
Não chora não que tem mais — Francis Hime

RENATA
assistência de direção

O programa de *Dura Lex Sed Lex No Cabelo Só Gumex*, de 1968, com músicas de Francis Hime, Dori Caymmi e Sidney Waismann. A atriz Renata Sorrah também participou da peça.

41

3. Parceria com Ruy Guerra: canções solenes

É curioso o contraste entre os dois primeiros parceiros de Francis Hime na feitura de canções: se Vinicius de Moraes predominantemente empregava em suas letras para Francis um registro coloquial, instigando o músico a fazer sambas, a dupla Francis Hime e Ruy Guerra deixou um legado de canções lentas, letras tendendo para o solene, com o eu da canção sempre se dirigindo ao personagem interlocutor em rigorosa segunda pessoa.

A discrepância entre Ruy e Vinicius se torna ainda mais instigante quando Francis confessa que, apesar de serem amigos, havia entre eles *certa rivalidade* — e isso na descrição do *gentleman* Francis Hime. Mas considerando as canções com Francis, a escrita de Ruy Guerra se distingue de sua própria produção como letrista nas notáveis parcerias com Chico Buarque, Edu Lobo e Milton Nascimento: com Francis, o caráter político, tão marcante nessas outras realizações, aparece muito marginalmente. Apenas se pode notar alguma tendência nesse sentido em "Por um Amor Maior" ("Que o amor pra ser bom/ Pra não ser qualquer/ Precisa gritar a força que tem/ De tudo mudar") e talvez "Réquiem", que poderia ser interpretada, entre outras possibilidades, como a despedida de um homem que parte para a luta armada. O tom geral da parceria, no entanto, escora-se no lirismo, retratando as atribulações do amor intenso.

Embora tenham produzido muito ainda na década de 1960, apenas três canções da dupla Hime/Guerra foram publicadas nesse período, sendo as duas primeiras lançadas por Elis Regina: "Por um Amor Maior", aqui já mencionada, é a canção de Francis com maior feitio festivalesco, apesar de não ter logrado sucesso na disputa de que participou: grande tessitura, construída em crescendo, num desfecho com notas agudas e alongadas; "Último Canto" é um samba-canção soturno, cuja letra apresenta um eu que se despede do amor findo com um ritual equivalente ao que se dedica a uma pessoa morta. Musicalmente, é uma construção singela ("sem maiores rebuscamentos", como diz Francis), tendo sido também gravada por Agostinho dos Santos antes de ganhar roupagem com grande orquestra no álbum da estreia solo de Francis, em 1973.

O terceiro título publicado pela dupla, ainda na década de 1960, foi "Minha". Aqui temos uma canção com grande número de admiradores notórios, boa o suficiente para se destacar não apenas entre o cancioneiro de Francis Hime, mas tomando qualquer parâmetro de comparação: a jornalista Maria Luiza Kfouri, por exemplo, define-a simplesmente como "das músicas mais lindas do mundo", enquanto o casal Stella e Dorival Caymmi a tinha como sua canção preferida, conforme garante Francis. Curiosamente, trata-se de uma canção mais célebre do que famosa, com uma história peculiar de crescente projeção. Sua gravação original, com o Tamba Trio, em 1966, não fez sucesso popular, mas repercutiu entre músicos; entre a turma próxima de Francis, tornou-se uma espécie de hino matrimonial, tendo marcado presença, entre outros, no casamento de Elis Regina com Ronaldo Bôscoli, em 1967 (do qual Francis foi padrinho), e no próprio casamento entre Francis e Olivia Hime, em 1969; pouco depois, num período de férias no Brasil, quando estava morando em Los Angeles, Francis percebeu que de repente "todo mundo" conhecia o tema, atribuindo o fato à inclusão de "Minha" no repertório de um show de Elis; em 1973, a canção teria lugar no álbum solo de estreia de Francis, com densa orquestração; até que, em meados da década de 1970, a canção ganharia divulgação para além do território brasileiro, tendo sido gravada três vezes, em arranjos instrumentais, por Bill Evans (influente pianista que, entre tantos feitos artísticos, integrou o grupo de acompanhamento de Miles Davis no antológico álbum *A Kind of Blue*) e, com versão em inglês escrita por Ray Evans e Jay Livingston, por ninguém menos do que Tony Bennett. E assim uma canção que nunca teve significativa execução radiofônica tornou-se referência de qualidade artística, uma espécie de belíssimo segredo compartilhado entre um clube seleto de aficionados da canção popular — certamente à revelia dos autores, que haveriam de preferir a divulgação mais irrestrita possível.

Mas as razões para sua aclamação, ainda que entre determinado nicho, não são nada misteriosas, tratando-se de exemplar encaixe entre música e letra. A partir de um motivo melódico obsessivo, desenvolvido a partir de apenas duas notas, constrói-se uma letra de igual caráter, no qual o termo "minha" aparece três vezes entre as dez primeiras palavras da canção ("Minha/ Serás minha/ Desde a hora que nasceste/ Minha..."); na segunda seção, há uma mudança estrutural, passando a ser ouvido um número significativamente maior de notas por compasso, como se estivesse transbordando um sentimento que não pode mais ser represado, enquanto a letra de Guerra novamente traduz a ideia dessa alteração de forma musical ("Vou te amar, e é tanto tanto amor/ Que até pode assustar/ Não temas essa imensa sede/ Que a teu corpo vou levar"); por fim, a música retoma a mesma ideia da primeira seção, mas sendo acrescido um fecho em que o motivo inicial aparece seis vezes seguidas, em notas curtas e sem pausa entre elas. A correspondência lírica, mais uma vez, é

Ensaio

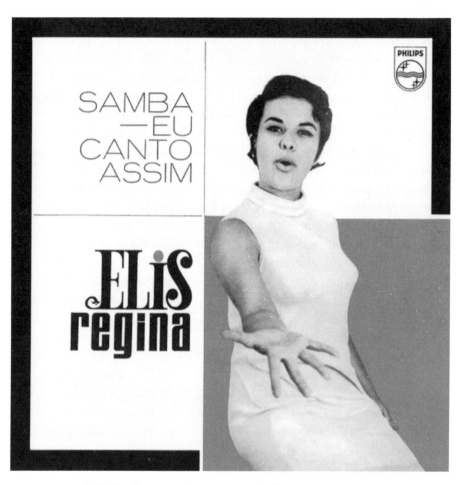

O LP *Samba — Eu Canto Assim*, de Elis Regina, de 1965, que trazia a faixa "Por um Amor Maior", de Francis Hime e Ruy Guerra. A canção concorreu ao 1º Festival da TV Excelsior, no mesmo ano, vencido pela própria Elis com "Arrastão", de Edu Lobo e Vinicius de Moraes.

Francis Hime ao piano no casamento de Elis Regina e Ronaldo Bôscoli, em 1967.
Atrás, Paulo Bertazzi, Olivia Hime e Elis; à esquerda, Luiz Carlos Vinhas.
"Minha", composição de Francis com letra de Ruy Guerra,
foi uma espécie de hino dos casamentos na época.

perfeita, com a sensação de repetição e perpetuidade dos versos "Para sempre/ Para sempre, para sempre".

Espanta que criação dessa altura quase tenha sido posta de lado depois de pronta, por implicância dos autores com o som anasalado da palavra "minha"; felizmente, Olivia Hime (àquela altura ainda Olivia Leuenroth, mas já namorada de Francis), testemunha daqueles momentos de criação, dissuadiu a dupla da prática de uma dessas bobagens a que até os melhores nomes estão sujeitos de vez em quando — não é raro fugir, por vezes, dos grandes artistas, a perspectiva necessária para o juízo adequado de suas próprias obras (lembremos do conto "O Perseguidor", de Cortázar), mas o descarte de "Minha" seria imperdoável.

Para o primeiro álbum solo de Francis Hime, lançado em 1973, cinco das nove faixas tinham letra de Ruy Guerra: além de "Último Canto" e "Minha", apareciam "À Meia Luz", "Ave Maria" e "Réquiem", todas compostas ainda na década de 1960. Entraria ainda mais uma parceria da dupla, "Teima", mas esta foi censurada com a alegação de "atentado ao pudor" por sua letra de natureza sexual (nada além de "Vou te arrastar, te agadanhar/ Te macerar nesses lençóis" e "Tu vais gritar dentro de mim/ Como se fosses meu", versos que parecem salmos quando cotejados com a poética contemporânea do funk carioca); curiosamente, bastou rebatizar "Teima" como "Pouco Me Importa" para que os censores de quatro anos depois, menos pudicos ou mais distraídos, liberassem-na para o álbum *Passaredo*.

Num álbum em que Francis estava ansioso para exibir seus talentos de orquestrador, natural que fosse dado privilégio à parceria com Ruy Guerra, de tons constantemente circunspectos; das composições com Vinicius, foi selecionada para o LP apenas uma canção, justamente "Sem Mais Adeus", lenta e com letra mais formal do que o padrão da dupla (embora use "você" como pronome de tratamento, ao contrário das canções de Francis com Guerra), não tendo vez nenhum dos tantos sambas acelerados à disposição; completavam o disco "Atrás da Porta" e "Valsa Rancho", as duas únicas canções então recentemente compostas, frutos da nova parceria com Chico Buarque, e o tema instrumental "Olivia", assinado apenas por Francis. Embora seja preponderantemente um álbum de canções populares, *Francis Hime* têm forte acento camerístico, havendo participado das gravações uma orquestra de 57 músicos. Em cinco das nove faixas, a instrumentação é de piano e orquestra, sendo que, dessas cinco, apenas "Olivia" não é representante da parceria Hime/ Guerra ("Último Canto" é única criação da dupla no disco em que se ouve bateria); mesmo nas quatro canções que preveem percussão, há forte presença orquestral. A opção de Francis por um repertório soturno é compreensível no contexto de oportunidade: para um artista estreante, a gravadora ofereceu uma orquestra próxima ao padrão sinfônico, tendo Francis a liberdade de escrever arranjos, reger, atuar como pianista e cantor nas músicas que ele próprio havia composto! Conforme aponta o músico e pesquisador João Marcondes, essa autonomia conjugada à multiplicidade de papéis de atuação num álbum não tinha precedentes na indústria fonográfica nacional; com seu infalível senso de oportunidade, Francis tratou de selecionar o material que melhor colocasse em evidência todo o imenso corpo de músicos disponível, bem como suas próprias capacidades de orquestrador recém-aprimoradas — e esse material foi mais facilmente recolhido entre suas colaborações com Ruy Guerra, nas quais são ainda mais tênues as fronteiras entre o erudito e o popular.

Francis conta que, por certo tempo — principalmente depois que o álbum não *aconteceu* comercialmente —, arrependeu-se de ter feito um disco tão uniformemente denso, sem faixas que apareçam como "respiro", admitindo como "crítica possível" ao LP a falta de contraste entre os temas; mas mencionar "falta de contraste" constitui uma avaliação negativa que pode ser facilmente refraseada, em outra chave, como "coesão e coerência". E a visão positiva quanto a esse ponto parece ter prevalecido, historicamente: com baixa vendagem em seu lançamento (a Odeon não se interessou em renovar o contrato de Francis para outros trabalhos), hoje *Francis Hime* é o mais cultuado entre seus álbuns, havendo ganhado menção nos livros *300 Discos Importantes da Música Brasileira* (organizado por Caetano Rodrigues, Charles Gavin e Tárik de Souza) e *1973 — O Ano Que Reinventou a MPB* (de Célio Albuquerque); além disso, 36 anos após seu lançamento, foi executado integralmente, com casa cheia, na Virada Cultural Paulistana de 2009, com Francis cantando e tocando piano, acompanhado pela Orquestra Sinfônica Municipal de São Paulo interpretando os arranjos originais.

Francis admite que, de tanto seus amigos manifestarem apreço por esse disco como uma produção especial, seu álbum solo de estreia voltou a crescer em sua própria consideração. De fato, o entusiasmo de Francis se apresenta contagiante — como se estivesse apreciando uma novidade, e não se lembrando de uma gravação feita há quase cinquenta anos — ao mencionar os "violinos enlouquecidos" na melodia em contraponto de sua "Ave Maria" com Guerra, ousada letra composta como uma exortação para que Maria ceda aos apelos da carne; ao falar com visível orgu-

Ensaio

NO LANÇAMENTO DE SEU DISCO
FRANCIS HIME CURTE A PATOTA

Na informalidade da reunião de muitos amigos, o anfitrião Luiz Buarque de Holanda, Francis Hime, Aloisio de Oliveira, a sra. Hime e o cineasta francês Albicocco.

Entre os artistas de muitas tendências da patota, Ivan Lins e sua mulher Lucinha foram presenças simpáticas.

A opção entre um colégio interno em Friburgo, o oficialato da Marinha e a Europa levou Francis Hime a morar na Suíça. Em Lausanne, ele iniciou os estudos de música erudita, mas o seu trabalho estaria definitivamente ligado à música popular brasileira, quando, em 1960, voltou para o Brasil e encontrou a bossa-nova no início da sua ascensão. Hoje, com um trabalho elaborado, às vezes sofisticado, Francis Hime, ex-aluno de Lalo Schifrin e Paul Glass, é um músico respeitado nas correntes mais importantes da MPB. Vinícius de Moraes, Chico Buarque de Holanda, Rui Guerra, e mais recentemente Paulinho Pinheiro, são os parceiros constantes da obra musical de Hime. Europa, Estados Unidos (onde se especializou na técnica da trilha sonora para filmes) e o Brasil (as raízes, a terra dos amigos, da patota) deram a Francis Hime todo o instrumental da sua capacidade de músico. Isso ele mostra no seu LP, lançado semana passada num badalado coquetel na casa de Luiz Buarque de Holanda, aprazivelmente instalada no alto do Jardim Botânico, Rio.

A PATOTA PRESENTE

O motivo da festa era, particularmente, o reencontro com os amigos. E nenhum deles faltou ao chamado de Francis Hime, numa noite promovida por Luiz Buarque de Holanda, Paulo Bitencourt, a gravadora Odeon, com o empenho promocional de Ivone Kassu.
A patota foi chegando, pegando o uísque e espalhando-se pelo extenso e arborizado jardim da casa. Disseram presente ao bate-papo e ao drinque: Milton Nascimento, Chico Buarque e Marieta Severo, Rui Guerra, Mieli, Edy Star, Luiz Gonzaga Jr., Ivan Lins e Lucinha, Fernando Lobo, Cyl Farney, Míriam Batucada, Ziraldo, Carlos Leonan, Antônio Pedro, Joyce, Aloisio de Oliveira, e mais um que se integrava à patota: o cineasta francês Albicocco, que está no Brasil para as filmagens da obra de Jorge Amado.
Engenheiro por profissão e músico por devoção, Francis Hime atribui aos seus trabalhos "as noções de equilíbrio e distribuição, como na arquitetura". Seu LP tem sete faixas: no lado "A", **Atrás da Porta**, com Chico Buarque, **À Meia-luz**, com Ruy Guerra, **Olívia** (sozinho), **Sem mais Adeus**, com Vinicius de Moraes; no lado "B": **Valsa Rancho**, parceria com Chico Buarque, e **Minha, Último Canto** e **Réquiem**, feitas com Ruy Guerra. A direção musical do disco é do maestro Gaya.

Texto de JORGE SEGUNDO
Fotos de FERNANDO SEIXAS

O CRUZEIRO, 6-2-1974

Alegria, alegria com muito uísque: (alto) Hime, Aloísio, Gonzaga Jr., Miriam e Milton Nascimento; embaixo: Chico Buarque, Hime e Ruy Guerra; ao lado: as presenças esfuziantes de Edy Star, cantor da moda, e de Mieli, o bom gozador.

Reencontro com os amigos, após a temporada em Los Angeles, no lançamento do LP *Francis Hime*, de 1973, no Rio de Janeiro. O registro é da revista O *Cruzeiro* de 6/2/1974.

lho de "Réquiem" como o primeiro poema pronto que musicou integralmente; ou ao comentar o feitio tchaikovskiano de "À Meia Luz", na qual a introdução orquestral funciona praticamente como uma peça à parte, e a "cinematográfica" letra de Guerra (na avaliação de Olivia Hime) se apresenta curiosamente como uma prima em traje de gala para "Tive Sim", de Cartola.

No álbum seguinte de Francis Hime, *Passaredo*, de 1977, haveria ainda outras cinco parcerias com Ruy Guerra: "Máscara", "Meu Homem", "Último Retrato", "Pouco Me Importa" e "Carta". Como em *Passaredo* há um número substancialmente maior de faixas (treze, contra nove do primeiro álbum), aqui a produção com Guerra não tem caráter tão definidor para a feição do álbum como um todo; todas as canções da parceria, porém, apresentam-se de maneira coesa, como representações densas (musical e liricamente), tendendo para o grandioso, de amores atormentados.

Dessas, "Meu Homem" e "Pouco Me Importa" se somam à canção "Corpo e Alma" (lançada por Claudette Soares, em 1975, como contraponto de sexo oposto para "Minha") para formar o trio de canções da parceria com letra no eu lírico feminino. As letras dessas canções, com apurado senso poético, retratam características sem dúvida verificáveis em tantos relacionamentos amorosos entre homem e mulher, espelhando um modelo historicamente predominante por anos a fio, até as conquistas feministas, já no século XX, começarem a impor rachaduras na aceitação — vista até então, largamente, como quase natural — do domínio masculino; pode-se afirmar, no entanto, que parecem não ter envelhecido tão bem quanto, por exemplo, as letras de eu lírico feminino compostas pelo mesmo Ruy Guerra em parceria com Chico Buarque para a peça *Calabar*.

Não fica tão evidente, nessas parcerias com Francis, certo tom de denúncia ao apresentar uma personagem feminina passiva ante a ascendência masculina; a beleza das canções, por si, ainda vigora e pode ser apreciada, mas é pouco provável que uma cantora se interesse, hoje, considerando a sensibilidade feminina contemporânea e o espírito do tempo, em gravar versos como "Eu me arrasto/ Eu me faço a tua presa/ E nos teus rastros/ Os meus restos vou deixando, desfeita/ Estraçalhada, exposta, exausta/ Suada e gasta" (em "Corpo e Alma"), "Pouco me importa a humilhação/ De te esperar de bar em bar/ Pouco me importa se me cospes" (em "Pouco Me Importa") ou "Meu homem não vale nada, eu sei/ Mas foi tudo o que encontrei" (em "Meu Homem"). Seria necessária clara contextualização dramática para essas canções soarem aceitáveis hoje, o que dificulta sua permanência. Ressalve-se, no entanto, que a mera exposição clara de desejos carnais por parte de um eu feminino já soava ousada à época.

Das quinze canções registradas da dupla Francis Hime e Ruy Guerra, dez delas aparecem divididas entre os álbuns *Francis Hime* e *Passaredo*, os dois primeiros de Francis. Pode-se especular que a natureza tão intensa das canções corresponda a um igualmente intenso processo de composição, que se concentrou num período temporal muito específico. No álbum seguinte de Francis, *Se Porém Fosse Portanto* (1978), só apareceriam dois temas com letra de Guerra: "Ode Marítima" e "Ieramá". O primeiro é mais uma canção de amor em feitio épico, com a parte musical composta ainda na década de 1960; "Ieramá", por sua vez, embora traga como semelhança em relação a sua parceira de álbum as imagens marítimas para tratar do amor desencontrado, constitui-se num poema de Guerra musicado por Francis de maneira destoante dos padrões da parceria, valendo-se de um acento afro, curiosamente, muito presente nas composições com Vinicius de Moraes.

Sem razões específicas ("são essas coisas da vida", diz vagamente Francis), depois de 1978 a parceria só seria reativada pontualmente em 2006, para a composição de "Corpo Marinheiro", canção feita especificamente para o álbum de Olivia Hime *Palavras de Guerra*, voltado todo ao repertório do cineasta e letrista. Como se retomando a parceria onde "Ieramá" os havia deixado, a dupla conscientemente quis entregar outra canção atípica aos moldes da parceria, realizando um samba mais acelerado e com menos nuances harmônicas.

Pode-se lamentar que o trabalho conjunto dos dois tenha sido interrompido justamente no momento em que Francis estava buscando diversificar ritmicamente suas composições, o que poderia ter trazido novas possibilidades aos autores de repertório tão denso; assim como as coisas se deram, no entanto, a dupla legou uma obra conjunta de rara coesão e substância. Francis e Ruy, como é natural para compositores desse quilate, têm individualmente suas marcas de autor; o que compuseram juntos, porém, é como se levasse uma terceira assinatura, de uma entidade artística autônoma gerada a partir da amálgama de seus talentos.

Ensaio

4. Parceria com Paulo César Pinheiro:
o operário da canção

Paulo César Pinheiro é, cronologicamente, o terceiro parceiro de Francis Hime, com as primeiras composições da dupla ("A Grande Ausente" e "Anunciação") lançadas em festivais de 1968. O peso da parceria pode passar despercebido, já que em nenhum momento de sua carreira Francis teve em Pinheiro seu parceiro mais constante; também deve se levar em consideração o fato de que quase metade das dezessete canções registradas da parceria (além da participação de Pinheiro como letrista na *Sinfonia do Rio de Janeiro de São Sebastião*) não constam da discografia do próprio Francis, tendo sido lançadas por outros intérpretes; ambos vêm erigindo sua obra conjunta numa chave "devagar e sempre", sendo o único caso da carreira de Francis de um parceiro com quem lançou canções em todas as décadas de atuação na carreira, desde a era dos festivais até seu último álbum, *Hoje* (2019), para o qual musicou o "Soneto de Ausência" de Pinheiro.

Francis sempre se refere ao parceiro como "um verdadeiro operário da canção", dando à expressão tonalidade altamente elogiosa, referindo-se ao profissionalismo de Pinheiro e ao particular fato de que, sempre quando necessário, soube que poderia contar com ele para entregar letras de alta qualidade, em tons diversos e com prazo definido. Paulo César Pinheiro é um caso raro de compositor que, mesmo tendo um estilo predominante bem definido — com muitas letras de nostálgica expressão trovadoresca, perceptível desde "Viagem", parceria com João de Aquino, composta quando tinha apenas 14 anos —, consegue adaptá-lo a diversos gêneros musicais.

A primeira parceria a ser tornada pública entre Francis e Pinheiro (e provavelmente, a mais famosa), "A Grande Ausente" — balada grandiloquente de feitio clássico —, enquadrou-se perfeitamente à lírica de seu jovem parceiro; mas, no mesmo ano, Francis lhe ofereceu melodia totalmente distinta, que viria a tornar-se a canção "Anunciação": um samba de acento afro, com a evidente marca de Baden Powell. Claro que Pinheiro também tirou de letra a missão de letrar o tema, até porque ele também era parceiro do próprio Baden!

Quando voltou dos Estados Unidos, depois de temporada em que se aprofundou em estudos relacionados à música de concerto, Francis apresentou a diversos cantores uma série de músicas de pronunciado feitio camerístico (muitas delas compostas ainda antes da viagem aos EUA).

Quem era o incumbido das letras? Paulo César Pinheiro, nos temas "Herança", "Minhas Mãos" e "Talvez". Não faltam exemplos díspares: se há um choro ainda sem versos, no qual se deve mencionar "Lindalva", personagem de filme, o trabalho deve ir, evidentemente, para Paulo César Pinheiro; encomenda para a trilha sonora da novela global *Escrava Isaura* (1976), no que viria a ser a primeira faixa do intérprete Francis Hime lançada pela Som Livre: Pinheiro deu conta do recado novamente, gerando "Amor Sem Medo", belíssima e pouco conhecida canção em que os arroubos extremados dos versos ("Porque eu te quero conseguir de qualquer jeito/ Eu faço qualquer coisa pra te ter/ Se não der certo o amor que eu tenho aqui no peito/ Então eu lanço mão dos meus defeitos/ Mas vou tentar de tudo até morrer") condizem perfeitamente com os violinos em contraponto atingindo regiões cada vez mais agudas, como num transe de ímpeto amoroso.

E Pinheiro (para Francis, sempre Paulinho, aquele que "quando conheci era garoto de tudo!") também pode ser proponente das parcerias, oferecendo poemas como "Navio Fantasma" e "Navios" para serem musicados, com Francis podendo operar, em sua amplitude de repertório, em procedimentos diversos: em "Navio Fantasma", a métrica fixa do poema é aproveitada para gerar frases musicais igualmente regulares quanto às figuras rítmicas, seguindo a forma já proposta nos versos geradores da canção; em "Navios", por sua vez, Francis divide os versos de maneira muito particular, distanciando-se da métrica original e criando uma canção em que é difícil suspeitar tratar-se de poema musicado, com uma primeira parte em feitio próximo a um recitativo de ópera dando lugar a um choro; em qualquer um dos casos, funciona à perfeição. Há canções que podem servir de perfeita antítese uma da outra, como a desalentada seresta "Tempo de Chuva", um poema musicado ("Tempo de chuva é mais triste/ Dá nostalgia no peito/ Acho que nada que existe/ Deixa ninguém satisfeito [...]/ Pobre de quem teve sempre/ Tempo de chuva na vida"), e a otimista "Luz da Manhã", letrada por Pinheiro a partir da música de Francis ("A luz do sol/ É um talismã/ Do coração/ É guardiã/ E se a manhã/ A dor desfaz/ Toda manhã/ É um milagre a mais").

Além da temática amorosa mais recorrente, nas canções da parceria há sambas em louvação ao próprio gênero musical ("No Parangolé do Samba", "Pra Baden e Vinicius") e ao futebol ("Maracanã"), funcionando como uma versão renovada dos sambas-exaltação: aqui, as razões para ufanismo são pontuais e contextualizadas em contraponto às não omitidas mazelas da nação — entra nessa mesma linhagem a colaboração de

Ensaio

"Amor Sem Medo", de Francis Hime e Paulo César Pinheiro, integrou a trilha da novela *Escrava Isaura*, da TV Globo, em 1976. Foi a primeira gravação de Francis como intérprete para a Som Livre.

No alto, Paulo César Pinheiro, na época dos festivais dos anos 1960, quando fez suas primeiras parcerias com Francis Hime.
Acima, o letrista com Francis durante a gravação de "Maracanã", composição de ambos registrada no álbum *Choro Rasgado*, de 1997.

Pinheiro na *Sinfonia do Rio de Janeiro de São Sebastião*, na qual ficou responsável pelos versos dos movimentos "Choro", "Samba" e "Canção Brasileira", além da abertura e do encerramento, estes em parceria com Geraldo Carneiro.

A parceria mais longeva de Francis Hime — com Paulo César Pinheiro — apresenta-se também como largamente merecedora de revisitações, em face de seu relativo desconhecimento pelo público.

5. Parceria com Chico Buarque: consagração

"Atrás da Porta", música de Francis Hime com letra de Chico Buarque, foi o primeiro grande sucesso comercial da carreira de Francis, ao ser lançada por Elis Regina em 1972. A princípio, esse fato soa inusitado, uma vez que Francis já havia lançado, anteriormente, outras canções de feitio bem mais "comercial", com interpretação de outros cantores destacados — inclusive a própria Elis.

Musicalmente, é uma composição com visível influência dos estudos eruditos de Francis. Em vez de se desenvolver em algumas poucas seções que se repetem e contrastam entre si, como é o padrão na canção popular, "Atrás da Porta" traz o desenvolvimento de uma única célula musical, com a duração de exatamente um compasso de fórmula 2/4, que se repete ao longo de toda a canção mantendo sempre as mesmas figuras rítmicas (no caso, uma colcheia pontuada, seguida de duas semicolcheias ligadas, uma colcheia e uma semicolcheia), mas variando melodicamente de acordo com uma progressão harmônica pouco óbvia.

Esse modelo de composição, uma aplicação de técnicas eruditas na composição popular, já havia sido explorado na canção brasileira algumas vezes, como Tom Jobim o fez em "Retrato em Branco e Preto", por exemplo (coincidentemente, outra canção com letra de Chico Buarque); nesse caso, no entanto, ainda se podia identificar, combinado ao desenvolvimento de uma única célula melódica, um procedimento de formatação no qual há blocos de melodia que se repetem integralmente, facilitando a assimilação do ouvinte; "Atrás da Porta" traz um modelo mais radical, evoluindo praticamente sem repetição melódica até seu desfecho; mesmo seu padrão de figuras rítmicas idênticas na melodia de cada compasso, aliás, tende a ser anulado pelos intérpretes (muito acentuadamente por Elis Regina), que promovem novas divisões dos versos para valorizar a mensagem da canção — uma mensagem triste, narrando dolorosa separação, com versos ousados (a famosa ambiguidade sexual em "dei pra maldizer o nosso lar") e, espelhando a música sobre a qual se construiu a letra, sem repetições: mesmo o título "Atrás da Porta" só aparece uma vez, e fora de posição de destaque, dividido entre dois compassos.

Temos em "Atrás da Porta", então, uma canção triste, lenta, sem estímulo à dança, sem um padrão de repetições musicais ou líricas, difícil para a assimilação auditiva e com mais dificuldades ainda para que o ouvinte possa "cantar junto" com o intérprete. No entanto, sendo como é, transformou-se não apenas num modelo de qualidade da canção brasileira como num grande sucesso popular, com massiva execução radiofônica. O imponderável costumeiramente tem grande peso para determinar se uma canção se converte ou não em um *hit*, mas no caso de "Atrás da Porta" é possível lembrar alguns fatores que contribuíram para um sucesso popular à primeira vista improvável: o letrista Chico Buarque estava em grande evidência após o êxito de "Construção", e o eu lírico feminino em "Atrás da Porta" oferecia novo modelo para a apreciação de seu virtuosismo lírico (até hoje, provavelmente é a primeira canção lembrada quando se quer aludir à célebre "sensibilidade feminina" de Chico); da parte da intérprete original, Elis Regina, havia o fato de que no momento do lançamento da canção estava concluindo o processo de separação com Ronaldo Bôscoli, ao passo que começava um relacionamento com César Camargo Mariano — para o público, criou-se a irresistível oportunidade de confundir o texto da canção com a "história real", o que foi devidamente explorado comercialmente.

"Atrás da Porta" entra para a história cultural brasileira, desse modo, como séria candidata ao posto de mais complexa (e anticomercial) canção a conseguir amplo sucesso; o próprio autor Francis Hime se mostra perfeitamente consciente de que, não fossem circunstâncias muito particulares envolvendo a aura em torno do letrista e da intérprete original do tema, seria muito improvável que sua música conseguisse a projeção alcançada. Com a canção, o país viveu momento oswaldiano em que as massas consumiram biscoito fino — expressão aproveitada por Olivia Hime ao batizar o selo musical do qual foi sócia fundadora, já no ano 2000.

E já começou assim, no mais alto nível, a célebre parceria entre Francis Hime e Chico Buarque. Na verdade, a dupla poderia ter começado seu trabalho conjunto consideravelmente antes, por volta de 1967: estimulado por amigos dizendo que os dois *tinham* de compor juntos, Francis enviou a Chico a melodia do que depois se tornaria a canção "A

Dor a Mais"; Vinicius de Moraes, porém, ao ficar sabendo, interditou a possibilidade com seu notório ciúme, dizendo que aquela música era dele e ninguém tascava. Curiosamente, Vinicius só entregaria a letra anos depois, em 1973, quando a parceria entre Francis e Chico já era um fato consumado com o sucesso de "Atrás da Porta".

Para o primeiro álbum solo de Francis, em 1973, evidentemente "Atrás da Porta" foi escolhida como a canção de abertura, num arranjo ainda mais suntuoso do que o escrito para a interpretação de Elis por César Camargo Mariano, e no qual Francis canta a melodia em divisão muito próxima à escrita na partitura original.

Ainda houve tempo de aprontar mais uma canção da dupla para compor o álbum: "Valsa Rancho", música de Francis que habilmente mescla valsa e marcha-rancho em sua levada. Chico Buarque aproveitou essa característica, mantendo o título provisório do tema, situação única na obra dos dois: Francis sempre deixa seus parceiros totalmente livres para a escolha do assunto a tratar nas letras, não oferecendo sugestões, e geralmente opta, em seus temas musicais, por títulos de trabalho vagos, com simples referências ao estilo da música ou à situação dramática para a qual foram escritas ("Tema Hindu", "Choro nº 1", "Canção de Teodoro nº 2", "Espanhola"). No caso, "Valsa Rancho" era mais um título sem pretensão de permanência, mas Chico o considerou instigante o suficiente para aproveitá-lo em metalinguagem, criando imagens originais para sua letra, uma manifestação clara de anseios sexuais: "Me valsa/ Me rancha [...]/ Me faz duvidar/ Delirar/ Prometer/ Desatar/ Responder/ Transbordar/ Devolver/ Me acabar/ Devagar/ Desmaiar/ Com você".

Originalmente, a canção também foi entregue a Elis Regina, que chegou a gravá-la, novamente com arranjo de César Camargo Mariano; os autores, no entanto, tiveram acesso à gravação antes do lançamento, e não se sentiram totalmente satisfeitos com o que ouviram: haviam pensado em uma interpretação mais forte, que deixasse evidente o caráter sexual da canção. Francis, mais chegado a Elis, foi o escolhido para sugerir à cantora a possibilidade de uma regravação, em outros moldes. Conforme lembra Francis, Elis respondeu com um reticente "vou pensar", mas não retornou à canção; seu registro de "Valsa Rancho" só veio a público em 1979, num álbum lançado pela Philips à revelia da cantora, contendo sobras de estúdio. Coincidentemente ou não, Elis nunca mais gravaria outra canção de Francis Hime, embora tenha mantido "Atrás da Porta" no repertório de seus shows até perto do fim de sua vida. Trata-se de um daqueles episódios de desacerto em que não há culpados, mas ainda assim são lamentáveis — ainda mais quando se constata não haver nada de errado com a "Valsa Rancho" de Elis, notável na exploração da dinâmica musical; se ela houvesse sido mais sexualmente enfática em sua interpretação, o resultado tenderia para o caricatural. Ironicamente, o próprio Francis, quando cantou "Valsa Rancho" em seu álbum de estreia solo, não tentou empregar a teatralidade vocal que esperava de Elis, optando por um registro ainda mais sutil.

A parceria entre Francis e Chico Buarque estava lançada com essas duas primeiras canções, mas só engrenaria para uma produção em grande escala alguns anos depois. É importante lembrar que o primeiro álbum solo de Francis, do ponto de vista comercial, "não aconteceu", deixando-o imerso em certa frustração, e sem contrato com uma gravadora para dar prosseguimento a sua discografia. Dada a amplamente reconhecida qualidade do álbum, hoje gozando do status de clássico, esse dado pode soar como inaudito, mas é importante ter o fato em mente para compreender o contexto da carreira de Francis naquela ocasião. Ele havia enfim conseguido se colocar como autor de um grande sucesso nacional com "Atrás da Porta" e lançar sua carreira de intérprete, mas sem conseguir a projeção pessoal que esperava.

Para fins pragmáticos, naquele momento, a mais importante faixa de seu álbum de estreia foi "Olivia", justamente o único instrumental do disco, assinado sozinho por Francis como uma homenagem a sua esposa, em forma de pequeno (no que diz respeito a sua duração, pouco mais de quatro minutos) poema sinfônico. Ao ouvir "Olivia", Bruno Barreto se apaixonou pelo tema, e teve a convicção de que aquele compositor era a pessoa certa para compor a trilha sonora de seu filme *A Estrela Sobe* (1974), estrelado por Betty Faria. Certamente Francis estava à altura da missão, tendo acabado de passar por temporada nos Estados Unidos em que estudara especificamente a composição de trilhas sonoras.

A partir daí, foi como compositor de trilhas para cinema que Francis finalmente conseguiu segurança financeira na profissão de músico, tendo montado extenso currículo na área antes de se voltar a seu segundo álbum solo de canções, *Passaredo*, lançado apenas em 1977. Depois de *A Estrela Sobe*, o requisitado trilheiro Francis Hime foi o responsável pela música de *Um Homem Célebre* (de Miguel Faria Jr., 1974), *Lição de Amor* (de Eduardo Escorel, 1975), *Dona Flor e Seus Dois Maridos* (também de Bruno Barreto, 1976), *Marcados para Viver* (de Maria do Rosário, 1976) e *Marília e Marina* (de Luiz Fernando Goulart, 1976). O filme *A Noiva da Cidade*, de Alex Viany, por dificuldades tão típicas do

Ensaio

O LP *Elis*, de 1972, que lançou "Atrás da Porta", de Francis Hime e Chico Buarque. O disco é considerado um dos melhores da carreira da cantora.

Francis Hime, de 1973, o primeiro álbum solo do músico, hoje considerado um clássico, lançado pela Odeon.

cinema nacional, só foi lançado em 1978, mas sua trilha já estava pronta desde 1975; fechando a década, Francis ainda fez a trilha para *República dos Assassinos* (novamente de Miguel Faria Jr., 1979), e depois só voltaria a trabalhar com novas trilhas de cinema no século XXI. Mas sua produção como trilheiro não se interrompeu, apenas havendo a substituição do cinema pelo teatro como meio preferencial: no mesmo 1979 em que faria a sua última trilha para cinema por muitos anos, Francis compôs a música da peça *A Menina e o Vento*, com texto de Maria Clara Machado e direção de Marília Pêra, retomando uma produção de música para teatro (até então, só havia feito a trilha para *Dura Lex Sed Lex No Cabelo Só Gumex*, ainda em 1968) no ritmo assombroso de sete peças musicadas entre 1979 e 1985.

Além do estabelecimento profissional, a ligação de Francis com a composição para fins dramáticos lhe trouxe prestígio e projeção: a música de *Lição de Amor*, da qual particularmente se orgulha, recebeu prêmios de melhor trilha sonora no Festival de Gramado (o troféu Kikito) e na cerimônia do Instituto Nacional de Cinema (o troféu Coruja de Ouro). A trilha de *Dona Flor e Seus Dois Maridos* traria a Francis o segundo Kikito, em anos consecutivos, além da óbvia vitrine de ter seu trabalho apreciado no filme que deteve o posto de maior bilheteria da história do cinema nacional até 2010, quando foi lançado *Tropa de Elite 2*.

A relação de Francis com a música para cinema e teatro também foi fundamental para estreitar sua parceria com Chico Buarque, que havia sido episódica até o trabalho conjunto em canções para o filme *A Noiva da Cidade*. Só para esse título, foram compostas as canções "A Noiva da Cidade", "Desembolada", "Passaredo" e "Quadrilha" (além de "Lindalva", única do filme com letra de Paulo César Pinheiro); Francis e Chico ainda trabalhariam juntos na produção dos filmes *Dona Flor e Seus Dois Maridos* e *República dos Assassinos*, e nas peças *Ópera do Malandro* (texto e canções do próprio Chico Buarque) e *O Rei de Ramos* (de Dias Gomes). A canção em contexto dramático (seja cinema ou teatro), portanto, tem considerável peso na obra conjunta dos dois, tanto nas ocasiões em que Francis foi coautor de canções com Chico quanto nas ocasiões em que arranjou e orquestrou as canções creditadas exclusivamente ao parceiro.

Um caso sintomático é o de *Dona Flor*. Francis já estava designado por Bruno Barreto (com quem havia trabalhado dois anos antes em *A Estrela Sobe*) como autor da trilha, mas sugeriu ao diretor o nome de Chico Buarque para compor a canção-tema do filme. Daí nasceriam as três versões para "O Que Será": "Abertura", "À Flor da Pele" e "À Flor da Terra". Na verdade, trata-se da mesma melodia, com três letras diferentes, em arranjos distintos. No filme, foram interpretadas por Simone, com arranjo de Francis; fora das telas, a versão "Abertura" não se popularizou, mas "À Flor da Pele" e "À Flor da Terra" se tornaram clássicos, a partir das gravações em dueto de Chico e Milton Nascimento, sempre com arranjo de Francis — as sessões de gravação foram contíguas, mas "À Flor da Pele" saiu no álbum *Geraes*, de Milton, enquanto "À Flor da Terra" apareceu no LP *Meus Caros Amigos*, de Chico, ambos lançados ainda em 1976.

"O Que Será" é creditada exclusivamente a Chico, música e letra, mas as interferências de Francis nos arranjos são significativas a ponto de levar à reflexão sobre os modelos de crédito de autoria na canção popular; a canção ligada ao que se convencionou chamar de MPB (assim como a canção americana ligada à tradição teatral) costuma seguir um padrão básico em que se aponta como autor da parte musical da canção aquele que compõe sua melodia vocal, entendida como um elemento "fixo" enquanto outros fatores musicais podem variar muito entre distintas interpretações; é curioso pensar que na tradição da música rock, por exemplo, o entendimento é oposto: a melodia vocal costumeiramente tem pouca relevância, podendo ser alterada radicalmente de uma interpretação para outra sem descaracterizar a canção, mais identificada por *riffs* de guitarra e outros elementos que, vistos sob outro paradigma, poderiam simplesmente ser tomados como componentes de arranjo, mas não de composição. "O Que Será" se mostra como uma dessas canções em que a contribuição do arranjador é tão relevante que se torna difícil dissociá-la da composição; a passagem mais significativa, nesse sentido, é a introdução da versão "À Flor da Pele": na gravação original em disco, foi cantada em vocalise por Milton Nascimento, mas é costumeiramente usada por outros cantores quando interpretam a canção em distintos arranjos, tendo também aparecido na transcrição de Almir Chediak quando a colocou em sua série de *songbooks*. Efetivamente, no álbum O *Tempo das Palavras... Imagem* (2009), em que gravou com arranjos para piano solo composições de sua carreira relacionadas à música para cinema, Francis registrou como de autoria sua essa introdução, atribuindo-lhe o título de "Variação de Dona Flor nº 1". Também são contribuições de Francis para "O Que Será" o marcante interlúdio de trompetes (ainda em "À Flor da Pele"), o contraponto nas cordas (em "À Flor da Terra") e a divisão das seções com modulações (em ambas as versões).

Ensaio

O filme *A Noiva da Cidade*, estrelado por Elke Maravilha, lançado somente em 1978, trazia várias composições de Francis Hime: "A Noiva da Cidade", "Desembolada", "Passaredo" e "Quadrilha", com letras de Chico Buarque, e "Lindalva", com letra de Paulo César Pinheiro.

LP com a trilha sonora do filme *Dona Flor e seus Dois Maridos*, lançado no mercado norte-americano em 1977.

O caso de "O Que Será" talvez seja o mais marcante exemplo de toda a imensa contribuição dada por Francis ao cancioneiro de Chico Buarque, para além das parcerias entre os dois, mas se trata apenas de uma pequena fração desse aporte. Um grande marco foi o álbum *Meus Caros Amigos*, de Chico; para esse LP, já estavam selecionadas três canções da dupla: além de duas faixas vindas da trilha de *A Noiva da Cidade* ("Passaredo" e a canção homônima ao filme), também entrou "Meu Caro Amigo" — curiosamente, trata-se de tema letrado por Chico a partir de choro originalmente composto por Francis para a trilha de *Um Homem Célebre*, reafirmando a importância do contexto dramático para o impulsionamento da parceria. Planejando seu disco, Chico achou justo chamar para escrever os arranjos, nas canções nas quais o tinha como coautor, o próprio Francis; também era o nome óbvio para o arranjo de "O Que Será", já havendo cuidado do tema na trilha de *Dona Flor*; uma vez que estas já compunham quase metade do repertório, Francis acabou, de maneira natural, por já estar com a mão na massa, escrevendo os arranjos de sete das dez faixas do álbum. Começava aí uma fase, compreendida entre 1976 e 1981, na qual Francis e Chico formaram quase uma dupla inseparável, sendo Francis arranjador de quase todas as faixas dos álbuns de Chico *Meus Caros Amigos* (1976), *Chico Buarque* (1978, mais conhecido como "álbum da samambaia", referência à foto da capa, ou "Feijoada Completa", por esta ser a faixa de abertura), *Vida* (1980) e *Almanaque* (1981), e de todas as faixas da *Ópera do Malandro* (1979).

Além do papel fundamental de Francis em toda a produção musical de Chico nesse tão prolífico período, outro aspecto dos mútuos benefícios conquistados com a formação da dupla chama a atenção: por diversas vezes, Chico já declarou em entrevistas a importância da parceria com Francis para a sedimentação de sua segurança como letrista de melodias alheias. Antes da parceria com Francis, Chico já havia escrito letras, pontualmente, para melodias que chegaram a ele de outros compositores: Vinicius de Moraes ("Valsinha"), Toquinho ("Lua Cheia" e "Samba de Orly") e Carlos Lyra ("Essa Passou"); de maneira mais significativa numericamente, já havia se iniciado a célebre parceria com Tom Jobim, que entre 1968 e 1971 trouxe as canções "Retrato em Branco e Preto", "Sabiá", "Pois É" e "Olha Maria"; embora não se perceba avaliando a qualidade do produto final nessas canções, os primeiros frutos da parceria com Tom foram extremamente custosos a Chico (em "Olha Maria", precisou chamar Vinicius de Moraes para ajudar a completar a letra), tendo talvez as dificuldades naturais de um processo perfeccionista acirradas por certo desconforto ao ter de corresponder às expectativas de um parceiro que era ídolo seu; Chico demorava a entregar sua parte do trabalho para Tom, e não conseguiu letrar muitas das melodias por ele entregues (entre os casos mais notórios, "Wave", "Nuvens Douradas" e "Luiza"). Foi somente com Francis que Chico, assumidamente, "pegou o jeito" para letrar outros músicos com desembaraço — até para benefício de sua parceria com Tom Jobim, retomada em 1980 para ainda produzir clássicos como "Eu Te Amo", "Imagina", "Anos Dourados" e "Piano na Mangueira". De acordo com declarações do próprio Chico, deve-se à experiência da produção em larga escala com Francis sua convicção de profissional apto a "encarar" qualquer missão na área, sempre tomando como questão de honra não alterar nem uma nota sequer da melodia a ele entregue. São dezenove canções da dupla lançadas em disco (com mais cinco registradas para a trilha sonora da peça *O Rei de Ramos*, nunca gravadas), número só superado por Edu Lobo (mais de quarenta canções) entre todos os parceiros de Chico — curioso notar que, embora sendo os dois conhecidos de longa data, a parceria entre Edu e Chico só começou na década de 1980, justamente quando o trabalho com Francis começava a escassear.

Se para Chico Buarque a parceria com Francis Hime teve peso considerável nos rumos de sua carreira, o inverso é ainda mais notável. O aspecto a imediatamente chamar a atenção é que todos os êxitos radiofônicos da carreira de Francis são frutos da dupla com Chico; há mais do que isso, porém: a própria consagração de Francis como um músico fundamentalmente conhecido por seu trabalho como cancionista se deve em grande parte à projeção alcançada pela sua parceria com Chico; não fosse isso, seria mais provável que Francis se dedicasse majoritariamente à composição de trilhas para cinema e teatro, o papel que mais lhe vinha trazendo frutos profissionais até então.

A relação entre os dois ia além de uma conveniente junção de talentos artísticos, transparecendo ao público amizade e confiança: Francis e Olivia chamaram Chico e sua então esposa, Marieta Severo, para serem padrinhos da terceira filha do casal, Luiza, nascida em 1976; Chico, por sua vez, invariavelmente levava Francis consigo a todos os seus compromissos públicos profissionais; apresentava-o, por exemplo, com palavras carinhosas em especiais de televisão, de modo a tornar sua figura conhecida: variações de "este é meu querido parceiro e compadre, o grande músico Francis Hime". Com essa muito chamativa carta de recomendações e com a popularidade das parcerias com Chico lançadas no álbum

Ensaio

Meus Caros Amigos, Francis conseguiu enfim um contrato com uma gravadora, depois de amargar um hiato involuntário de quatro anos da indústria fonográfica, e pôde enfim dar vazão a toda a sua produção represada. Começando com *Passaredo* (1977), a parceria com a Som Livre se estenderia até 1985, rendendo sete álbuns.

No que diz respeito à qualidade das canções produzidas conjuntamente, pode-se usar sem erro, nesse caso, o clichê de que um inspirava o melhor do outro. Chama a atenção a diversificação da produção musical de Francis Hime na parceria com Chico Buarque; se desde o começo de sua carreira Francis elaborava intensamente os aspectos melódico e harmônico de suas composições, o trabalho rítmico não costumava aparecer com muitas variações: o repertório era formado quase exclusivamente por sambas, sambas-canção ou temas de feitio camerístico despojados de acompanhamento percussivo, em andamento *ad libitum*; com Chico, além de mais canções voltadas ao camerístico ("Atrás da Porta", "Qualquer Amor") e de sambas em diferentes feições (samba-canção em "A Noiva da Cidade" e "Trocando em Miúdos", samba no estilo "de morro" em "O Rei de Ramos", samba-enredo em "Vai Passar", samba aberto em "E Se", "Amor Barato" e "Embarcação", samba-lundu em "Pivete"), há também a já vista mistura de valsa e marcha-rancho em "Valsa Rancho", algo próximo ao beguine em "Canção de Pedroca", embolada em "Desembolada", canção de ninar em "Luiza", rumba em "Maravilha", choro em "Meu Caro Amigo", valsa em "Pássara", toada em "Passaredo", xaxado em "Quadrilha". As letras de Chico Buarque acompanham a diversidade das músicas de Francis, variando intensamente os registros: usa-se o predominantemente dramático ("Atrás da Porta", "Trocando em Miúdos"), o sensual ("Valsa Rancho", "Qualquer Amor"), o descontraído ("Amor Barato", "E Se"), o humorístico ("Canção de Pedroca", "Quadrilha"), o texto de tons políticos ("Meu Caro Amigo", "Vai Passar"), a crônica social ("Pivete")... Há também as canções com hábil mistura de temas: em "Passaredo" — uma toada que funciona como mais um exemplo de canção desenvolvida por Francis a partir de uma única célula melódica, sendo uma aplicação de técnica de composição erudita à canção popular — a letra foi trabalhada a partir dos versos "Bico calado/ Toma cuidado/ Que o homem vem aí", combinando ambiguamente a preocupação ecológica, estendida numa grande listagem de pássaros, com um manifesto contra a censura.

E não apenas a produção da parceria Francis/Chico é diversa como altamente sofisticada, sem prejuízo da comunicação com o público, como o prova o grande número de *hits* gerado. A qualidade das canções se verifica não apenas quando considerados de maneira isolada os elementos "música" e "letra", mas também — e principalmente — na relação entre os dois componentes. Tomemos como exemplo "Amor Barato", uma letra que, espelhando o tipo de amor nela referido, passa uma impressão "modesta" ao valer-se de coloquialismos, mas traz em si um rigoroso esquema fixo de rimas. Na música de Francis sobre a qual Chico elaborou seus versos se pode perceber um padrão similar: por trás de uma ideia melódica aparentemente simples e assoviável, há variações intricadas e inusuais progressões de acordes; letra e música, portanto, compartilham o signo da falsa singeleza.

Em "Embarcação" (lançada no álbum *Pau Brasil*, de 1982) temos outro marco de coesão entre música e letra; a canção é sempre apresentada nos shows de Francis como "das canções minhas da parceria com Chico de que mais gosto, embora seja das menos conhecidas", com sua relativa obscuridade podendo ser em grande parte atribuída ao fato de nunca ter sido lançada na voz de seu letrista. Desde suas primeiras composições, Francis tem grande preocupação com o trabalho harmônico, mas o maior grau de inventividade nesse quesito costumava se encontrar nas canções lentas. A possibilidade de encadeamentos harmônicos complexos em canções aceleradas já havia sido trabalhada em "Pivete" (1978) e "Lua de Cetim" (1981), mas com "Embarcação" essa ideia atinge o ápice, com sucessivas modulações improváveis para um samba aberto, causando até certo franzir de sobrancelhas por parte de Chico, conforme lembra Francis — em sua obra, a tradição de sambas "para cima", mas com encrencas harmônicas atípicas para o gênero, continuou em canções como "Coração do Brasil" e "Vai Passar", entre outras. Com estranhamento ou não, o letrista resolveu "Embarcação" combinando a alta inventividade da música com imagens líricas igualmente originais, aludindo à supremacia da marinha inglesa e às três negações de Pedro para tratar de um amor desencontrado.

Considerando uma parceria tão hesitosa, em tantos aspectos, são naturais os constantes questionamentos sobre o porquê de não ter mais havido novas composições da dupla depois de "Vai Passar" (1984) — justamente um estrondoso sucesso, uma espécie de hino da redemocratização, ficando entre as cinco canções mais executadas daquele ano no país. Instado a apontar alguma razão mais concreta para a falta de novas canções produzidas com Chico, Francis é sucinto: "Um natural desgaste de uma longa e bem-sucedida parceria, que trouxe talvez uma excessiva

Ensaio

Manuscrito de Chico Buarque com a letra de "Trocando em Miúdos",
composição de 1977 em parceria com Francis Hime.

6245.076

Lado 1
1 — "O QUE SERÁ (À Flor da Terra)" — 6001 2765
(CHICO BUARQUE) 2.45
PARTICIPAÇÃO VOCAL DE
MILTON NASCIMENTO
2 — "MULHERES DE ATENAS" 6001 2773
(CHICO BUARQUE - AUGUSTO BOAL) 4.15
TOTAL 7.00

Lado 2
1 — "A NOIVA DA CIDADE" — 60012781
(CHICO BUARQUE - FRANCIS HIME) 3.50
2 — "MEU CARO AMIGO" — 6001 2790
(CHICO BUARQUE - FRANCIS HIME) 4.10
TOTAL 8.00

FICHA TÉCNICA:
DIREÇÃO DE PRODUÇÃO: SERGIO DE CARVALHO
TÉCNICOS DE GRAVAÇÃO: ARY CARVALHAES - PAULO SERGIO FORTUNATO
ESTÚDIO: PHONOGRAM 16 CANAIS
CORTE: IVAN LISNIK
CAPA: ALDO LUIZ
FOTOS: ORLANDO ABRUNHOSA
ARTE FINAL: JORGE VIANNA

PHILIPS

Compacto duplo extraído do álbum *Meus Caros Amigos* (1976),
de Chico Buarque, com as duas parcerias com Francis Hime:
"A Noiva da Cidade" e "Meu Caro Amigo".

dependência de parte a parte. Simples assim. O resto é procurar cabelo em ovo".

Há, no entanto, além de declarações diplomáticas de ambas as partes, elementos sólidos para verificar que há no distanciamento entre os dois menos cizânia do que se apresenta em rumores apócrifos: depois que interromperam a parceria, Chico participou como cantor convidado de dois álbuns de Francis: *Álbum Musical*, de 1997, e o recente *Hoje*, de 2019; ademais, o fato de Chico ser, desde 2006, artista contratado da Biscoito Fino, gravadora da qual Olivia Hime, companheira de sempre de Francis, é diretora e sócia fundadora, parece uma evidência contundente de que laços permanecem.

Estando ambos produtivos, tantos anos passados, resta aos admiradores torcer para que eventualmente ainda possa surgir nova canção da dupla — de acordo com Francis, nada impede que isso venha a acontecer. E se não for o caso, a altura da obra conjunta torna desnecessária e injusta a cobrança de acréscimos.

6. OLIVIA HIME: PARCEIRA DE MÚSICA E VIDA

Assim como a contribuição de Francis Hime para a obra de Chico Buarque não se restringe às canções feitas em parceria, o peso de Olivia Hime na carreira de Francis vai muito além das canções que compuseram juntos. Namorados desde 1965, casados desde 1969, a história dos dois se mostra indissociável nos âmbitos pessoal e profissional; a descrição com que costumeiramente Francis apresenta Olivia, "minha companheira de música e de vida", está longe de ser apenas uma frase de efeito.

Embora tenha sido testemunha próxima de todo o desenvolvimento da carreira de Francis, sempre tida como fonte de opinião abalizada, por sua proximidade de toda a vida com o mundo artístico — já foi aqui mencionado seu essencial incentivo para a feitura de "Minha" —, sua carreira artística começou de maneira profissional apenas em 1977; nesse ano, lançou um compacto duplo como cantora (trazendo as canções "A Bela Adormecida", de Francis Hime e Carlos Queiroz Telles, e "Diana", de Toninho Horta e Fernando Brant) e foi produtora do álbum *Passaredo*, de Francis, no qual também estreou como letrista (em "Meu Melhor Amigo") e fez participações como cantora (em "Meu Homem" e "Carta", além da canção da qual foi coautora). Para chegar a um álbum inteiro em seu nome, passariam ainda mais quatro anos até o lançamento de *Olivia Hime*, em 1981. Entre as razões para esse retardo no começo profissional, mesmo tendo uma "vida inteira ligada à música", estava a cautela natural de quem é casada com um músico consagrado. "Se você é filha, irmã de alguém famoso, dizem 'que legal, está no DNA'. Quando você é mulher, falam que é nepotismo", diz Olivia.

Com o tempo, no entanto, tornou-se segura de ter linguagem artística própria. "Não tenho que provar nada. O que eu faço é cantar, trabalhar, escrever", declara. A colaboração entre Olivia e Francis é daqueles raros casos em que talentos complementares também encontram personalidades que se acolhem e instigam uma à outra. Desde 1977, há a presença direta de Olivia em cada um dos álbuns de Francis, seja como letrista, produtora ou cantora (muitas vezes, cumprindo todos esses papéis); além disso, ao fundar, com Kati de Almeida Braga, a gravadora Biscoito Fino, em 2000, propiciou a Francis a segurança de uma empresa na qual pudesse apoiar a sua grande prolificidade artística. Por sua vez, nos projetos musicais assinados por Olivia, seu marido também atua como arranjador, instrumentista e (quase sempre) compositor de canções, em exemplar simbiose.

Francis precisou incentivar sua esposa a ingressar no mundo artístico, fazendo-a superar seus receios. Como uma forma de exercício literário, Olivia costumava escrever novas letras para temas musicais já consagrados; conhecedor desses textos, e reconhecendo qualidades nessa produção, Francis mostrou a Olivia uma melodia para a qual Chico Buarque não havia conseguido colocar letra; daí, surgiria "Meu Melhor Amigo", vista por Olivia, hoje, com restrições, pelo que analisa como certo amadorismo em sua letra — um julgamento com o rigor excessivo que persevera como uma de suas marcas.

Seu perfeccionismo a restringe a um ritmo lento na feitura dos versos. "Preciso de isolamento total, um tempo imenso. Escrevo, reescrevo, jogo fora", diz. Assim, em nenhum dos álbuns de Francis há muitas canções em parceria com Olivia; como, no entanto, em todos eles aparecem religiosamente alguns títulos que compuseram juntos — e há algumas canções do casal que só apareceram nos álbuns da própria Olivia, não tendo entrado nos do marido —, a parceria se tornou a mais próspera da carreira de Francis, já com 37 canções lançadas.

Para explicar seu ofício de letrista, Olivia Hime costuma recorrer a uma frase atribuída a Auguste Rodin, na qual o artista afirma que a estátua já está contida no bloco de mármore, só faltando retirar os excessos. "Gosto de conhecer uma música de tal forma que... Não sou eu que

Ensaio

O casamento de Francis Hime e Olivia em 1969: acima, no civil, com Dori Caymmi à esquerda; ao lado, no religioso, cerimônia realizada no Outeiro da Glória pelo padre Leme Lopes.

De "Meu Melhor Amigo" (1977) a "Mar Enfim" (2022), Olivia e Francis já lançaram mais de trinta composições em parceria.

O casal assinou em conjunto dois álbuns de estúdio, *Almamúsica*, de 2011, e *Sem Mais Adeus*, de 2017.

75

conduzo, é tratar de descobrir a letra que há dentro dela. É um trabalho de artesanato."

Francis sabe se valer dos recursos poéticos de Olivia, num processo de composição em que sempre a música surge primeiro, para posteriormente ser letrada, com cada nota da melodia dada sendo preenchida por uma sílaba de letra. Como traço distintivo mais marcante, pode-se notar nas letras de Olivia a recorrência de um olhar terno sobre cenas familiares e urbanas do cotidiano — e essa ternura sempre aparece dosada com um tempero de introspecção meditativa, para não incorrer jamais no piegas ou na filosofice. Quando a canção pede, no entanto — e as músicas entregues por Francis a Olivia são de gêneros os mais diversos —, sabe sair de sua zona de conforto literário para produzir letras de temática vária, com exemplos que passam pelo altamente sensual ("Cara Bonita", 1984), pela celebração do fim do regime militar ("Coração do Brasil", 1985) ou pela questão dos povos indígenas ("Parintintin", 1980).

E mesmo as letras de Olivia Hime mais típicas de sua produção são ricamente distintas entre si, repletas de imagens originais. Entre tantos possíveis exemplos a destacar, lembremos da toada "Mariposa" (1981), uma das canções favoritas de Francis, na qual, invertendo o paradigma, a mãe é que pede à pequena filha conforto, proteção e acalanto, também formulando questões, de forma tipicamente infantil, sobre o intangível no mundo, mas com assuntos da vida adulta; ou o blues "Desacalanto" (2006), que pode ser interpretado como um apelo a um pai, em seu leito de morte, para que não se vá, por haver ainda muito a oferecer ao filho; em "Cartão Postal" (1983), o relato de uma viagem para local de clima frio se confunde de maneira habilmente poética com a descrição de uma jornada interior, de autoconhecimento. O treinamento musical de Olivia propicia momentos de virtuosismo, como em "Laura" (2019): para uma passagem de alteração do padrão rítmico da melodia, com síncopes e contratempos que se podem associar a um tropeço musical seguido de recomposição, os versos correspondentes são justamente "Finge que cai/ Trapaceia/ E não cai".

A canção de maior repercussão popular feita pelo casal é provavelmente "Lua de Cetim", integrante da trilha sonora da novela *Jogo da Vida* (1981), da Rede Globo, na interpretação de Leila Pinheiro, tendo sido gravada também, no mesmo ano, no álbum de estreia da própria Olivia e no disco *Sonho de Moço*, de Francis — sendo essas gravações, todas em alto grau de excelência, arranjadas pelo próprio autor da música. A versão para seu próprio álbum, porém, destaca-se como uma daquelas raras faixas em que todos os seus elementos constituintes chamam a atenção, positivamente, de maneira similar: para uma letra que celebra pequenas delícias da vida, há o ritmo sacudido do samba acelerado conduzindo uma melodia facilmente assimilável, com uma ênfase dançante no contratempo, e uma harmonia que, embora intrincada, não dificulta o apreciar à primeira audição do tema, colorido pela linha de trombone em contratempo. A atenta produtora Olivia Hime percebeu, no entanto, que a interpretação vocal de Francis, muito "travada", destoava da qualidade do registro; incentivou então sua filha Maria, então com menos de 10 anos, a ir à cabine do estúdio para cantar o tema junto com seu pai, de modo a descontraí-lo. O resultado ficou tão bom que, sem ser essa a intenção inicial, a voz infantil de Maria Hime, na primeira estrofe, e as brincadeiras entre pai e filha, no fecho da canção, acabaram entrando no registro definitivo do tema, no qual esse improviso interpretativo se adequou perfeitamente ao espírito de aconchego familiar da letra.

Há de se pensar também no quanto os álbuns de Francis não ganham com a verve da produtora Olivia, que prima por dar concepção una ao que poderia ser um simples agrupamento de canções. A aptidão de Olivia para construir grandes projetos artísticos em formato de álbum fica clara em *A Música em Pessoa* (1985), *Estrela da Vida Inteira* (1986) e *Serenata de Uma Mulher* (1998), discos nos quais reuniu um grande time da canção brasileira para musicar poemas de Fernando Pessoa e Manuel Bandeira (nos dois primeiros casos, respectivamente) e colocar letra em músicas de Chiquinha Gonzaga (no último). Embora os álbuns de Francis não sejam igualmente conceituais no sentido mais estrito, sempre há neles perceptível coesão artística e uma visão bem definida para sua forma. Nos álbuns de Francis na fase com a Som Livre (entre 1977 e 1985), já aparece clara essa preocupação, e há de se atribuir muito disso aos méritos de Olivia.

7. A PROLÍFICA FASE NA SOM LIVRE

Para *Passaredo* (1977), depois de um álbum de estreia solo em clima um tanto austero, a ideia era criar um trabalho mais solar, com o cuidado de promover contraste entre as faixas. As orquestrações robustas ainda por vezes se fazem presentes, e o número considerável de parcerias com Ruy Guerra (cinco) não permite que se possa chamar o disco de "leve"; sem dúvida, porém, *Passaredo* oferece mais possibilidades de respi-

Ensaio

ro para os ouvintes, quando comparado à enorme densidade da música e à carga emocional lírica do álbum anterior. A abertura e o fecho são sintomáticos da maior amenidade do álbum: na faixa-título, embora a letra tenha uma mensagem política semioculta, e o arranjo seja executado por grande orquestra, paira uma sensação etérea de leveza plenamente adequada para uma canção que enumera pássaros (e seu voo); "Luiza", a faixa de encerramento, vem como singela canção de ninar (enquanto *Francis Hime* de 1973 acabava com um réquiem). *Passaredo* é o álbum de maior sucesso comercial da carreira de Francis, puxado pela repercussão da faixa-título (que já havia recebido outras duas gravações, do MPB-4 e do coautor Chico Buarque) e de "Trocando em Miúdos", cuja gravação de Francis integrou a trilha sonora da novela *O Astro*, da Rede Globo. Na composição do LP, Francis combina canções recém-compostas com outras datadas da década de 1960 ("Anoiteceu", da parceria com Vinicius de Moraes, e "Ave-Maria", com letra de Oduvaldo Vianna Filho) — ele manteria por toda a carreira essa tradição de promover autorresgates musicais em seus álbuns, geralmente usados para marcar os já citados contrastes entre as faixas integrantes de um disco, procedimento que Francis julga de suma importância.

Em *Se Porém Fosse Portanto* (1978), a principal marca vem da aposta na diversificação de tipos rítmicos para o álbum; Francis entrega, além dos costumeiros sambas, sambas-canção e temas de feitio mais camerístico, canções que se aproximam de gêneros tão diversos quanto polca, blues, toada, embolada, xaxado, valsa acelerada e *pasodoble*, formando um LP acentuadamente percussivo. Sintomaticamente, três das quatro faixas camerísticas do álbum (sem instrumentos de percussão) são justamente resgates de canções compostas ainda na década de 1960 : "Saudade de Amar" e "Maria", com Vinicius de Moraes, e "Ode Marítima", com Ruy Guerra (a outra é "O Sim pelo Não"). O álbum também aprofunda sua parceria composicional com Olivia, com quem até então só havia composto uma única vez, coautora nas delicadas "Santa Tereza" e "Três Marias"; a abertura a novas formas rítmicas vem acompanhada da abertura a novos parceiros: vale notar que está em *Se Porém Fosse Portanto* a estreia da parceria com Cacaso (coautor da faixa-título e de "O Terceiro Amor"); outras três canções apontam novo procedimento composicional: se até aqui Francis se prendia a parceiros de quem era próximo pessoalmente e com quem compunha em larga escala, a partir deste álbum há a constante de trazer à sua obra grande diversidade de letristas, buscando pontos de vista líricos distintos a cada novo trabalho. Aparecem em *Se Porém Fosse Portanto* parcerias feitas a distância com Carlos Queiroz Telles ("Demolição") e Renata Pallottini ("A Noite"), escritores com os quais Francis nunca se encontrou pessoalmente; de Edu Lobo, responsável pela letra de "O Sim pelo Não", Francis era evidentemente muito amigo, mas essa é a única canção feita em parceria pela dupla. Não há assombro no fato de esses dois compositores tão ligados musical e pessoalmente haverem deixado filha única como parceiros: afinal, Edu escreveu pouquíssimas letras ao longo da carreira, tendo como procedimento-padrão, assim como Francis, compor a parte musical de suas canções, buscando parceiros letristas.

O resultado da parceria inusitada, no entanto, ficou bom a ponto de despertar assumida inveja no compositor Johnny Mandel. A melodia se desenvolve obsessivamente em tercinas; além da habitual sofisticação harmônica de Francis, chamam a atenção na gravação para *Se Porém Fosse Portanto* as nuances de variação de andamento e dinâmica interpretativa, transformando em hipnóticas as tantas tercinas juntas que, em mãos menos habilidosas, poderiam soar enfadonhas; completa o arranjo um jogo de perguntas e respostas entre notas agudíssimas do piano e um violoncelo, na primeira apresentação do tema, substituído por toda uma orquestra de cordas, na repetição transposta para tonalidade mais aguda. O registro é de tal maneira irrepreensível que sua regravação por Francis em ritmo de samba-canção, no álbum *O Tempo das Palavras... Imagem* (2009), necessariamente teria de soar pálida. Entende-se o desejo do autor, no entanto, de retomar o tema, haja vista a injustiça de obra tamanha ser tão pouco conhecida. Ainda foram lançadas, sempre com arranjo do próprio Francis, versões de "O Sim pelo Não" na voz de Olivia Hime (em *Alta Madrugada*, de 1997) e em versão de piano solo (em *Meus Caros Pianistas*, de 2001), além da versão de *O Tempo das Palavras Ao Vivo* (2010), em feitio muito próximo à versão de estúdio do ano anterior — todas belas, mas inferiores à gravação original. O texto de Edu Lobo mantém o grau de excelência para a canção: espelhando a forma musical, que propõe variações para uma base insistente de frases melódicas com figuras rítmicas em tercinas, os versos são todos construídos como uma aglutinação de perguntas estruturalmente iguais, apontando para o sentido único da imprevisibilidade do amor, explícito no desfecho da canção ("Do canto soprado no vento/ Quem sabe o momento/ Quem sabe a razão?/ Do rosto sereno/ Quem sabe a loucura?/ Da boca cerrada/ Quem sabe a paixão?// Da noite, quem sabe a brancura?/ Da fruta madura/ Quem sabe o amargor?/ Dos mares tranquilos/ Quem sabe os pe-

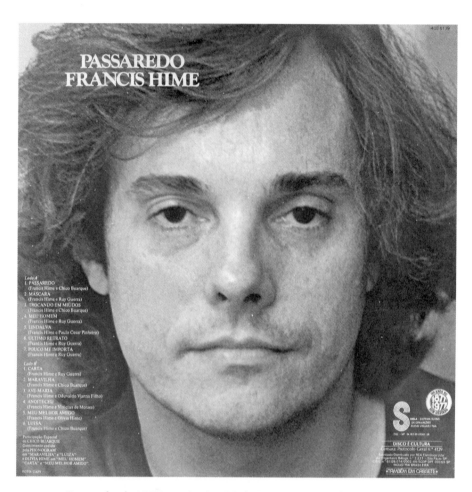

Passaredo, de 1977, o primeiro LP de Francis Hime pela Som Livre, e o de maior sucesso comercial de sua carreira.

O álbum *Se Porém Fosse Portanto*, de 1978, com a foto de Francis Hime no bonde de Santa Teresa. O disco traz a única parceria de Francis com Edu Lobo, "O Sim pelo Não".

rigos?/ Quem sabe os mistérios/ Desse nosso amor?"), num modelo similar ao usado por Irving Berlin no *standard* "How Deep Is The Ocean?", de 1932. Espanta-se ao constatar que o autor desses versos tenha produzido tão pouco liricamente ao longo da carreira; deve-se perceber, contudo, que o faro de Francis para buscar letristas improváveis (por serem mais consagrados na composição da parte musical das canções), seria mantido em suas parcerias com Milton Nascimento, Toquinho e Moraes Moreira.

O álbum *Francis* (1980) dá sequência à abertura do compositor a diferentes ritmos musicais, agrupando canção camerística, samba, marchinha, valsa, toada, baião, balada e bossa nova. O espírito de renovação se faz presente em outros elementos: pela primeira vez, um álbum de Francis não traz canções compostas com Vinicius de Moraes ou Ruy Guerra, seus dois primeiros parceiros (da dupla com Cacaso, em compensação, vêm seis das treze faixas do disco, marcando fortemente o feitio do álbum); nesse sentido, também é digna de nota a bossa "Flor do Mal", única parceria de Francis com Tite de Lemos, e a primeira faixa de sua discografia a não apresentar piano na instrumentação, trazendo apenas o violão e a flauta dos irmãos Dori e Danilo Caymmi, respectivamente, num arranjo que cita "Meditação", de Tom Jobim e Newton Mendonça. A abertura e o encerramento do álbum são produzidos com canções que, embora díspares, são construídas de acordo com o mesmo procedimento composicional (também presente em outra faixa, "Navio Fantasma"), já experimentado em canções como "Marília e Marina", mas que se tornaria a partir desse momento recorrente na obra de Francis Hime, como uma marca muito própria: além de a melodia ser desenvolvida a partir de uma única célula musical, há a característica de essa célula ter extensão que corresponde precisamente a um verso da letra da canção; assim, todos os versos são ligados a frases musicais que compartilham exatamente as mesmas figuras rítmicas, repetidas incessantemente do começo ao fim da canção, variando melodicamente de acordo com a condução harmônica do tema. Evidentemente, para conseguir se ater a uma fórmula tão rígida sem que a música soe enfadonha, faz-se necessário virtuosismo composicional; e Francis esnoba, conseguindo adotar o procedimento, com resultados mais do que satisfatórios, tanto num samba acelerado, em que a música veio antes da letra ("E Se", com Chico Buarque), quanto numa canção suave, de andamento *ad libitum*, musicada a partir de um poema ("Grão de Milho", com Cacaso). Desenvolvendo o processo ao longo da carreira em tantas canções ("Cartão Postal", "Parceiros", "Alta Madrugada", entre outras), o esquema chega ao minimalismo em "Canção Apaixonada", do álbum *Navega Ilumina* (2014), em que as frases musicais de figuras rítmicas fixas são construídas apenas com quatro notas (uma mínima, uma pausa de colcheia e três colcheias formam o compasso de quatro tempos) — consequentemente, a letrista Olivia Hime teve de se virar para construir uma letra de quatro sílabas por verso, terminando em oxítonas, cumprindo a tarefa com o habitual requinte.

No ano de 1981, a produtividade de Francis Hime foi particularmente impressionante: além de escrever os arranjos para o álbum de estreia de Olivia Hime e para *Almanaque*, de Chico Buarque, lançou seu próprio *Sonho de Moço*. O disco marca um momento de síntese na obra de Francis Hime, em que a conquista da variedade rítmica dos dois álbuns anteriores se combina ao domínio do arranjo e regência para grande orquestra, aplicado à canção popular, demonstrado em seus dois primeiros trabalhos discográficos. A safra de canções com letra de Olivia se apresenta aqui em particular alto nível, com "A Tarde", "Lua de Cetim" e "Luar"; além de um instrumental composto somente por Francis ("Cachoeira") e de canções feitas com Chico Buarque ("Amor Barato") e Cacaso ("Patuscada" e "Hora e Lugar"), o álbum apresenta três novas parcerias: com Nelson Angelo, Francis compôs a sinfônica "Luz", que poderia facilmente entrar em seu primeiro e grandioso álbum; no time de letristas bissextos estimulados por Francis, Toquinho escreveu os versos de "Doce Vida", demonstrando uma habilidade humorística, ao retratar um homem submisso à mulher, que poderia ser tomada como exemplo de quem construiu toda sua carreira fazendo letras; no caso do outro letrista surpreendente a constar no álbum, Milton Nascimento, pode-se dizer que sua contribuição lírica em "Homem Feito", "O Farol" e "Sonho de Moço" fica aquém da qualidade musical dessas canções. É interessante observar, no entanto, que a partir dessa experiência com Francis, houve uma abertura de novas possibilidades para Milton: até então acostumado a procurar letristas para suas composições — ou em alguns poucos casos, só fazer letras para músicas de sua própria autoria —, o artista mineiro passou a escrever letras para melodias de outros autores, conseguindo grandes sucessos populares com "Certas Canções" (música de Tunai), "Ânima" (música de Zé Renato) e "Coração de Estudante" (música de Wagner Tiso); com o próprio Francis Hime, sua letra em "Parceiros" (1984) se mostra consideravelmente mais bem resolvida do que suas três primeiras tentativas presentes em *Sonho de Moço*, lidando de maneira original e transmitindo grande emotividade ao lidar com o tema da amizade, sabidamente muito caro a Milton. Como marca conceitual, pode-se observar em *Sonho de Moço* a recorrência de alusões ao universo juvenil, a começar pelo título do álbum e sua capa, reprodução de quadro feito pela mãe de Francis, a artista plástica Dália Antonina, retratando-o quando criança; ainda há, nesse sentido, a já mencionada participação da pequena Maria Hime cantando "Lua de Cetim", a construção em fábula de "Hora e Lugar", originalmente composta com Cacaso para um musical infantil que acabou não sendo encenado, e menções a crianças ou jovens em diversas outras letras do álbum: a faixa-título, "A Tarde" (cuja ideia de letra veio a Olivia quando estava dirigindo um carro abarrotado por suas filhas e amiguinhos), "Luz" e "Homem Feito".

O álbum seguinte, *Pau Brasil* (1982), marca um momento da carreira de Francis em que ele se mostrava disposto a experimentar sonoridades diferentes, flertando com a linguagem do pop contemporâneo; os exemplos mais claros disso são o uso do bandolim elétrico de Armandinho na faixa "Luar do Japão", frevo em parceria com Cacaso, e um órgão Hammond no arranjo de "Mente", blues em parceria com Olivia Hime. Essa produção mais recente é contrabalanceada no álbum com o resgate das antigas "A Grande Ausente" e "O Tempo da Flor", canções do tempo dos festivais dos anos 1960 gravadas pela primeira vez na discografia de Francis. Esse contraste é explorado de maneira consciente, sendo que justamente o momento mais experimental do álbum — o solo de Armandinho em "Luar do Japão", com um acelerando artificial produzido a partir da alteração de rotação da fita de gravação — desemboca no arranjo de feitio clássico para "A Grande Ausente", com piano e orquestra de cordas. A nova parceria do álbum — uma espécie de tradição a cada projeto de Francis — se tornaria posteriormente uma das mais produtivas e relevantes de sua carreira: a faixa-título é um poema de Geraldo Carneiro musicado por Francis.

Essas Parcerias (1984) tem uma ideia conceitual bem definida, creditada no encarte a Olivia e Francis Hime: em cada uma das doze faixas, Francis apresenta um parceiro diferente de composição. Entraram no estrelado rol de coautores Milton Nascimento ("Parceiros"), Gilberto Gil ("Um Carro de Boi Dourado)", Capinan ("Um Dueto"), Cacaso ("Flor de Laranjeira"), Toquinho ("Laços de Serpentina"), Fátima Guedes ("Movimento da Vida"), Olivia Hime ("Cara Bonita"), Geraldo Carneiro ("Perdición"), Abel Silva ("Promessas, Promessas"), Alberto Abreu ("O Sinal"), Chico Buarque ("Qualquer Amor"), Ivan Lins e Vitor Martins ("Mariana"). Para completar o clima gregário do álbum, foram chamados vários intérpretes para registrar suas participações especiais: além de Milton, Chico, Gil e Olivia, que já haviam aparecido como compositores na ficha do álbum, aparecem as vozes de Gal Costa, Elba Ramalho e Simone. A sonoridade do álbum aprofunda o flerte com o pop contemporâneo de então, sendo marcado pelo uso de sintetizadores em combinação com as usuais orquestrações de Francis. A escolha torna inevitavelmente esse o álbum mais datado de sua carreira, sem que essa característica, no entanto, torne desagradável sua audição décadas depois; com efeito, apenas a delicada "Flor de Laranjeira" leva à inevitável impressão de ter sido consideravelmente prejudicada pelo arranjo com sintetizador, quando seria preferível executá-la com o velho piano acústico. Em outras canções, porém, o peso dos sintetizadores (atribuído por Francis à influência do produtor Moogie Canázio) até enriquece os temas: é o caso de "Laços de Serpentina", mais uma muito bem resolvida letra de Toquinho para uma canção que inusitadamente soa como rock progressivo. A passagem instrumental de encerramento, de maneira particular, poderia perfeitamente ser tomada como excerto de alguma faixa perdida de bandas como Yes, Genesis ou Emerson, Lake & Palmer — conjuntos que certamente Francis nunca parou para escutar. Em "Um Carro de Boi Dourado", o uso dos sintetizadores é ainda mais adequado, já que a formulação musical atípica de um baião calcado em efeitos eletrônicos (precedendo o *manguebeat*) encontra perfeita correspondência na letra de Gilberto Gil ("sensacional, só podia ser dele", diz Francis), que forma, à moda típica da Tropicália, um pós-moderno mosaico de referências díspares, mesclando itens anacrônicos e recentes ("alfarrábios, fliperamas"), regionais, cosmopolitas e ligados a tradições culturais distintas ("Um carro de boi dourado/ Fluorescente, iluminado/ Trazendo Touro Sentado/ Sentado ao lado de Tron").

Clareando (1985) traz apenas duas canções inéditas: a primeira é o samba "Clara", rara parceria com Geraldo Carneiro em que a música veio primeiro, composta como homenagem a Clara Nunes, então falecida há pouco tempo. Une-se aqui uma música simples para os padrões de Francis, com um contundente refrão de notas longas em região mais aguda em relação ao restante do tema, com o apelo da letra altamente emotiva — "Clara" talvez seja o mais destacado exemplar, na carreira de Francis, do time das canções que tinham tudo para se tornarem *hits*, mas por uma razão ou outra não aconteceram; a outra é o bolero "Por Tudo Que Eu Te Amo", inaugurando parceria com Carlinhos Vergueiro. Fran-

Ensaio

Ao lado, Francis Hime com sua primeira filha, Maria, em 1972. A primogênita participaria com o pai da gravação de "Lua de Cetim" em 1981, composição de Francis e Olivia. Abaixo, o músico com Joana, a segunda filha do casal.

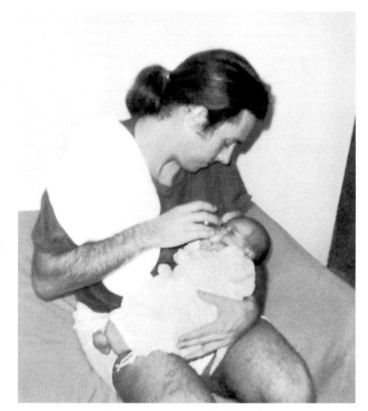

Olivia, Francis (com o pé quebrado) e as filhas
Maria, Luiza (a caçula) e Joana, em 1980.

cis também aproveitou para dar sua interpretação de dois sucessos da parceria com Chico Buarque que, até então, só haviam entrado na discografia do parceiro: "Meu Caro Amigo" e "Vai Passar"; foi regravada, ainda, "Atrás da Porta", em versão intimista, apenas com voz e piano; de resto, o álbum funciona como uma coletânea de seu período na Som Livre, com os fonogramas originalmente lançados em outros álbuns eventualmente ganhando nova faixa de voz. O caráter de balanço de uma fase da carreira fica ainda mais acentuado se analisarmos o LP com distanciamento temporal: depois de seu lançamento, com o fim do contrato com a Som Livre, involuntariamente Francis passaria doze anos afastado do mercado fonográfico.

8. Parceria com Cacaso: musicando redondilhas

Formalmente, a parceria entre Francis Hime e Cacaso se caracteriza pelo uso reiterado das letras com metro fixo: das dezenove canções lançadas pela dupla, doze são baseadas em redondilhas; dessas, apenas "Minas Goiás" tem versos em redondilha menor, de cinco sílabas poéticas, sendo as demais compostas por redondilhas maiores, de sete sílabas poéticas — ainda vale notar que "Terceiro Amor", não entrando na contagem dessas doze, tem pouquíssimas fugas do padrão de redondilha maior, dando margem à hipótese de que um poema originário em metro fixo tenha sofrido ligeiras alterações quando musicado.

Conforme já se comentou, Francis aperfeiçoou ao longo da carreira uma técnica de compor canções com base no desenvolvimento de apenas uma célula musical, mantendo as mesmas figuras rítmicas ao longo de frases melódicas correspondentes a cada um dos versos da canção; seria de se pensar que, no caso dos poemas que já vêm com metro e regularidade de tônicas fixos, como acontece com as redondilhas de Cacaso, haveria incentivo para o uso dessa fórmula musical. No entanto, analisando as canções da parceria, só se verifica o procedimento em poucas canções, como "Grão de Milho" e "Rio Vermelho"; parece que, quando a missão se apresenta fácil demais, Francis prefere não incorrer na obviedade das figuras rítmicas sugeridas pelos próprios versos, promovendo deslocamentos e quebras nas frases melódicas. Em alguns casos, como o frevo "Luar do Japão", as variações são tão extremadas que só mesmo procurando conscientemente, ou checando o encarte do álbum, percebem-se as redondilhas da letra.

É de impressionar como, a partir de poemas de métrica idêntica, vindos de Cacaso, Francis trabalhou um grande número de gêneros musicais, passando por marcha, canção camerística, sambas em diferentes andamentos, tema jazzístico, choro — e um número considerável de músicas com acento nordestino, incluindo toada, baião, xaxado e frevo. Como nenhum dos compositores da dupla é nativo do Nordeste do Brasil, pode-se especular que a opção tenha vindo inconscientemente a Francis, por certo sabor cordelesco dos versos de Cacaso: na produção da dupla, as letras invariavelmente se apresentam na chave da falsa simplicidade; reitera-se como tema (inclusive nas poucas canções da dupla em que a música veio primeiro) o retrato de personagem em desajuste consigo mesmo e com seu entorno, numa eterna busca por uma satisfação inalcançável dentro da condição humana. Esse motivo grandioso, contudo, apresenta-se sempre em versos singelos e, não raro, com lances de terno humor, distinguindo-se da gravidade de Ruy Guerra e da poética de Vinicius — este, mesmo quando optava pela coloquialidade, tendia para hipérboles e arroubos sentimentais. Com sua sensibilidade, Francis soube captar as idiossincrasias de Cacaso, produzindo para a parceria músicas amenas, sem grandes saltos intervalares ou notas alongadas.

Bom exemplo é a marcha "Cabelo Pixaim" (1980): atentando-se apenas à narrativa ("Namorei uma morena/ Do cabelo pixaim/ Que fingiu que me amava/ E depois zombou de mim// Tinha os olhos de turquesa/ E a boca de carmim/ O calor da natureza/ Coração de trampolim// Me fazia sua presa/ Numa torre de marfim/ Leviana com certeza/ Japonesa de Pequim/ Me deixou desconsolado/ Quase-quase, assim-assim/ Sentimento injuriado/ Sem um sonho, sem um fim"), tem-se uma história tristíssima de sofrimento amoroso; a opção por uma música eminentemente melancólica, no entanto, não contemplaria as nuances autozombeteiras dos versos, que tratam de tema grave em forma quase pueril, com síntese desconcertante ("Fingiu que me amava/ E depois zombou de mim"), rimas reiteradas em "im" e imagens que apontam mais ternura do que ódio ("Coração de trampolim", "Japonesa de Pequim") pela personagem apontada como falsa na letra. Ao compor uma marchinha singela, Francis, como é de praxe, soube casar perfeitamente as intenções de música e letra, deixando a melancolia do tema perceptível apenas em uma segunda camada de apreciação, enriquecendo o conjunto em vez de vulgarizá-lo.

Cacaso permitiu a Francis uma expansão ainda maior de sua musicalidade; de 1978 até a morte precoce do poeta, em 1987, aos 43 anos, seria seu parceiro mais constante.

Ensaio

9. Geraldo Carneiro: o parceiro imortal

Um dos melhores truques para um palpite certeiro sobre qual elemento veio primeiro numa canção, a música ou a letra, é imaginá-la como um tema instrumental: quanto menos a melodia da linha vocal fizer sentido isolada dos versos da composição, mais provável é que se trate de um poema musicado (pensemos em "Like a Rolling Stone", de Bob Dylan), sendo o contrário também verdadeiro. Logo em "Pau Brasil" (1982), a primeira parceria de Francis Hime e Geraldo Carneiro, há a surpresa, no entanto, de se constatar que as palavras precederam a melodia: um feito, haja vista que há a presença de um motivo melódico bem delineado e em seguida desenvolvido, podendo perfeitamente gerar execução instrumental satisfatória; o poema, trazendo a marca de qualidade do autor que posteriormente, em 2016, seria eleito para a Academia Brasileira de Letras, evidentemente também se sustenta sozinho; e como por mágica, a junção das duas partes as enriquece mutuamente, tornando o todo ainda melhor.

Na letra originalíssima de Geraldo Carneiro, somos apresentados a um mito fundador muito particular, no qual a citação de elementos brasileiros e latino-americanos (os balangandãs de Caymmi, a noite de carnaval, deus Tupã, cunhã e cubanacan etc.) aparecem unidos à maçã da tradição bíblica; em "Pau Brasil", no entanto, a figura divina não culpa a personagem feminina por provar da fruta, absolvendo-a com uma adaptação do famoso verso de Gertrude Stein sobre a rosa: "Uma maçã é uma maçã é uma maçã é uma maçã". Toda essa reunião de elementos díspares, que implica erudição do autor, é apresentada de forma irreverente — sendo o louvor à irreverência justamente a chave do texto! —, de modo que mesmo quem não estiver apto a captar todas as referências possa se divertir com os versos e ser tocado pelo seu sentido geral.

Também não se pode deixar de notar, no título "Pau Brasil", uma referência dupla (e condizente com a proposta de exploração de um mito fundador na letra) à árvore em si — primeira riqueza do país do ponto de vista europeu — e ao *Manifesto da Poesia Pau-Brasil* (1924), de Oswald de Andrade, que usa o conceito de "primitivismo" em sincronia com uma proposta de liberdade de espírito e abertura a junções inusitadas de referências: assim foi, décadas depois de sua publicação, um texto fundamental para o movimento da Tropicália, por sua vez de grande influência para significativa parte da produção de Carneiro, inclusive em outras parcerias com Hime, como a cantata *Carnavais para Coro Misto e Orquestra* (1988).

Para espelhar essa proposta lírica, Francis Hime optou por uma música de possibilidade comunicativa muito direta, trazendo a construção harmônica mais simples entre todas as canções de sua carreira, inteiramente ancorada nos graus I, IV e V, embalada por ritmos dançantes. É sobre essa base simples que o compositor põe seu tempero: embora os acordes sejam de tônica, subdominante e dominante, há o acréscimo de algumas tensões e inversões sem as quais Francis não passaria; no arranjo, a singeleza da base harmônica é balanceada por contrapontos e um rico colorido na orquestração de sopros; a junção de itens associados a locais distantes entre si, presente na letra, encontra correspondente no ritmo da canção, que começa no compasso binário da rumba cubana e, depois de transposição meio tom acima, dá lugar a um ritmo espanholado ternário (Francis classifica como *pasodoble*). O tom irreverente é reforçado por uma construção melódica de notas curtas e tessitura não muito ampliada, exemplo do que Luiz Tatit chama em seus textos acadêmicos de "canções tematizadas", muito usadas em composições de exaltação.

Embora já houvesse composto sistematicamente com Cacaso (e pontualmente com Ruy Guerra, Paulo César Pinheiro e alguns outros parceiros menos frequentes) musicando poemas, é graças ao trabalho com Carneiro que Francis atribui o fato de ter se tornado plenamente fluente nesse tipo de ofício. Com Cacaso, afinal, havia o facilitador de versos a musicar no metro fixo da redondilha; nas letras enviadas por Carneiro a Francis, embora fique evidente o cuidado no trabalho com o ritmo das palavras, na maior parte das vezes o metro é irregular — uma das exceções é justamente "Pau Brasil", com a proposta menos comum de quatro sílabas poéticas por verso, tornada indistinguível por Francis quando do poema se fez canção, ao aglutinar versos numa única frase melódica.

Seja de maneira aparentemente inconsciente, ao optar por somar rumba e *pasodoble*, ou de maneira obviamente proposital, ao desprezar a métrica original do poema para a criação de frases melódicas longas e deslocar as tônicas naturais das palavras em constantes inversões prosódicas, Hime age para emular com o balanço de sua música o carnaval sinestésico sugerido pelo poema de Carneiro. Há uma paisagem multissensorial e polissemântica, em que se misturam sentimentos, cores, sensações táteis e térmicas, sabores e a isenção de culpa pela infração de normas ou

Ensaio

Acima, o poeta Cacaso (Antônio Carlos de Brito), com sua mulher Rosa Emília, à esquerda, e Olivia Hime. Ao lado, o LP *Francis*, de 1980, que trazia seis parcerias com Cacaso.

Acima, Francis Hime e Geraldo Carneiro no lançamento de *Álbum musical — Livro de partituras*, em 2004. Ao lado, o disco *Pau Brasil*, de 1982, que trouxe na faixa-título a primeira parceria de Francis com Geraldinho.

pseudonormas. Embora não trabalhe nessa música com o samba, a marchinha ou o frevo — os ritmos mais imediatamente identificáveis com o carnaval brasileiro —, a mestiçagem da criação de Hime (usando um conceito de José Amálio Pinheiro) nos oferece a compatibilidade perfeita com a "noite fresca carnavalesca" da letra de seu parceiro.

Quanto ao contexto histórico e à divulgação, performance e veiculação do tema, verifica-se ainda mais riqueza oferecida nesse exemplo de "geleia geral brasileira" ao notar-se que estávamos num momento de *abertura* política em 1982, sendo "Pau Brasil" a canção de *abertura* de álbum homônimo, em que Hime se *abria* a uma linguagem mais próxima do pop contemporâneo; nessa situação, ousou apresentar, em plena Rede Globo, que durante anos deu suporte ao regime militar — em cenário *kitsch* no *Fantástico*, um dos carros-chefes da emissora —, uma canção simples e complexa ao mesmo tempo, com mensagem (mais ou menos) cifrada de oposição ao deus hebreu; ainda simbólico se mostra o fato de que, apesar da divulgação em espaço comercial nobre, "Pau Brasil" *não* se tornou um grande sucesso nacional, mas ainda é incluída nos shows de Francis Hime, quase quarenta anos depois de sua feitura, conseguindo "comunicação forte com o público", nas palavras de Francis.

A fluência das canções da dupla Hime/Carneiro, sem aspecto típico de poema musicado (como acontece no "Réquiem" composto com Ruy Guerra, por exemplo, sem que isso acarrete demérito para essa outra proposta de canção), possibilita-se graças à grande intimidade entre os parceiros, sempre abertos a ajustes posteriores em suas partes do trabalho para beneficiar a obra final. Essa liberdade pode gerar lances cômicos, como no recente episódio de "Samba Funk" (2019), no qual Carneiro, depois de ouvir a faixa, pediu desculpas para pedir uma modificação na letra depois de já gravada a canção, pois custava a acreditar que houvesse escrito um dos versos, "muito ruim" — posteriormente descobriu-se que justamente o verso achincalhado pelo poeta havia passado por uma adaptação de Francis, que se esqueceu de consultá-lo.

A produção da parceria é heterogênea, abarcando diversos ritmos e perfis líricos (nesse sentido, é bastante representativa a canção "O Tempo das Palavras", adaptação de texto shakespeariano musicada como guarânia!), incluindo também a participação de Carneiro como letrista em *Carnavais para Coro Misto e Orquestra* e *Sinfonia do Rio de Janeiro de São Sebastião*, dois projetos de Francis dentro da estética da música de concerto. Das 21 canções lançadas pelos parceiros, doze delas se concentram nos álbuns *Arquitetura da Flor* (2006) e *O Tempo das Pala-*

vras... Imagem (2009), um período de efervescência produtiva para a dupla. Francis relata, porém, que há muito material composto pelos dois inédito em disco: uma amostra pode ser conferida no YouTube, plataforma na qual foi disponibilizada interpretação de "O Meu Amor me Procura", gravada em 1993 (dentro do período de hiato discográfico de Francis) para um programa de TV apresentado por Clodovil. A qualidade da canção, "desperdiçada" de certo ponto de vista, levanta questionamentos sobre quanto material de excelência composto por Francis Hime nunca pôde ser devidamente apreciado pelo público.

10. Música de concerto: novo começo

No período de seu hiato discográfico, entre 1985 e 1997, Francis Hime compensou a ausência dos estúdios de gravação passando a fazer shows com maior frequência e gosto. De modo irônico, foi justamente quando não tinha mais nenhum álbum do momento para divulgar que seu antigo medo de palco se perdeu: já perto dos 50 anos, Francis se converteu num *showman*, sem espalhafato, mas bastante seguro.

Outra novidade foi sua entrada no universo da música de concerto, sob o estímulo do maestro paulista Benito Juarez, que encomendou suas duas primeiras obras da área. A *Sinfonia n° 1* (1986), uma obra mais "dura", começou a ser composta ainda na temporada de estudos de Francis Hime nos Estados Unidos, mostrando significativa influência de seu professor Paul Glass; a partir de *Carnavais para Coro Misto e Orquestra* (1988), Francis passou sistematicamente a adotar, em suas obras voltadas para audição em concerto, elementos típicos da música popular — assim como faz valer seu repertório de música erudita quando compõe e/ou arranja canções.

Originalmente, *Carnavais*, musicada a partir de poema de Geraldo Carneiro, estava com estreia prevista no Festival de Campos do Jordão de 1987. O diretor de então do festival, Eleazar de Carvalho, afirmou, no entanto, que a inclusão da obra no programa atentava contra sua autoridade, pois ele se opunha à inclusão de uma "tentativa nostálgica de relembrar antigas marchas carnavalescas" no festival que ele próprio criara em 1970 como veículo para a "música artística". Carvalho acabou pedindo demissão de seu papel de diretor, e a polêmica atrasou o preparo da obra, que só acabou estreando em exibição ao ar livre, em Campinas, no ano seguinte, permanecendo inédita em disco.

A celeuma tão antiquada em torno do que é "música artística" acabou eclipsando o brilhantismo de *Carnavais*, a mais ousada das obras de Francis. Ao contrário da suposição de Eleazar de Carvalho, *Carnavais* está longe de veículo para saudosismo de marchinhas. O título da cantata remete tanto à festa popular quanto às miscigenações tão típicas de nosso país — racial, social, cultural —, nem sempre tão bem resolvidas quanto quer fazer crer a propaganda oficial. Geraldo Carneiro compôs um texto com estrutura fragmentária, vasto número de citações díspares, denúncia do autoritarismo (a ditadura militar havia acabado de chegar ao fim) e um humor oswaldiano.

Francis Hime percebeu que o "carnaval" de Carneiro era bem mais amplo do que o entendimento preconcebido de Carvalho, musicando o texto com uma combinação ousada (carnavalesca?) do erudito sistema atonal com células rítmicas que incluem sambas, marchinhas (por que não?), boleros, baiões, xaxados, modinhas e "canções dos mais diferentes estilos", nas palavras de Francis. Tudo isso interpretado por orquestra sinfônica e um coro de duzentas vozes.

Com música atonal, variações rítmicas e texto pós-moderno, natural se pensar em um trabalho "difícil". E acontece que *Carnavais*, mais do que palatável, soa entusiasmante, muito pela maestria com que Francis soube sublinhar a irreverência dos versos de Geraldo Carneiro.

Lamenta-se ao saber que tão relevante obra foi apresentada apenas duas vezes, permanecendo inédita em disco; em gravação amadora, pode ser conferida com o acesso a arquivos disponibilizados por Francis em seu livro *Trocando em miúdos as minhas canções* (2017), com qualidade sonora, evidentemente, indigna da altura da obra, mas já suficiente para vislumbrar sua grandeza.

O drama da dificuldade de tornar acessível o resultado de tanto trabalho empenhado permeia boa parte da obra de Francis voltada para a música de concerto: permanecem totalmente inéditas obras há tempos compostas, como a *Ópera do Futebol*, esta com libreto de Silvana Gontijo. Outras tantas puderam ser ouvidas em salas de concerto, mas nunca foram gravadas em disco, embora em muitos casos fosse essa a expectativa inicial para os projetos: além da *Sinfonia nº 1* e de *Carnavais*, é o caso da suíte *Terra Encantada* (1997), do *Concerto para Violino e Orquestra* (2013), do *Concerto para Clarinete e Orquestra* (2017) e do *Concerto para Harpa e Orquestra* (apresentado em 2019, depois de muito tempo na gaveta). Para contornar a situação, Francis passou a frequentemente registrar, em discos eminentemente voltados à canção popular, excertos de sua produção para a música de concerto: o *Concerto para Violino e Orquestra* só estrearia na Sala São Paulo em 2013, mas já em 1997 um de seus movimentos aparecia retrabalhado no álbum *Choro Rasgado* como "Baiãozão"; "Isabel — Fantasia para Violino e Orquestra", presente no álbum *Navega Ilumina* (2014), também é derivada de outro movimento do concerto. E no mesmo *Navega Ilumina*, processo idêntico foi adotado com "Cecília — Fantasia para Harpa e Orquestra", adaptação de trecho do *Concerto para Harpa e Orquestra*.

Algumas outras poucas obras tiveram melhor sorte discográfica: o *Concerto para Violão e Orquestra* foi executado pela OSESP em 2010, sendo lançado em CD no ano seguinte. Ele já estava pronto, no entanto, desde meados da década de 1990, tendo sido escrito especialmente para Raphael Rabello; a morte precoce do violonista, no entanto, fez com que um muito abalado Francis engavetasse o concerto, até que encontrasse em Fabio Zanon o solista ideal para retomar o trabalho. Também foi registrada em disco, em gravação da Orquestra de Câmara Rio Strings, lançada pela Biscoito Fino, a *Fantasia para Piano e Orquestra* (2004), escrita por Francis para ele mesmo atuar como solista.

Deve-se lembrar, também, que desde "Olivia", de seu primeiro disco solo, os temas instrumentais presentes na maioria dos discos de Francis já se situavam em área fronteiriça, sendo difícil estabelecer o que é popular e o que é erudito (felizmente, cravar essa distinção configura tarefa totalmente desnecessária); a salutar confusão entre os mundos musicais aumenta quando se sabe que Francis rotineiramente usa excertos melódicos de suas obras de concerto para formatar canções, sendo um artista largamente adepto de citações e autocitações em sua escrita. O procedimento inverso também acontece, como o uso de trecho da canção "Pivete" como motivo do movimento "Lundu", de sua *Sinfonia do Rio de Janeiro de São Sebastião* (2001).

Esse trabalho se apresenta como a definitiva extinção de fronteiras entre as vertentes erudita e popular na obra de Francis; além de ser provavelmente sua preferida entre as obras que criou (Francis hesita em afirmá-lo definitivamente, mas usa em relação a ela a expressão "uma das minhas preferidas" muito mais recorrentemente do que quando fala de qualquer outro trabalho, não podendo conter seu orgulho), também pôde ter sua divulgação trabalhada de maneira adequada, sendo lançada em CD e DVD pela Biscoito Fino e gozando de uma carreira considerável de apresentações, regidas pelo próprio Francis, que chegaram até Paris. A partir da idealização de Ricardo Cravo Albin, foi concebida uma

Ensaio

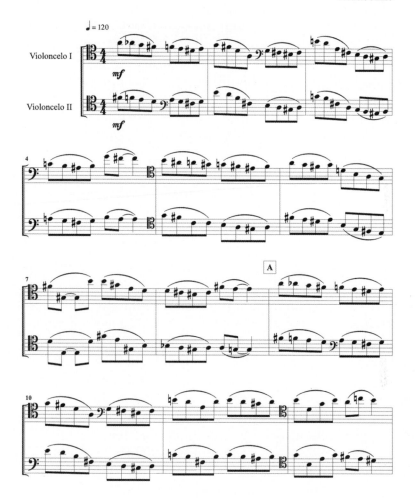

Três registros da música de concerto composta por Francis Hime:
ao lado os CDs da *Sinfonia do Rio de Janeiro de São Sebastião* (2001)
e do *Concerto para Violão e Orquestra* (2011),
e acima a partitura do *Choro para Dois Cellos* (2021),
adaptação de um movimento da *Sinfonia do Rio*.

sinfonia com movimentos que correspondem a ritmos musicais típicos do Rio de Janeiro, também marcando a evolução do tempo na cidade. Sobre a música de Francis, Geraldo Carneiro e Paulo César Pinheiro escreveram as letras — e os estilos dos dois escritores se combinam perfeitamente. A orquestra sinfônica se mescla à participação de instrumentistas da área popular, da qual também vêm os cantores solistas: Lenine (cantando o movimento "Lundu"), Zé Renato ("Modinha"), Leila Pinheiro ("Choro"), Olivia Hime ("Samba") e Sérgio Santos ("Canção Brasileira"), com todos cantando juntos a "Abertura" e o "Final". Se em alguma ocasião vale o uso do termo "clássico contemporâneo", é aqui.

11. Volta aos estúdios, sempre produzindo

O ano de 1997 marcou o retorno em grande estilo de Francis Hime à carreira discográfica: além de lançar dois álbuns próprios, escreveu os arranjos para o *Alta Madrugada* de Olivia Hime, que também passou por período de ausência da indústria fonográfica na mesma época de seu marido.

Álbum Musical é um trabalho de produtor, no qual Francis selecionou artistas para interpretar suas canções mais conhecidas, pensando no nome adequado para cada uma das faixas. Integraram o repertório "Anoiteceu" (com Milton Nascimento), "Pivete" (com Caetano Veloso), "Sem Mais Adeus" (com Chico Buarque), "Meu Caro Amigo" (com Paulinho da Viola), "Embarcação" (com Olivia Hime), "A Noiva da Cidade" (com Djavan), "Pássara" (com Maria Bethânia), "Minha" (com Ivan Lins), "Atrás da Porta" (com Zélia Duncan), "Passaredo" (com Miúcha), "Luiza" (com Toquinho), "Tereza Sabe Sambar" (com Gilberto Gil), "E Se" (com Daniela Mercury), "A Tarde" (com Leila Pinheiro), "A Grande Ausente" (com Zé Renato), "Trocando em Miúdos" (com Gal Costa), "Clara" (com Beth Carvalho) e "Vai Passar" (com João Bosco). Os arranjos ficaram a cargo de Cristóvão Bastos e Marco Pereira, com exceção de "Luiza" e "Vai Passar", para as quais Toquinho e João Bosco, respectivamente, criaram seus próprios arranjos para voz e violão. Apesar da excelência do repertório e do time estelar de cantores, a ausência do Francis Hime arranjador se faz notar, ainda mais porque Bastos e Pereira dispunham de poucos recursos para a instrumentação, criando faixas que soam tímidas quando comparadas com as gravações originais. Embora não tenha os *hits* do primeiro volume, e o elenco de cantores arregimentado seja menos vistoso, parece mais bem resolvido o *Álbum Musical 2*, lançado em 2008 pela Biscoito Fino, com arranjos do próprio Francis.

Se no *Álbum Musical* Francis se abriu para um número impressionante de colaboradores, em *Choro Rasgado*, seu primeiro álbum de inéditas desde *Essas Parcerias*, de 1984, o compositor preferiu trabalhar com o número mais restrito de coautores de composição de toda a sua carreira; além dos longevos parceiros Olivia Hime e Paulo César Pinheiro, o álbum traz apenas um outro letrista: o próprio Francis Hime, que estreia como autor de versos para suas próprias melodias em "Gente Carioca", "Duas Faces" e "Jardim Botânico", sem que o escritor incipiente comprometa a produção do músico consagrado. Não sendo possível contar com as grandes produções orquestrais dos tempos da Som Livre, *Choro Rasgado* aposta na singeleza dos arranjos, na diversidade rítmica e na qualidade intrínseca das canções, cada uma delas evidenciando que os doze anos de afastamento, mais dedicados à música de concerto, não comprometeram a verve de cancionista do autor, embora o momento comercial para a chamada MPB, à qual Francis pode ser associado, gerasse poucas oportunidades de divulgação massiva de seu trabalho.

Sucedeu-se outro período sem o lançamento de discos, mas a partir da inauguração da Biscoito Fino, em 2000, Francis dispôs de um canal para manter-se num fluxo de produção constante, sem lograr sucessos radiofônicos, mas com uma vitrine de prestígio para fazer conhecer de maneira adequada seus incessantes novos trabalhos — em que pesem as naturais restrições orçamentárias de um selo independente, impossibilitando a opulência de instrumentação presente nos arranjos dos álbuns da primeira fase de sua carreira, com exceção dos projetos para os quais há patrocinadores ou apoios externos. Vale notar que, a partir dessa época, voltou a acontecer o lançamento de canções de Francis — frequentemente estendendo seu rol de parceiros — por outros intérpretes, o que também havia parado de ocorrer no período de seu hiato discográfico.

Já em 2001, além da *Sinfonia do Rio de Janeiro de São Sebastião*, a gravadora lançou *Meus Caros Pianistas*, álbum em que Francis Hime escolheu trinta de suas canções para repaginá-las em arranjos de piano solo — um desafio de síntese que, segundo o músico, às vezes é mais complexo do que compor para uma orquestra completa. Para interpretar os arranjos, chamou quinze pianistas (cada um se ocupou de dois temas, indicados pessoalmente por Francis para cada um dos músicos convocados), tanto concertistas quanto os mais afeitos à música popular. Como resultado, temos um álbum admirável, revelando-se sutilezas musicais

Ensaio   101 que costumam passar despercebidas na audição das gravações em formato canção.

Em *Brasil Lua Cheia*, lançado em 2003 com apoio da Lei Federal de Incentivo à Cultura, Francis volta a ter a oportunidade de trabalhar com orquestrações tão suntuosas quanto as de seu álbum de estreia; mas se em *Francis Hime*, de 1973, o tom geral do trabalho era soturno, em *Brasil Lua Cheia* se faz perceptível o clima de entusiasmo, relacionado com um momento de particular otimismo político por parte do compositor, muito devido à chegada de Lula à Presidência da República.

(Mesmo com sua família ligada à indústria siderúrgica, entorno do qual não se esperam posicionamentos progressistas, Francis é um declarado homem de esquerda, postura que atribui à sua vivência nos meios artístico e universitário: "Comecei a me interessar mais por política nos tempos da faculdade", diz, "a engenharia era muito progressista, participei de várias passeatas contra a ditadura"; de seus pais, Francis diz não se lembrar de quais eram suas posturas políticas, mas faz questão de dizer, com evidente orgulho, que apesar de sua família materna ser "quase toda udenista", tinha como primo — um "primo-irmão", nas suas palavras — Márcio Moreira Alves, político cujo discurso na Câmara Federal, em setembro de 1968, pedindo boicote ao Dia de Independência, é considerado como desencadeador da reação que levaria ao AI-5.)

O álbum é composto majoritariamente de sambas e choros, trazendo, além de canções feitas com colaboradores habituais (Paulo César Pinheiro, Geraldo Carneiro, Olivia Hime e Cacaso, este aparecendo com "Corpo Feliz" e "Minas Goiás", musicados a partir de poemas guardados no baú de Francis), parcerias novas com Moraes Moreira ("Menina" e a faixa-título), Lenine ("Pó de Granito"), Adriana Calcanhotto ("Um Sequestrador", letrada por ela a partir de melodia antiga feita por Francis com intervenções de Vinicius de Moraes) e Joyce Moreno ("Cinema Brasil"); com Joyce, vale destacar, abre-se aqui parceria que já rendeu outras duas canções, marcadas por letras sempre de temática muito original: além da homenagem ao cinema nacional na canção registrada em *Brasil Lua Cheia*, a dupla lançou, em *O Tempo das Palavras... Imagem* (2009), "Adrenalina", rara louvação a uma figura feminina (a inspiração veio de blogueira que escrevia sobre meio ambiente) sem tom romântico ou sexual na letra, e "Rádio Cabeça", com versos sobre o fenômeno das melodias que grudam na mente para não sair, por mais que se tente.

Se desde o começo de sua carreira Francis Hime sempre muito se preocupou em formar contrastes entre as faixas de seus álbuns, com *Ar-*

quitetura da Flor (2006) nota-se outra curiosa forma de contraste, englobando o álbum inteiro, em relação ao trabalho anterior de sua discografia. Enquanto *Brasil Lua Cheia* apresentava o maior número de músicos arregimentados para um álbum de canções na carreira de Francis, *Arquitetura da Flor* é um projeto minimalista, com as faixas sendo executadas fundamentalmente por um quinteto incluindo o próprio Francis (voz e piano), Ricardo Silveira (violão e guitarra), Jorge Helder (baixo), Kiko Freitas (bateria) e Marcelo Costa (percussão) — a esse núcleo, em algumas faixas eventualmente se somam algum instrumento de sopro ou alguma participação vocal extra. Como já se escreveu aqui, o álbum é marcado pela parceria com Geraldo Carneiro, coautor de metade das faixas do disco; ainda há espaço, porém, para outras belezas: novas canções escritas com colaboradores antigos (Olivia Hime, Toquinho, Abel Silva); a regravação de "A Dor a Mais", da parceria com Vinicius de Moraes, que nunca havia constado em álbum de Francis, tendo aparecido previamente, em sua voz, apenas em compacto; por fim, o lançamento de duas parcerias, com Simone Guimarães, no samba "Cadê", e com Cartola, em "Sem Saudades", interpretada no álbum em dueto com Zélia Duncan. Ter sido confiado a ele por Nilcemar, neta do sambista mangueirense então já falecido há tempos, um poema inédito do avô para que fosse musicado foi motivo de não disfarçado orgulho por Francis Hime. A turnê do álbum renderia, no ano seguinte, *Francis Ao Vivo* (2007), primeiro registro discográfico de show em sua carreira, trazendo como principal atrativo o registro de canções suas que nunca haviam sido lançadas em álbum na voz do próprio autor: "Tereza Sabe Sambar", "A Noiva da Cidade" e "Quadrilha". A experiência de registrar os shows relativos a álbuns de estúdio se repetiria em *O Tempo das Palavras Ao Vivo* (2010), *Almamúsica ao Vivo* (2012) e *50 Anos de Música* (2015), lançados sempre em CD e DVD — em formato de vídeo, geram mais interesse, resultando redundantes quando apenas apreciados em áudio.

O Tempo das Palavras... Imagem (2009) é um álbum duplo: em um disco, já comentado aqui, encontram-se arranjos de piano solo para as trilhas de cinema compostas por Francis ao longo da carreira; no outro, mais uma coleção de canções inéditas, com instrumentação enxuta semelhante a *Arquitetura da Flor*. Como fator de ligação entre os distintos projetos abarcados no mesmo álbum, "Maré" aparece duas vezes, em versão instrumental e com letra, uma em cada disco: originalmente composta como parte da trilha instrumental para o filme *Um Homem Célebre* (1974), ganhou, décadas depois, letra de Olivia Hime para se tornar canção, interpretada aqui por Francis em dueto com Mônica Salmaso. No disco de canções, novamente metade das letras é de autoria de Geraldo Carneiro, e a tradicional apresentação de nova parceria vem com "Há Controvérsias", letra de Paulinho Moska.

Em *Almamúsica* (2011), pela primeira vez dividiram a assinatura de um álbum Olivia e Francis Hime, embora praticamente todos os seus projetos artísticos pessoais contem com a participação ativa um do outro. A opção foi por um trabalho com poucas faixas (batizadas de "quadros"), em cada uma delas havendo junções de canções diversas, unidas por correspondências musicais ou líricas. Entre as escolhidas para integrar o projeto, aparecem canções próprias e de outros autores, brasileiras e estrangeiras, recentes ou antigas, compondo um painel diverso em que entram dois temas inéditos: a faixa-título, composta pelo próprio casal, e "Balada de um Café Triste", da parceria de Francis com Geraldo Carneiro. Todos os arranjos contam apenas com voz e piano. A experiência de compartilhar um álbum, com a mesma instrumentação minimalista e junção de canções, seria repetida em *Sem Mais Adeus* (2017), formatado a partir de show que o casal já apresentava há tempos, dedicado a canções de Vinicius de Moraes compostas com vários parceiros, incluindo, obviamente, o próprio Francis.

Na sequência discográfica, mais um álbum dividido: em *Francis e Guinga* (2013), o esquema básico apresenta cada um dos compositores tocando suas próprias canções e cantando as canções do outro, dispostas em duplas nas quais se buscam convergências, mais ou menos óbvias, entre os universos dos dois autores. Há apenas piano, violão (sempre separados) e as vozes de Francis e Guinga, em prova modelar de que no universo da canção popular não são necessários cantores de grande tônus para transmitir expressividade emotiva. Como inéditas, aparecem duas parcerias entre os dois; em ambas, Francis veio com uma segunda parte para um tema musical proposto por Guinga: "A Ver Navios", que ganhou letra de Olivia Hime, e "Doentia", letrada por Thiago Amud, apresentado a Francis por Guinga na ocasião desse projeto, para depois se converterem em parceiros recorrentes, já com mais três canções lançadas.

Em *Navega Ilumina* (2014), álbum que celebra os cinquenta anos de carreira de Francis, a parceria com o Sesc permitiu voos mais altos de instrumentação; a ideia era compor um trabalho representativo de todas as suas facetas artísticas — logo, não poderiam faltar passagens orquestrais. Assim, uma erudita fantasia para harpa e orquestra vem depois de um samba-enredo ("Navega Ilumina"), para dar lugar a uma balada para voz e piano ("Canção Noturna") — e daí por diante, sem que pareça haver rupturas bruscas numa audição contínua. Francis também volta à atividade de letrista nos sambas "Ilusão" e "Mistério", mostrando mais ambição ao lidar com reflexões sobre a morte e a efemeridade do ser. Trabalhos baseados em efemérides costumam ter teor autolaudatório, de pouco acréscimo criativo à obra do homenageado; Francis, no entanto, não quis saber de disco "café com leite", entregando um sério candidato à consideração como melhor álbum da carreira, aos 75 anos de idade.

O mais recente álbum de canções populares de Francis Hime é *Hoje* (2019); na busca de valorizar o momento presente, explicitada no título, Francis se convenceu de que não valeria a pena manter totalmente inédita a sua há muito composta *Ópera do Futebol*, transformando em duas canções ("Pietá" e "Jogo da Vida"), em parceria com a letrista Silvana Gontijo, o encerramento da ópera, também disposto como fecho para o álbum. Aos 80 anos, Francis não cessa a procura de estender as fronteiras do seu trabalho, experimentando novos gêneros (um fado-blues em "O Tempo e a Vida", com letra do português Tiago Torres da Silva) e ainda abrindo novas parcerias (com Ana Terra, em "Mais Sagrado"), além de renovar laços tanto com compositores mais velhos do que ele próprio (é o caso de Hermínio Bello de Carvalho, coautor do choro-canção "Desdenhosa") quanto com representantes de outras gerações: nascido em 1980, Thiago Amud é o letrista de "Sofrência", na qual, valendo-se de imagens de correspondência muito contemporânea e brasileira — "sofrência", "incêndio no museu" —, expressa o sentimento atemporal e universal do amor atormentado; nascida em 1965, Adriana Calcanhotto trouxe seu rico universo imagético, com direito a surreais "azaleias na caatinga", para letrar difícil melodia de duas oitavas de extensão, compondo "Flores pra Ficar". Como não poderia deixar de ser, Francis volta a recorrer a seus frequentes parceiros Olivia Hime, Paulo César Pinheiro e Geraldo Carneiro para fechar o repertório do álbum, com instrumentação que fica como um meio-termo entre a grandiosidade de *Brasil Lua Cheia* ou *Navega Ilumina* e o minimalismo de *Arquitetura da Flor* ou *O Tempo das Palavras... Imagem*, para mencionar alguns de seus álbuns mais recentes.

Em cinco das doze canções de *Hoje*, Francis convidou outros cantores para integrar o álbum: em "Flores pra Ficar", dividiu vocais com sua própria parceira na canção, Adriana Calcanhotto; já nas outras faixas com participações especiais, eximiu-se de cantar, deixando as vozes a cargo dos convidados. Foi assim em "O Tempo e a Vida", com interpreta-

Acima, Francis Hime com Adriana Calcanhotto, Lenine e Sérgio Cabral
no lançamento do álbum *Brasil Lua Cheia*, em 2003.
Ao lado, a contracapa de *Brasil Lua Cheia* e o CD *Almamúsica*, de 2011,
primeiro disco assinado em conjunto pelo casal Olivia e Francis Hime.

107

ção de Lenine, "Pietá", com Olivia Hime, "Jogo da Vida", com Sérgio Santos e Olivia Hime, e "Laura", com Chico Buarque. Essa participação de seu antigo parceiro foi muito comentada pela mídia, por tratar-se do primeiro reencontro em estúdio do instrumentista Francis, ao piano, com o cantor Chico desde 1984, ao gravarem a canção "Parceiros". No *Álbum Musical* de Francis, lançado em 1997, os dois já haviam se reencontrado em estúdio, mas naquela ocasião Francis atuou apenas como produtor, deixando Cristóvão Bastos como encarregado do piano em "Sem Mais Adeus", faixa em que Chico canta.

A produção de Francis no século XXI, ao qual chegou já com mais de 60 anos, impressiona qualitativa e quantitativamente: entre 2001 e 2022, numa fase da vida em que a desaceleração costuma acontecer de forma natural, e já absolutamente consagrado, lançou dezessete álbuns — sem contar suas composições lançadas por outros intérpretes e a grande quantidade de material totalmente inédito ou apenas conhecido por apresentações especiais.

Nem a pandemia da Covid-19 interrompeu seu ritmo, com diversas realizações nos últimos anos. Aproveitou o período para compor, posteriormente executando em seu instrumento e editando, os temas de seu álbum para piano solo *Estuário das Canções*, lançado em novembro de 2022 apenas com instrumentais inéditos. No auge do isolamento, valeu-se das novas possibilidades tecnológicas para uma série de realizações: com o português Jorge Fernando, compôs "Anjos Secretos", canção feita como homenagem aos profissionais da saúde — a renda das visualizações no YouTube de seu clipe, com a participação de vários notórios intérpretes da canção brasileira e portuguesa, foi revertida à organização Médicos Sem Fronteiras; voltou a participar de um festival de canções, o Toca, realizado pela internet, chegando às finais com a canção "Mar Enfim", composta com Olivia Hime; buscou manter ativas suas redes sociais, divulgando uma série de vídeos em que explica peculiaridades de sua obra e até propondo um concurso entre letristas, dispondo-se a musicar um poema de compositor que nunca havia tido uma composição gravada (o escolhido foi "Terra e Céu", de Laís Gomes, gerando um xaxado); voltou, depois de décadas, a dar aulas de composição e arranjo, agora por meio online; teve lançadas duas canções com letra e interpretação de sua filha Joana Hime ("Entreventos" e "Casa"), além de ter aprontado novas parcerias, à espera de gravação, com nomes díspares como Zélia Duncan, Moacyr Luz, Pierre Aderne, Paulinho Mendonça, Zé Renato, Leoni e Totonho Villeroy; vem trabalhando, ainda, na com-

> gravado ao vivo no espaço tom jobim em 23 de novembro de 2014

1 ilusão
2 amor barato
3 sem mais adeus
4 maria da luz
5 fantasia para harpa e orquestra
6 minha
7 amorosa
8 sessão da tarde
9 fantasia para violino e orquestra
10 passaredo
11 atrás da porta
12 breu e graal
13 mistério
14 canção apaixonada
15 trocando em miúdos
16 navega ilumina

Acima, o CD *50 Anos de Música*, com o registro do espetáculo comemorativo da carreira de Francis Hime realizado em 2014.
Ao lado, o recentíssimo álbum *Estuário das Canções*, de 2022, com Francis interpretando suas novas criações instrumentais ao piano.

posição do *Concerto para Dois Violoncelos e Orquestra*, escrito especialmente para os solistas Jaques Morelenbaum e Hugo Pilger.

Com alguma convivência com ele, é fácil perceber que se alguma coisa angustia Francis é o fato de não conseguir produzir ainda mais — ou não ver seu trabalho divulgado da maneira que julga adequada. Saibamos admirar o legado de Francis Hime, estando também abertos e atentos para apreciar novas belezas que não param de vir ao mundo pelo engenho desse músico e cancionista brasileiro.

ENTREVISTA

1. O JOVEM FRANCIS HIME:
ENTRE A MÚSICA E A ENGENHARIA (1939-1965)

O piano como obrigação — Internato na Suíça como antídoto para a vagabundagem — Tomando gosto pela música de concerto — Vinicius incentiva o jovem músico, que insiste em ser engenheiro — As primeiras composições — Muito bem enturmado — O LP *Os Seis em Ponto* — As canções para festival — Os "quases" com João Gilberto

Qual sua primeira memória musical?
Comecei estudando piano aos 6 anos de idade. Antes disso, não tenho muita lembrança, não...

Sua primeira memória musical está vinculada a exercício de treinamento...
Não tenho lembrança de canção que minha mãe cantava ou qualquer coisa do tipo.

E pelo que já vi você falando, são lembranças penosas, de seus primeiros contatos com o piano.
É, eu não gostava muito de estudar. Mas eu ia encontrando minhas formas de diversão.

Era uma imposição paterna?
Naquela época as famílias de classe média tinham essa coisa de botar os filhos para estudar música. Eu tinha jeito, então tinha de estudar, ou não ganhava mesada! Meus irmãos também estudaram um pouco, mas não foram muito adiante... A minha memória de música na infância está mais ligada a estudos mesmo.

Interessante suas primeiras memórias musicais estarem relacionadas a exercícios. Falo isso porque uma das primeiras memórias musicais minhas está relacionada a uma composição sua, "Vai Passar" [parceria com Chico Buarque]. Minha tia adorava a canção, e eu escutava com ela. E é uma música complexa, com uma letra complexa, que há relativamente pouco tempo, coisa de trinta e poucos anos, foi um grande sucesso popular. Isso parece inviável hoje em dia, uma canção com esse grau de

Entrevista 113

complexidade ter esse alcance, ficou entre as dez canções mais executadas do ano.

É verdade. Mas era uma época em que as rádios tocavam músicas às vezes mais sofisticadas. É uma música realmente complexa. O começo foi o Chico que fez, eu fiz do meio para o fim. Começa num acorde de sétima da dominante, vai para outra sétima da dominante, até chegar à tônica.

Sim, muitas modulações, numa letra sofisticada, cheia de referências.
Em shows meus, até hoje, tenho de tocar "Vai Passar", ou eu apanho!

Você já relatou que seus estudos de piano eram eruditos, mas você gostava de tocar músicas populares...
Eu ficava muitas vezes fazendo escalas, arpejos. O piano ficava na sala de visitas, meus pais eram separados. Minha mãe ficava me ouvindo dedilhando, crente de que eu estava fazendo com afinco aqueles exercícios, mas eu ficava tirando canções populares e cantarolando.

E o que é que você tentava tirar?
Eu gostava muito de música de carnaval, boleros, repertório de Dalva de Oliveira, Herivelto Martins, Caymmi, Noel...

Coisas que eram ouvidas na rádio.
Eu tinha um disco das canções praieiras de Caymmi, outro de Noel Rosa.

Coisas dos seus pais?
Não sei se eram dos meus pais... Tinha também um disco do Trio Surdina, com Fafá Lemos. Lembro de uma música deles chamada "O Relógio da Vovó", eu gostava muito.

E seus pais, que te incentivaram a tocar piano, também eram músicos amadores?
Sei que meus pais tocaram piano quando jovens, mas não lembro de tê-los visto tocar. Meu avô paterno, que foi um grande pianista amador, deu concerto no Municipal com 12, 13 anos de idade...

Como você se considerava como pianista na época?

Não tocava muito. Só estudava no fim do ano para fazer a prova. Havia três pontos para sorteio, e você entrava numa audição conjunta. Eram só meninas, e a exceção era o Luiz Carlos Vinhas e eu. Até os meus 15 anos, não me lembro de tocar muito música popular, essa passagem se deu muito gradativamente. Tocava só para mim mesmo.

Depois, na adolescência, você foi para a Europa para estudos...
Quando eu tinha 15 anos, meu pai chegou para mim e disse: "Você está muito vagabundo, não adianta te falar para estudar, porque você não estuda mesmo. Te dou três opções: ou você vai para a Marinha, ou para o colégio de jesuítas, ou para a Europa". Eu escolhi ir para a Europa, claro. Aí ele pesquisou e descobriu o colégio mais severo que tinha lá, o Institut auf dem Rosenberg, na Suíça alemã. Você não podia sair nunca. Uma verdadeira prisão.

E você não sabia nada da língua?
Nada. Nada de alemão. Tinha vaga noção de inglês e francês do ginásio, mas nada de alemão. Lá foi curioso porque eu escolhi de estudar em inglês, havia várias línguas a escolher para fazer o curso. De certa forma, isso me ajudou um pouquinho. E lá havia um brasileiro um pouquinho mais velho do que eu, Carlos Somlo, nunca mais o vi, e ele tocava saxofone. A gente fazia duos, ficávamos matando aula, ele tocando sax, eu tocando acordeom. Às vezes fugíamos para a cidade e dávamos um concerto para os passantes, no coreto. Ele me reapresentou Beethoven, Brahms... Me fez ouvir muita música, me despertou o interesse pela música clássica. Eu havia brigado com esse tipo de música, por causa dos estudos de piano.

Foi quando a música deixou de estar mais ligada a uma obrigação?
Foi quando comecei a me interessar por aqueles sons, por uma orquestra. Eu nunca tinha estudado nada relativo a orquestras. Além do estudo de piano, tinha estudo de teoria, solfejo. Não tinha a menor noção de orquestra. Então aquilo era um mundo estranho para mim. A orquestra parecia um som mágico. Fiquei só seis meses no Institut auf dem Rosenberg. Ao cabo de seis meses, minha mãe foi até lá e me tirou do colégio. Quem me mantinha lá era meu pai, que era muito rico. Minha mãe era artista plástica e, enfim... Não tinha dinheiro nenhum. Mas ela disse: "Olha, eu tenho um dinheiro guardado, mas para eu te manter um pouquinho mais você vai ter de estudar, vai ter de se aplicar. O que você

Entrevista   115

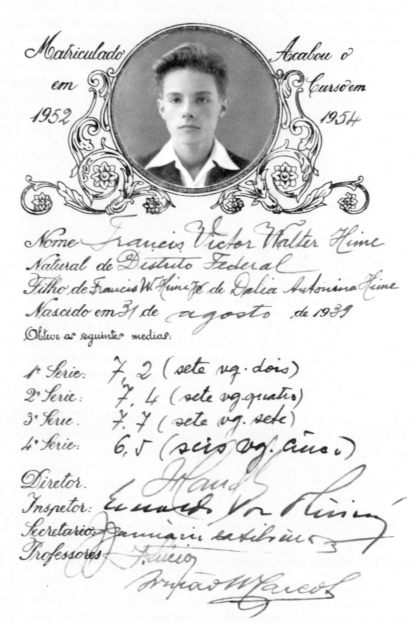

O boletim de Francis Hime no curso ginasial do Colégio São José, internato dos irmãos maristas na Tijuca, no Rio de Janeiro.

Acima, Francis Hime com o pai, Frank (à direita), e o pastor Eugenio Ferrari, em 1957. Ferrari era o dono da pensão em Lausanne, onde Francis se hospedou quando estudava na École Lémania, após se transferir do Institut auf dem Rosenberg, de St. Gallen, na Suíça alemã.
Ao lado, Francis diante do Palácio do Vaticano, durante a época de estudos na Europa.

quer fazer?". E eu disse: "Eu quero ir para Lausanne, quero ficar na casa do pastor". Era uma casa de um pastor que o Carlos conhecia, uma pensão que recebia vários estudantes. Aí fui para lá e me tornei um aluno modelo. Num externato, com toda a liberdade... O professor de geografia e história sempre falava: "Pergunte ao Hime!". Eu sabia de tudo, estudava à beça. E aí eu comecei a frequentar aqueles festivais de música clássica. Toda semana tinha alguma coisa, em Montreaux, Genebra, Zurique. Pegava o trem e ia sozinho ver aqueles concertos. Lembro que quando fiz 18 anos me dei de presente uma ida a Zurique, fui assistir à *9ª Sinfonia* de Beethoven com Karajan regendo a Filarmônica de Berlim. Eram músicos maravilhosos, vi Stravinsky regendo, Karajan várias vezes... E aí comecei a tomar gosto pela música de orquestra. Eu estudava no externato, no caminho para a escola tinha uma lojinha de discos. Eu consultava o catálogo, sei lá, *Concerto nº 2* de Rachmaninoff, e via todas as gravações que havia. Encomendava os discos, esperava uns dez dias, e ficava ouvindo na lojinha, depois comprava. Fiquei na Europa de 1955 a 1959.

E esse desabrochar da música de concerto para você aconteceu bem no meio do início da bossa nova do Brasil. Você se lembra do seu primeiro contato com essa novidade? Muitos músicos da sua geração falam que ouvir "Chega de Saudade" foi uma experiência decisiva para a profissão de músico que seguiram.

Ouvi pela primeira vez a bossa nova na gravação de "A Felicidade" com o Agostinho dos Santos. Eu ouvi numa rádio suíça e pensei: "Gente, o que é isso? Algo está acontecendo no Brasil!". Mas antes de eu ir para a Europa, naquela fase em que meu pai disse que eu estava muito vagabundo, saía escondido com os sapatos na mão e esperava minha mãe dormir, ia muito a festinhas, ia ver o Luiz Eça tocar no Plaza, nessa época eu tocava muito em festinhas de amigos, música popular. Era uma forma de tocar meio batuqueira, com um piano de muitas notas, ritmo acelerado. Isso para mim foi muito importante, porque quando voltei tinha aquela batida nova da bossa nova, eu dizia para os meus amigos que não sabia tocar aquilo, aquela forma econômica. Tive de me adaptar aos poucos.

E a "Valsa de Eurídice", que você famosamente tocou para o próprio autor, Vinicius de Moraes, em uma das suas férias do internato na Suíça? Como você conheceu essa música?

Eu tinha esse disco do *Orfeu da Conceição*, com aquela abertura arranjada pelo Tom. No meio da abertura tem essa valsa no violão. Devo ter tirado de ouvido, eu tirava muita coisa de ouvido. Mas não sei como eu pus as mãos nesse disco, não sei se minha irmã comprou...

Não era uma coisa de exposição massiva, era um gosto sofisticado.
Sim, e eu sabia essa abertura de trás para a frente. O Vinicius estava numa festinha na casa da minha mãe, os dois eram muito amigos. Minha mãe já devia ter me ouvido tocar a música dele, e me incentivou a tocar. Foi aí que o Vinicius disse: "Pô, Dália, esse menino não pode fazer engenharia, tem que fazer música". Eu acabei me formando engenheiro, sempre gostei muito de matemática, fazia as contas do armazém. Mas meu encontro com Vinicius foi casual. Mas ou menos na mesma época, Vinicius tocou no violão uma música que ele havia feito no mesmo dia com o Tom, "Eu Não Existo Sem Você". Me lembro dele tocando violão numa saleta da casa da minha mãe.

E como é que era o violão do Vinicius?
[risos] Ah, era um violão bem simples. Aquele acorde de menor com sexta, ele adorava! Bem seresteiro. Mas foi um encontro casual, só vim a encontrá-lo novamente muitos anos depois.

E quando você voltou da Europa já estava imerso numa turma da bossa nova?
Não, não. Eu retomei o contato com os amigos, alguns até tocavam violão em festinhas... Mas eu cheguei aqui em 1959 pensando é em adaptar o que eu havia estudado lá para tentar engenharia aqui. Tentei o vestibular no primeiro ano, não passei, no segundo consegui passar. Mas eu faltava em muitas aulas, repeti já no primeiro ano. Enfim, eu já tinha essa coisa de tocar um pouco de música popular, mas sem nenhum traço de compositor afirmado. Só aos poucos, com esse negócio de procurar melodias ao piano, ou algum arranjo, surgiu essa coisa embrionária de criação.

Mas sua primeira preocupação ao voltar ao Brasil era a carreira de engenharia?
Sim, não havia a menor possibilidade de seguir a carreira de músico. Em função dos meus estudos, de vez em quando alguém me levantava a possibilidade de eu ser pianista clássico. Eu dizia: "De jeito nenhum, ima-

gina, ficar estudando sete ou oito horas por dia!". E eu também não pensava, imagina, em ser compositor... O que que é isso, ser compositor? Não achava que a música seria uma profissão que me sustentaria. Eu tinha muita vontade de ser independente dos meus pais. Meu pai era muito rico. Fatalmente, se eu fosse seguir música, eu ficaria dependente dele, na minha visão. A minha família tinha usinas de aço. Lembro que, nos livros de geografia, no ginásio, eram citadas a Siderúrgica Nacional, a Belgo-Mineira e a Hime Companhia. Então era uma fortuna incalculável, não é? Feita por meu avô [Francis Walter Hime], esse que foi pianista amador, que fez do nada uma fortuna extraordinária. Às vezes o Getúlio Vargas ia passar fim de semana na fazenda dele! A geração do meu pai [Frank Owen Walter Hime] foi a que gastou, e na minha geração já não chegou nada [risos].

Essa angústia pela independência postergou sua dedicação à música?

Eu nem pensava nisso. Ficava preocupado em que tipo de engenharia estudar, para ser uma melhor escolha em termos de mercado. Mas meu pai dizia: "Não, você vem trabalhar comigo". Cheguei a fazer alguns estágios...

Mas você falou que logo no começo da vida acadêmica já estava repetindo de ano. O que te afastava da sala de aula?

Ah, tinha aquela coisa da boemia, da vida noturna, amigos, música. Mas eu estava disposto a concluir o curso, mesmo que aos trancos e barrancos. Levei uns sete ou oito anos para concluir. Não afastava completamente a ideia de trabalhar na Hime Companhia, mas eu seria independente. Se eu quisesse sair de lá, sairia. Mas durante esse tempo todo, até eu me formar, em 1969, o germe da música foi me consumindo.

É interessante, porque você não estava tocando num boteco da esquina. Sua primeira composição, "Sem Mais Adeus", foi feita com o mais famoso letrista do país, Vinicius de Moraes. Depois, você participou dos festivais na televisão, suas composições com grande exposição em horário nobre. É difícil entender hoje como isso não era suficiente para incentivar a carreira de músico.

Eu realmente achava que aquilo não podia sustentar uma pessoa. Eu tinha ideia fixa: vou ser engenheiro e pronto. Mas aos poucos fui sendo contaminado. Quando fui ver, em 1969, no dia da entrega do canudo simbólico, em vez de estar aqui no Maracanãzinho, estava em São Paulo participando da inauguração da TV Bandeirantes. Lembro que escrevi um arranjo para a Olivia e a Wanda Sá cantarem "Até Pensei", do Chico, e "Veleiro", do Edu Lobo e Torquato Neto.

Então durante toda a década de 1960 você se considerava um amador em música?
Sem dúvida.

Isso é espantoso, porque você tem uma produção nessa década de altíssima qualidade.
Mas eu não cheguei a gravar nem um disco. Cheguei a preparar todo o repertório, os arranjos, mas veio a ideia de eu ir estudar nos Estados Unidos. Meu sogro disse: "Vou dar uma bolsa para vocês". Casei em 1969. Aí não quis gravar o disco, porque queria viajar livre de amarras contratuais. Quando eu não fui à entrega do diploma, já ficou claro para mim que meu futuro estava na música. O que eu queria era concluir o curso, para me garantir.

Mas vamos nos deter mais na década de 1960, que você tende a passar apressadamente, como se fosse um período de imaturidade, mas na qual você compôs canções que estão em seu repertório até hoje. "Sem Mais Adeus" mesmo, você lembra da ocasião em que compôs?
Eu tinha alguns temas, em 1962, 1963, tinha uns quatro ou cinco temas. Não sei se mostrei todos eles ao Vinicius, ou se só mostrei esse. Gravei numa fita, ele gostou muito. Alguns meses depois, ele me aparece no bar com a letrinha de "Sem Mais Adeus" escrita num guardanapinho de papel. E aí eu: "Pô, nossa primeira canção". Aquilo foi um marco. Era um samba-canção já com aquela levada joãogilbertiana. A primeira gravação foi da Wanda Sá, em 1964, com arranjo do Eumir Deodato, num estilo muito próximo ao que eu havia idealizado para a canção. No mesmo disco, ela gravou "Mar Azul", parceria minha com João Vitório, cuja namorada era Nelita, que depois casou com Vinicius... Tem essa história.

João Vitório Maciel também é seu parceiro em "Amor a Esmo", canção que nunca foi gravada com letra, sendo retomada mais de dez anos depois da sua composição, agora como "A Noiva da Cidade", gravada pelo Chico Buarque no álbum Meus Caros Amigos.

Entrevista

A carteira profissional de Francis Hime, que se formou, após oito anos de curso, pela Escola Nacional de Engenharia do Rio de Janeiro em 1969.

teatro do autor brasileiro

| A MÚSICA. A DIREÇÃO MUSICAL |
| DE LA MUSIQUE. |

Começou tudo bem, Dori fazendo música, Francis fazendo música. De repente. Queria falar com o Dori, foi prá São Paulo, queria falar com o Francis, foi prá Faculdade, Dori já chegou de São Paulo? chegou, queria falar com êle, já voltou, Francis já voltou da Faculdade? voltou, queria falar com êle, está dormindo que tem prova amanhã, Dori está? Está na casa do Francis, Francis está? está na casa do Dori, Dori? É. Dori mesmo? É. Fêz as músicas? Não deu, rapaz, é o Festival, estou louco com tanto arranjo e vou prá São Paulo agora, Francis? É. Francis mesmo? É. Fêz a música? Fiz mas esqueci tudo, não dá rapaz, é faculdade, é prova, é festival, estou ficando louco. Dori está? Está em São Paulo. Francis está? Está na Faculdade. Dori está? Está em São Paulo. Francis está? Está na Faculdade. Dori chegou, já voltou, Francis voltou, já foi.
Sidney.
Hein?

DORI — FRANCIS — SIDNEY

Programa da peça *Dura Lex Sed Lex No Cabelo Só Gumex*, de 1968,
em texto que registra a trajetória de Francis Hime na época,
às voltas com o teatro, a faculdade e os festivais.

123

O Chico conhecia algumas das minhas músicas antigas. Quando a gente estava fazendo a trilha para *A Noiva da Cidade*, ele me perguntou: "E aquela música que você tinha com o João Vitório, como era mesmo?". E ele começou a fazer a letra ali: "Será que o João Vitório vai se importar?". Mas não...

Você lembra de alguma coisa da letra do João Vitório?
Lembro dos primeiros versos: "Não vou lhe dizer como acontece/ Você sabe que acontece". Era uma letra muito simples. Só a gravei no meu primeiro álbum, com o grupo Os Seis em Ponto, em versão instrumental, também em 1964. Quando o disco saiu, a gente achou fenomenal, "o melhor do ano", mas era muito amador, eu era o único do grupo que escrevia música. Nos ensaios eu escrevia "fá", "ré", não podia colocar nada na pauta.

Você fala desse período com autocomplacência, mas não soa tão amador hoje em dia.
Ah, a gente não tinha muita técnica. O melhor do disco era a contracapa, escrita pelo Tom e pelo Ronaldo Bôscoli [risos]. Na mesma época saiu um disco do Sérgio Mendes, *Bossa Rio*, que era sensacional, mas a gente achava o nosso melhor!

Eu queria entender mais como se deu esse salto de ambientação seu. Porque você diz que quando voltou da Europa, não estava muito enturmado no meio musical. E de repente você está ali sendo parceiro de Vinicius de Moraes, com disco resenhado por Tom Jobim e Ronaldo Bôscoli...
Foi uma coisa gradativa. Voltei em 1959, esse disco é de 1964. Nesses quatro ou cinco anos, comecei a tocar em festinhas, música popular, não só brasileira, mas americana, francesa... Mas não tinha o lance da composição. Foi realmente por meio do Vinicius que eu fui para essa área, e por meio dele que eu conheci muitas pessoas, Carlinhos Lyra, Baden.

Você já declarou inclusive que sua esposa, Olivia, na época era mais enturmada do que você.
Sim, ela tocava na época violão, muito bem, estudou com Menescal, Lyra, Moacir Santos. Ela conhecia o pessoal todo, Vinicius, Carlinhos Lyra, Menescal, Ronaldo Bôscoli... O pessoal ia muito para a casa dela

fazer reuniões musicais. Conheci a Olivia quando fiz a direção musical de uma festinha de colégio de fim de ano. Como amigo comum, eu já conhecia o Edu Lobo. Foi nessa época que encontrei Vinicius, por acaso, um verão em que eu fui para Petrópolis, ficar na casa do meu pai. Encontrava quase toda noite o Vinicius numa confeitaria. Dali ia para as festinhas e comecei a conhecer toda a turma. E aí aquelas coisas de improvisos, pequenos excertos musicais que não chegavam a ser músicas, eram só ideias, esboços, começaram a se avolumar. Eu me lembro um dia, mostrei para Edu quatro ou cinco músicas que eu tinha, e ele se espantou. "Puxa, você já tem tudo isso? Eu só tenho duas ou três!". Eu e Edu éramos muito amigos, muito próximos. Ele tinha uma ligação maior com a música popular por causa do seu pai, Fernando Lobo, mas eu não tinha ligação nenhuma. Minha mãe era artista plástica, amiga do Vinicius, mas não tinha ligação com música especificamente. Também tinha um tio que fazia saraus, aquela coisa de família mineira. Talvez tenha participado num desses encontros Dorival Caymmi, Heitor dos Prazeres...

Para uma família sem ligação com música, até que esse meio não estava mal!
É, essa coisa do amor ao samba vem daí. E minha ligação com a música passou a se dar por meio das composições. Algum tempo depois, uns três anos, eu comecei a escrever alguns arranjos, mas era uma coisa intuitiva. Só tinha a teoria do piano. Eu escrevia para trombone sem saber que o trombone tem sete posições, por exemplo. Em 1968 eu comecei a escrever arranjos mais ambiciosos, mas mesmo assim de maneira autodidata. O Gilberto Gil me chamou para escrever o arranjo de uma canção dele, "Minha Senhora", para um festival. De cara eu recusei: "Imagina, vou estragar sua música", mas ele insistiu e acabou que foi um sucesso. Não era um arranjo muito sofisticado, mas foi bem executado. Logo depois eu fui para os Estados Unidos, e aí foi...

Mas vamos nos deter nas suas canções dos anos 1960. "Sem Mais Adeus" é mesmo sua primeira composição? Porque vamos pegar, por exemplo, seu parceiro Chico Buarque. Sempre que ele fala das primeiras canções dele, é num tom meio acabrunhado. Mas "Sem Mais Adeus" está no seu repertório até hoje, é uma canção muito bem resolvida.
"Sem Mais Adeus" foi a primeira com começo, meio e fim. De repente eu já tinha várias composições, mas que não tinham muito equilíbrio, forma. Foi o resultado de um processo.

Entrevista 125

As outras composições suas que entraram no seu álbum com Os Seis em Ponto, além de "Sem Mais Adeus" e "Amor a Esmo", de que já falamos, foram "Mar Azul", que chegou a ser gravada com letra em álbum da Wanda Sá, e "Se Você Pensar", que também chegou a ser registrada com letra em outra gravação, do Quarteto em Cy.

"Se Você Pensar" eu acho que está um pouco na praia do Menescal, do Lula Freire, um samba rápido. "Mar Azul" é interessante por ter uma introdução que contrasta com a melodia do canto. Ouvir suas próprias composições gravadas pela primeira vez realmente foi uma coisa...

E você lembra como foi o interesse para a primeira gravação de uma composição sua? A Wanda Sá te procurou, ou você ofereceu as canções para ela?

Eu já conhecia a Wanda. Inclusive namorei um pouquinho a Wanda. Edu namorou a Olivia, e eu namorei a Wanda. Depois trocamos [risos]. Ela estava preparando o disco, e entraram composições do pessoal da turma, o Eumir Deodato arranjou várias delas...

E quanto ao álbum instrumental do seu grupo Os Seis em Ponto? Como as coisas aconteceram até vocês conseguirem gravar um disco?

O baterista, João Jorge, era filho da Lucinha, casada com Vinicius. Não sei quem terá tido a ideia... Talvez o próprio João Jorge, por meio do Vinicius...

Eram pessoas amadoras, mas muito bem relacionadas... Você desdenha do álbum de Os Seis em Ponto, mas saiba que ele é seu LP mais caro no mercado, tem status de raridade!

Eu não desdenho não... Olha! Tinha "Canção da Liberdade", "O Menino das Laranjas" [olhando para o LP *Os Seis em Ponto*]. Eu tinha esquecido do repertório. Eu lembro que, no "Samba do Carioca", o Carlinhos Lyra fazia cara feia para o arranjo: "Vocês mudaram a harmonia!". Eu fiz mesmo umas variações na segunda parte. Depois, na minha carreira de arranjador, parei de tomar essas liberdades, sempre segui muito o que o compositor preconizava.

E esse título do grupo, Os Seis em Ponto, de onde surgiu?

A gente se reunia às seis em ponto na casa do [baterista] João Jorge, umas duas ou três vezes por semana. Bebia-se muito. Nossa, o que se bebia...

No ano seguinte, você tem duas canções suas incluídas em festival. "Por um Amor Maior" e "Último Canto" [ambas parcerias com Ruy Guerra].

Nesse festival também inscrevi "Nosso Amor, Nossa Cidade", samba com o Vinicius que acabou não sendo classificado. "Por um Amor Maior" estava muito bem cotada.

Eu já cheguei a ler textos que dizem inclusive que a Elis Regina gostava mais de "Por um Amor Maior" do que de "Arrastão" [de Edu Lobo e Vinicius de Moraes], que acabou vencendo o festival [a cantora defendeu as duas canções na ocasião].

É, não sei. Ela gostava muito de "Por um Amor Maior". No dia da finalíssima, fui para a casa de Vinicius com o Ruy. Passava na televisão o resultado. Aí começaram a anunciar: "sexto lugar", "quinto lugar"... E não vinham nem "Por um Amor Maior" nem "Arrastão". "Segundo lugar...". E a gente: "Não é possível, uma das duas ficou fora dos seis primeiros lugares!". Havia certa má vontade contra "Arrastão" por razões políticas, então achamos que talvez nossa canção tivesse ganhado. Mas acabou que foi "Por um Amor Maior" que ficou de fora.

De suas canções inscritas em festivais, acho que "Por um Amor Maior" é a que tem mais "cara de festival". É uma música sem uma tessitura muito grande, mas vai sempre num crescendo...

É. E o arranjo do Gaya tinha aquela coisa de arranjos para música de festival, que desdobrava o andamento, ou a instrumentação ficava mais vistosa.

O que eu conheço é a gravação que a Elis fez para o álbum Samba — Eu Canto Assim, *não sei se está com o mesmo arranjo do festival. É aquela coisa forte, culminando com um agudo de peito...*

Acho que é o mesmo arranjo, sim. Inclusive a última nota terminava num acorde de sétima maior. O Luizinho Eça me sugeriu para terminar numa terça, foi sugestão dele, lembrei disso agora. Dava um aspecto mais grandioso. Tinha muito esse negócio de "música de festival". A gente comentava uns com os outros: "Pô, essa música ninguém vai ouvir". Lembro de quando o Edu fez "Canto Triste", ele achando que não teria sucesso.

Entrevista

Matéria da revista *Manchete*, de 6 de setembro de 1967,
com uma reunião de artistas na casa do pintor
Augusto Rodrigues, no Rio de Janeiro.

DO-RÉ-MI DA CANÇÃO BRASILEIRA

Reportagem de ROBERTO MUGGIATI e MUNIZ SODRÉ

DIAS atrás, o pintor Augusto Rodrigues reuniu em sua casa um grupo representativo da nossa moderna canção. Apesar de suas tendências heterogêneas, os cantores e compositores que ali se encontravam traçavam um retrato bastante coeso da música popular brasileira de hoje. Lá estavam os *bossa-novistas históricos* Vinícius de Morais e Tom Jobim; as *sensuais* Ângela Maria, Elisete Cardoso e Dóris Monteiro; o *sambista de morro* Zé Kéti; os *nacionalistas* Francis Hime, Sônia Lemos e Edu Lôbo; o *baiano* Dori Caimi e o *nostálgico* Sidnei Miller. Mas não seria um tanto arbitrário catalogar assim um fenômeno tão dinâmico e vivo como a canção brasileira? E que dizer do *iê-iê*, música internacionalizante que, com tôda a fôrça da comunicação em massa, se impôs de forma esmagadora? Ao lado desta "música jovem", não poderiam ser esquecidos também os intérpretes mais antigos — os *românticos* e *melodramáticos*, por exemplo — que ainda contam com adeptos fiéis e numerosos. Não se poderia minimizar, ainda, a influência dos que pesquisam a nossa música com todos os instrumentos disponíveis: o *jazz*, o *erudito*, o *folclore*. A tentativa de classificação que oferecemos nesta reportagem dificilmente estaria isenta de falhas ou injustiças. Há com certeza cantores que poderiam ser incluídos em pelo menos cinco dos grupos propostos; outros foram relacionados no grupo em que talvez não desejassem estar.

Os donos do sucesso musical se reúnem. De pé, a partir da esquerda: Francis Hime, Tom Jobim, Dori Caimi, Sidnei Miller, Dóris Monteiro, Zé Kéti, Sônia Lemos. Sentados, a começar da esquerda: Ângela Maria, Elisete Cardoso, Vinícius de Morais e Edu Lôbo (Foto de Orlando Abrunhosa).

Retratados, de pé: Francis Hime, Tom Jobim, Dori Caymmi, Sidney Miller, Doris Monteiro, Zé Kéti e Sonia Lemos; sentados: Angela Maria, Elizeth Cardoso, Vinicius de Moraes e Edu Lobo.

Já "Último Canto" é diferente. A gravação da Elis traz algo meio suingado, que se perdeu quando você a regravou para seu primeiro álbum solo [em 1973].

É, não é uma canção que tivesse propriamente muito a ver com festival. Mas eram as músicas que a gente havia feito, eu e Ruy!

E por falar no Ruy Guerra, como você o conheceu?

Conheci por meio do Edu, com quem ele já fazia letra. Nossa primeira canção juntos foi "Ave Maria", o Ruy letrou minha música, nos tornamos parceiros. Só acabou sendo gravada no meu primeiro disco solo. Depois veio "Último Canto", o processo foi o contrário, musiquei uma letra. Com ele acontecia dos dois jeitos.

A "Por um Amor Maior" você nunca voltou, mas "Último Canto" mereceu vários arranjos diferentes seus. Como você vê essas duas canções em retrospecto?

Acho que são músicas importantes minhas. Eu poderia fazê-las hoje, têm a ver com coisas recentes que fiz. "Último Canto" tem essa coisa da singeleza, não é uma música muito rebuscada. O João Gilberto tinha adoração por ela. Eu o conheci, estava em Los Angeles, ele em Nova York, ficamos duas horas falando por telefone, e eu tocando violão do outro lado da linha. E ele: "Pô, essa música, quero gravar!".

São famosas essas longas conversas do João Gilberto ao telefone...

Tanto que quando fiz o meu *songbook*, o *Álbum Musical*, reservei uma faixa e ligava para ele: "Como é, João?". E ele: "Não, aguenta mais um pouquinho, quero muito gravar, fazer voz e violão". E ele acabou não gravando. Mas só soube anos depois de compor que ele era vidrado em "Último Canto". E eu ficava pensando: "Puxa vida, o João Gilberto cantando isso seria...". Ele deve ter conhecido por meio do Agostinho dos Santos, que também gravou.

Você chegou a vê-lo quando morou em Los Angeles?

Não, falamos só por telefone. Depois o encontrei uma vez aqui, num recital dele, no Leblon, ele fez um concerto com cordas. No final, fui falar com ele no camarim. Acho que foi a única vez em que o vi. Depois disso, muitos anos depois [em 2007], eu tinha uma parceria com o Geraldo Carneiro, "Existe Um Céu", e havia uma ideia de que ele a gravasse para a novela da Globo da época. A empresária dele na época era meio minha empresária também, e me dizia: "Há anos que o João Gilberto não se encanta tanto com uma música, ele fica tocando o dia inteiro!". Mas acabou que ele não se acertou com a Globo, por questões contratuais, e a Simone acabou gravando, uma versão lindíssima. Foi outra oportunidade que eu tive de ver o João cantando uma música minha, e não aconteceu.

2. Compondo para os festivais: derrotas e memórias felizes (1966-1968)

Roberto Carlos e Simonal cantam Francis — "Minha" se transforma em *standard* — "Saudade de Amar": trilha para o namoro com Olivia — A angústia pela independência financeira numa família rica — Música para teatro e cinema: princípios — Mesmo sem vencer, memórias alegres dos festivais

Em 1966, houve uma safra muito boa de composições suas. Para os festivais, você apresentou "Anoiteceu" e "Maria" [ambas parcerias com Vinicius de Moraes].

Inclusive quando surgiu "Anoiteceu", o pessoal ficou muito de má vontade: "Pô, juntar Vinicius de Moraes, Francis Hime e Roberto Carlos, tão achando que vão ganhar o festival [antecipadamente]?".

Insisto que é difícil entender, aos olhos de hoje: você estava compondo com Vinicius de Moraes, poeta consagrado e vencedor do festival anterior; nessa circunstância do "Anoiteceu", particularmente, quem estava defendendo sua canção era o cantor de maior sucesso popular do país, aparecendo em horário nobre na TV. Aparentemente, era o suficiente para animar-se a seguir a carreira de músico!

É... Tinha razão essa má vontade contra a gente [risos].

Nessa canção, o intuito era compor algo na linha dos afro-sambas do Baden com o Vinicius?

Eu fiz o "Anoiteceu" depois de ter ido a um terreiro de candomblé em Petrópolis, ouvir um canto, lindo canto. Cheguei em casa e fiz a melodia, porque aquilo ficou na cabeça. Fui ao terreiro para conhecer, ouvir música, não sou uma pessoa religiosa. Mas compus "Anoiteceu" claramente influenciado pelos afro-sambas, sim. Talvez, nas festinhas musicais, o que mais se tocava era a música de Baden, ele próprio estava sempre presente.

E como a canção foi parar com o Roberto Carlos?

Foi ideia provavelmente de Vinicius. Sempre ficávamos especulando: "Para quem vamos dar a música?".

Era inusitado o Roberto Carlos cantando um sambão. E é uma coisa que ficou sem registro, porque dizem que ele ficou magoado [com a eliminação precoce da canção] e não quis gravar no álbum do festival.

Ele ficou muito triste, parece, dizem que ele chorou e tal, porque não foi nem classificada para a final. Eu me lembro que ele cantava de uma forma muito lisa, sem maiores arroubos. Não estava presente no festival, mas ouvi no ensaio, estava lindo ele cantando. Eu achava que seria interessante, não enxerguei como uma concessão entregar a música ao Roberto. Eu não gostava muito do repertório dele, não tinha nada a ver com o que a gente fazia. Mas o admirava como cantor. Aquele estilo dele de voz pequena, inclusive, dizem que é por influência do João Gilberto. Pena não haver nenhum registro de "Anoiteceu" com ele.

A outra canção sua de festival em 1966 é "Maria", defendida pelo Wilson Simonal, outra escolha inusitada. Ainda mais porque essa era uma canção lenta, harmonicamente muito arrojada. Logo depois dos primeiros compassos, já acontece uma modulação que soa muito inesperada para o ouvinte.

Essa escolha era mais inusitada ainda, porque o Simonal estava naquela onda de "pilantragem" [movimento, idealizado por Simonal e Carlos Imperial, que misturava vários estilos, entre eles samba, rock e soul music]. Mas ele tinha uma voz maravilhosa. Chegou a ir para a final, mas não teve uma repercussão maior.

Também é o ano de "Minha" [parceria com Ruy Guerra].

Dessas todas, foi a que mais repercutiu, pelo menos no meio musical. Virou o hino nacional de casamentos. A certa altura, todo mundo casava com essa música. Tocou no meu casamento, no casamento de Elis...

É uma canção que se tornou mais um standard *do que um sucesso popular.*

É estranho o sucesso de "Minha"... A primeira gravação foi com o Tamba Trio, em 1966. Mas quando eu morava nos Estados Unidos, numa volta de férias, em 1969, todo mundo conhecia a música, falavam que era um sucesso. Talvez tenha sido por um show da Elis, com direção do Miele, em que ela colocou "Minha" no repertório.

Chico Buarque de Holanda, Roberto Carlos e Geraldo Vandré inauguraram a Frente Ampla da jovem canção. No diálogo dos três, Roberto Carlos se

Nara Leão seduziu Roberto Carlos. Ela o atraiu para a área da música popular brasileira, sem prejuízo de suas interpretações da canção iê-iê, que lhe deu fama e fortuna, e da qual é o rei incontestável no Brasil. Agora, Chico Buarque de Holanda e Geraldo Vandré completam o "serviço", aliciando o jovem ídolo. O diálogo dos três jovens compositores e cantores foi gravado para os leitores de MANCHETE

Chico Buarque — Roberto, você pediu a Nara que escolhesse um repertório de música brasileira para você?
Roberto Carlos — Bem, eu preciso pensar muito antes de fazer repertório nacional.
Geraldo Vandré — Porque pensar muito? Antes de mais nada, quero dizer que considero você um excelente cantor de música popular brasileira.
Roberto — Sabe o que é? Acho que preciso ter muito cuidado, por já estar num gênero e de repente começar em outro. Não sei se teria de começar tudo de nôvo,

Fotos de ZIGMUNT HAAR

"Anoiteceu", composição de Francis Hime e Vinicius de Moraes, defendida por Roberto Carlos no 2ª Festival da Record, em 1966, não se classificou na primeira eliminatória da competição.

manteve o tempo todo na defensiva, dando a impressão de que se sente mal compreendido pelo fato de cantar iê-iê. Exige que façam justiça ao seu talento.

ou pegar a coisa pela metade. Seria assim um...
Chico — Um jôgo?
Roberto — É. Um jôgo.
Chico — E você não gosta de jogar?
Roberto — Gosto.
Vandré — Então, porque não entra no nosso jôgo?
Roberto — Estou na dúvida.
Vandré — Não acha que o grande prestígio que tem, sua grande popularidade, colocado a serviço da música popular brasileira, traria um grande benefício para ela?
Roberto — Bem, isso já me compensaria. Se eu representasse alguma coisa...
Chico — Claro que representa. Tem alguma dúvida?
Roberto — Sou suspeito para dizer qualquer coisa.
Chico — Você não tem suspeita quanto à sua popularidade, tem?
Roberto — Não. Até aí, não.
Vandré — Então, seria só uma questão de colocar a sua popularidade a serviço da nossa canção.
Roberto — Me alegra muito ouvisso. Principalmente partindo de você, Vandré. Mas fazer música, para mim, embora viva disso, não é um negócio. A música é a música. Ela não deve ser feita para servir a outros interêsses. Ao menos a minha, eu só faço quando tenho vontade e do jeito que tenho vontade.
Vandré — Certo, não é um negócio. Mas tem dado bastante dinheiro, não?
Roberto — Não posso me queixar. Mas não componho para faturar. Se faturo, é outro problema.
Chico — De qualquer forma, deve ser bom faturar como você.
Roberto — Sei que seu cachê até o Festival era perto de 500 contos, não é, Chico? Sei também que vai ganhar três milhões e meio para cantar em Paranaguá. De modo que também estou em situação de perguntar: é bom faturar, Chico Buarque?
Chico — Bom, lá isso é. Essencial é que não. Ou, ao menos, não é a única coisa importante para quem faz música.
Roberto — E você, Vandré, o que diz quanto a faturar?
Vandré — Com música, recebi pouco até agora.

SEGUE

Roberto Carlos ensaiava então uma aproximação com a MPB, como vemos nesta matéria da revista *Manchete*, de 10/12/1966, que registra um diálogo seu com Geraldo Vandré e Chico Buarque.

*É uma canção muito referenciada, mas não tão conhecida popular-
mente. Tem muitas gravações, mas se você for à padaria, provavelmente
o cara comprando pão ao seu lado não conhecerá a música.*

É uma canção de muito sucesso entre os músicos. Entre as minhas
canções, era a preferida do Dorival Caymmi. Bill Evans gravou três vezes, Tony Bennett cantou também.

*Mais do que apontar que é uma grande canção, vale pensar em por
que é uma grande canção, há uma consonância da música com a letra.*

O Ruy fez a letra a partir de uma música minha que já existia. Ele
tinha uma namorada chamada Tata, uma morena muito bonita. Num final de tarde, num domingo, piano de cauda na sala, ele começou a escrever a letra, a Tata e a Olivia ali, eu ainda não era casado com ela. E nós
implicamos com a palavra "Minha", um som anasalado, feio. Mas fomos
mostrar para as namoradas, e elas: "Não! É lindo". Aí nos convencemos.

*Eu acho interessante porque a canção começa com um motivo de
poucas notas, repetitivo, e a letra acompanha com a repetição do "minha, vais ser minha", esse negócio obsessivo. Quando a melodia começa
a ter mais notas por compasso, a letra também se altera e ganha um tom
de desabafo, como alguém que vai soltando algo que estava represado.
É uma canção muito eficaz, para usar um termo do Luiz Tatit. Há também um salto de 10ª maior, que é algo muito raro em música popular.*

Tem influência de música erudita na composição, sem dúvida. Há
um concerto de Brahms que possivelmente me inspirou a segunda parte.

*E é uma canção que encontrou sua forma definitiva na gravação do
seu primeiro álbum solo, em minha opinião. Era um tema que pedia um
arranjo grandioso.*

Mas aquele padrão de acompanhamento no piano já estava previsto
desde quando eu editei a música. Esse tratamento, essa levada, já nasceu
junto com a melodia.

E 1966 ainda é o ano de "Saudade de Amar".

Mas essa é mais antiga, das minhas primeiras canções...

*Estou tomando como critério aqui o ano da primeira gravação. Que
inclusive é sua estreia como cantor, num álbum de celebração da obra do
Vinicius.*

Ah, sim! Um show chamado *Vinicius: Poesia e Canção*, gravado em São Paulo. Eu fazia o primeiro número! Eu sozinho, piano e voz, tremendo. Era um horror para mim cantar em público, morria de medo. Não gostava mesmo, e bebia muito para poder enfrentar. Esse medo só foi se desfazer, dando um salto, na década de 1980: estava dando um show em Belém, piano e voz, meia hora antes do show comecei a passar mal do estômago. Pensei: "Caceta! Vou ter de fazer o show a seco!". Fiz o show a seco, e foi maravilhoso. Desde então nunca mais bebi antes de show. Depois, sim, mas antes não [risos]. Até ali, cada show era uma tortura. Mas voltando a "Saudade de Amar", esse show para o Vinicius reunia todos os parceiros dele, Carlinhos, Edu, Baden, só o Tom que não estava lá, não sei por quê. E ainda havia cantores, atores, foram duas datas no Teatro Municipal de São Paulo, e o show foi gravado pela Forma. Cantei "Saudade de Amar", piano e voz, e "Sem Mais Adeus".

"Saudade de Amar" parece uma canção atípica dessa sua primeira fase mais ligada à bossa nova, de melodias com menos curvas. Aqui nós temos grandes saltos sucessivos de oitava, sétima maior, sétima menor.

Sim, começa num acorde de sétima da dominante, com terça no baixo. Parece-me ligada tanto à música erudita quanto às modinhas brasileiras, algo que deve ter ficado no meu inconsciente [*cantarola*]. É um encadeamento que remete muito às modinhas, não é? Comecei a namorar com a Olivia muito por causa dessa canção. Eu fui passar o carnaval na casa de Olivia em Petrópolis. Os garotos ficavam na casa de um vizinho, as moças na casa de Olivia. Eu estava noivo de uma menina. Cismei de ficar noivo: "Tenho de ser um cara sério, acabar com essa vida de esbórnia". Meus amigos entraram em pânico: "O Francis está noivo agora, ai meu Deus!, pirou completamente". Era uma coisa que não tinha nada a ver mesmo. Acabou o carnaval, todo mundo foi embora para o Rio, inclusive minha noiva, e eu e Olivia ficamos tocando violão e começamos a namorar... Dia 5 de março de 1965. E "Saudade de Amar" foi a trilha sonora desses primeiros momentos.

O Vinicius, embora fosse um poeta e letrista dotadíssimo, em algumas letras dá ao ouvinte um sentimento de descompromisso, de letra descontraída feita rapidamente. Mas nas duas primeiras parcerias com você, "Sem Mais Adeus" e "Saudade de Amar", há um cuidado muito evidente, rimas bem trabalhadas. Já em algumas outras canções, como "Tereza Sabe Sambar", parece uma letra feita numa noitada, algo assim. Mas nem

Entrevista

137

Capa da partitura de "Minha", composição de 1966 de Francis Hime e Ruy Guerra.

A gravação de "Minha" ("All Mine"), de Francis Hime e Ruy Guerra, por Tony Bennett, no álbum *Life is Beautiful*, de 1975. O disco também incluía uma versão de "Travessia", de Milton Nascimento e Fernando Brant.

Registro do concerto de Bill Evans realizado em Paris, em 1979, incluindo "Minha" como terceira faixa do lado B. A versão instrumental da canção foi gravada várias vezes pelo pianista de jazz norte-americano nos anos 1970.

por isso deixa de ser uma canção muito cativante. Gosto muito da quebra de andamento no meio da canção.

É algo mais popular, a Elis cantava em shows, gravou. Não sei de onde terá vindo essa ideia de quebra de andamento. "Tereza Sabe Sambar" e "Samba de Maria" têm a mesma sequência harmônica, embora as letras tenham vindo em momentos diferentes.

Então, só desse ano de 1966 nós temos "Anoiteceu", "Maria", "Minha", "Saudade de Amar" e "Tereza Sabe Sambar". Para uma produção amadora, até que quebra um galho!

[risos] É que nessa fase eu era só compositor, os outros gravavam.

No ano seguinte, 1967, temos outras canções que não ficaram tão notórias: "Eu Te Amo, Amor", "O Tempo da Flor", "Felicidade", uma marcha de carnaval, e "Samba de Maria" [todas parcerias com Vinicius de Moraes].

As duas primeiras foram cantadas pela Cláudia aqui no Maracanazinho, acho que nenhuma chegou a ir à grande final. "Eu Te Amo, Amor" tem uma história engraçada. O Edu Lobo tinha feito a primeira parte do "Canto Triste", sem a segunda parte. Resolvi então fazer essa segunda parte, para ter uma parceria com ele. Fui encontrá-lo para mostrar o que havia feito, mas ele já tinha composto tudo! Aí fiquei com uma segunda parte pendurada, tive de compor uma primeira parte depois. Por coincidência, o mesmo poeta letrou as duas.

Parece muito melancólica para uma música de festival, é uma melodia cheia de curvas, sem aquela característica apoteótica.

A gente não compunha expressamente para um festival. A gente compunha o que tinha vontade de compor. Quando havia um festival, a gente tendia a mandar uma música recente. Só fui gravar "Eu Te Amo, Amor" em 1993, no *songbook* do Vinicius de Moraes que o Almir Chediak organizou. Se não me engano, naquele disco de 1969 que eu iria gravar e foi abortado quando fui para os Estados Unidos, ela estava no repertório. Assim como "Minhas Mãos", com o Paulo César Pinheiro.

E "Felicidade"? Em todos os registros que vi, consta como parceria sua com o Vinicius, mas você me passou um dado de que sua mãe [Dália Antonina] também participou da composição.

Não sei exatamente como aconteceu, mas minha mãe fez uma parte da letra. Coincidiu com aquele movimento "Carnaval de Verdade". Em teoria, seria uma oportunidade para que os compositores de música de "meio de ano" fizessem música para carnaval, para trazer sua contribuição também. Mas aí ninguém fez nada [risos]. O que sobrou do "Carnaval de Verdade" foi aquele almoço maravilhoso na casa de Vinicius, e teve aquela foto que saiu publicada no livro do Nelson Motta [*Noites Tropicais*].

E como sua mãe via seu envolvimento com música nessa época, enquanto você estava lutando com a engenharia?
Ela achava, enfim... Ela gostava, tinha muito orgulho. Lembro que teve um programa de rádio em que eu elogiava muito minha mãe, falava da influência dela sobre minhas escolhas. Ela se emocionou muito ao ouvir aquilo, talvez eu nunca tivesse falado isso diretamente para ela. Meus pais me davam muita força para ser músico, ao contrário do que geralmente acontece. Meu pai também tinha uma admiração muito grande pela minha atuação na música. Não convivia muito com ele, mas às vezes eu almoçava com ele na cidade, e ele revelava toda essa vaidade pelo meu envolvimento com a música.

Essa sua angústia relacionada a conseguir ser independente era mais uma pressão interna, então, do que imposta pelos seus pais?
Sim. Minha mãe gostaria que eu fizesse música por afinidades artísticas. E meu pai tinha essa admiração, achava que eu devia fazer o que sentisse. Talvez ele não expressasse isso de forma tão clara, mas demonstrava apoio ao meu envolvimento com música. Era uma maluquice minha esse negócio de "quero ser engenheiro!".

Então nos anos 1960 você não conseguia ganhar dinheiro com música, estava ainda em processo de formação em engenharia e, ao mesmo tempo, tinha essa angústia de querer não depender de seus pais. Como você conjugava isso?
Enquanto eu estudava, achava que aquele era um tempo em que não teria obrigação de ganhar dinheiro. Dependia de meus pais, não sei se ganhava mesada. Morava com minha mãe, com meu pai alguns períodos. Mas achava que quando me formasse, me casasse, teria de ter minha independência. Não seria como músico que eu iria me sustentar. Nem passava pela minha cabeça. Tanto que depois eu encontrava com algum colega da engenharia, e eles diziam: "Pô, Francis, você tá ganhando muito

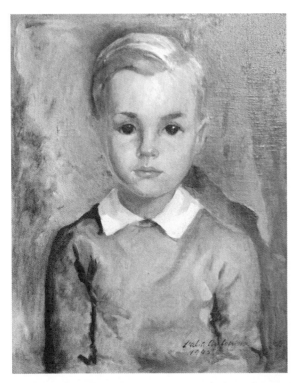

Retrato de Francis Hime pintado por sua mãe, Dália Antonina, datado de 1945, quando Francis tinha 6 anos de idade.

Casamento de Francis e Olivia no Rio de Janeiro, em 1969, com os pais da noiva, Cícero e Elza Leuenroth, e a mãe do noivo, Dália Antonina.

Retrato de Dália dedicado a Francis Hime em 1954. Em seu livro *Viola de bolso*, publicado em 1955, Carlos Drummond de Andrade dedicaria uma quadrinha a ela: "Que o ano novo, abrindo a cortina,/ dê sempre a nuança mais pura/ e a mais leve, humana ternura/ ao pincel de Dália Antonina".

TREZE PINTORAS MODERNISTAS hoje, no "Atelier", em Copacabana

A galeria Atelier, rua Xavier da Silveira, 29-A, Copacabana, inaugura hoje uma mostra coletiva com trabalhos de 13 pintoras modernistas: Djanira, Noemia, Vera Bocayuva, Tizziana Bonazzola, Margaret Spence, Fayga Ostrower, Dalia Antonina, Isabel Pons, Lygia Pape, Lygia Clark, Inês Corrêa da Costa, Lucette Laribe e Elisa Silveira.

Vemos assim a proprietária do Atelier cumprir uma promessa que nos fêz há quase um ano — antes tarde... — de realizar ali exposições periódicas de artistas jovens do movimento contemporâneo.

As inaugurações do Atelier são muito peculiares e concorridas. Dalia convoca todo mundo, oferece "whisky" e a coisa se prolonga pela noite a dentro, povoada do lirismo ainda chulo dos discípulos do velho Braga.

Notícia do *Correio da Manhã*, de 5 de junho de 1953, anunciando uma exposição na galeria Atelier com a participação de Dália Antonina. Foi através de sua mãe, integrada ao meio artístico carioca, que Francis acabou conhecendo Vinicius de Moraes.

mais dinheiro como músico do que eu como engenheiro, tá difícil o mercado!". E eu: "Pois é, vejam só como é a vida".

Quando houve o ponto de virada, em que você percebeu que a música seria sua profissão?

Só depois que eu voltei de meus estudos musicais nos Estados Unidos, em 1973 — tinha ido em 1969 —, é que me foquei em pensar na música como meio de viver, não pensava mais em ser engenheiro. Fiz umas economias lá, meu pai e meu sogro mandavam dinheiro para a gente, ia ficar um ano e acabei ficando quatro. Já fui articulando coisas profissionais, minha cabeça já estava completamente voltada para minha profissão de músico. Fui para os Estados Unidos pensando na ideia de ser músico de trilhas para cinema. Mas depois percebi que, para ter sucesso nessa área, precisaríamos morar lá. E esse era um preço que a gente não estava disposto a pagar. Mas quando eu fui para lá já estava claro: vou ser músico.

"O Tempo da Flor" tem uma estética bem bossa nova, inclusive na letra do Vinicius. Já "Samba de Maria" é mais próxima de "Tereza Sabe Sambar".

Sim, é mais no estilo sambão. Tem três partes, uma tem um pouquinho de afro ("Credo, Ave Maria/ Eu por Maria ia lá").

São canções suas que, embora tenham sido compostas há cinquenta anos ou mais, nessa fase que você considera meio amadora, sobrevivem até hoje em seu repertório. "Samba de Maria" inclusive foi regravada no seu álbum Sem Mais Adeus, *de 2017. Tem alguma composição sua que te cause algum embaraço? "Isso era muito juvenil", ou qualquer coisa assim?*

Tudo o que acabou gravado são músicas das quais não me arrependo. Uma ou outra às vezes me parece... Ah, não. Eu estava pensando em "Demolição", um blues que eu tenho com o Queiroz Telles. Mas outro dia eu estava ouvindo e pensei: "interessante"... Não tem nenhuma música ou fase que eu tenha um impulso de renegar. Correspondem a sentimentos que tive na época. Muitas vezes, minhas músicas antigas eu poderia fazer hoje.

Ainda antes de ir para os Estados Unidos, em 1969, você começou a trabalhar com trilhas, para a peça Dura Lex Sed Lex No Cabelo Só Gumex *e para o filme* O Homem que Comprou o Mundo. *A peça trouxe a canção "Ave-Maria", mais uma Ave Maria, desta vez com o Oduvaldo Vianna Filho...*

Também tem uma canção que era do *Dura Lex Sed Lex*, uma ode a Maria. Acabou virando "Luiza", parceria minha com Chico. Ele já devia conhecer da peça a canção original, fez outra letra.

Para o filme, você escreveu a canção "O Homem que Virou Dinheiro".

Só está disponível no YouTube, nunca foi gravada em disco.

E além das canções, há a trilha em si do filme, que você revisitou no seu álbum O Tempo das Palavras... Imagem *[2009].*

Sim, é um álbum para piano solo em que eu rearranjo trilhas que fiz para diversos filmes. No caso de *O Homem que Comprou o Mundo*, eu ainda tinha uma visão imatura do que seria uma trilha para cinema. São muitos temas, não tinha propriamente uma visão mais abrangente do que seria o trabalho para trilha. Isso adquiri mais nos Estados Unidos, nos estudos com Lalo Schifrin e David Raksin. Logo que voltei, fiz a trilha para *A Estrela Sobe*, do Bruno Barreto. Ali eu concebi o trabalho para a trilha como algo feito muito em sintonia com o trabalho do diretor.

Talvez seu trabalho em O Homem que Comprou o Mundo *não forme uma grande trilha sonora, mas os temas, isoladamente, ficaram muito bons.*

Sim, inclusive muitos temas foram reaproveitados. Há muitas músicas de ocasião, que ilustram certas cenas.

Me parecem que renderam mais em disco do que no filme. Eu ouvi seus arranjos para piano e pensei: "Nossa, tinha isso no filme? Que bonito!".

Gosto muito do "Tema Hindu", que aparece numa cena com o Flávio Migliaccio, aquelas quartas paralelas. São muitos temas, e não existe uma preocupação de tema central, que dê uma liga. Talvez o próprio roteiro do filme facilite isso...

O filme é muito louco! Não tem nada a ver com o cinema posterior do Eduardo Coutinho, a verve documentarista pela qual ele ficaria famoso.

Entrevista

Volumes I e II de *Vinicius: Poesia e Canção*, LPs que registram o show no Teatro Municipal de São Paulo, em 13/12/1965. No espetáculo Francis Hime interpretou duas parcerias suas com o poeta: "Saudade de Amar" e "Sem Mais Adeus".

O evento contou com a participação de, entre outros, Suzana de Moraes, filha de Vinicius (retratada na capa do vol. II), recitando textos do pai, e a Orquestra Sinfônica Municipal de São Paulo, regida por Diogo Pacheco.

TEATRO MUNICIPAL DE SÃO PAULO

APRESENTA

VINICIUS

Poesia e Canção

(Duas Partes)

PARTICIPAÇÃO DE:

ELIZETE CARDOSO
PAULO AUTRAN
SUZANA DE MORAES
PIXINGUINHA
CIRO MONTEIRO
CARLOS LYRA
BADEN POWELL
FRANCIS HIME
EDU LOBO

E

VINICIUS DE MORAES

ORQUESTRA SINFÔNICA MUNICIPAL
Regente — MAESTRO DIOGO PACHECO

Ritmo: Bateria — MILTON BANANA
Flauta — COPINHA
Piano — CESAR
Baixo — AZEITONA

CORAL DA FACULDADE DE CIÊNCIAS MÉDICAS
Regente — SAMUEL KERR
Cenografia — FLÁVIO IMPÉRIO
Supervisão Musical — CARLOS LYRA
Iluminação — FLÁVIO RANGEL
Assistente de Produção — LUÍS VERGUEIRO
Textos Explicativos — OTTO LARA RESENDE
Coordenação Geral — ALAÔR JOSÉ GOMES

PRODUÇÃO, ROTEIRO e DIREÇÃO
JOSÉ MARQUES DA COSTA

MÚSICAS DE:

JOHANN SEBASTIAN BACH
ARY BARROSO
PIXINGUINHA
CLÁUDIO SANTORO
PAULO SOLEDADE
A. C. JOBIM
VINICIUS DE MORAES
CARLOS LYRA
BADEN POWELL
EDU LOBO
FRANCIS HIME
LUIZ EÇA

COM LETRAS DE:
VINICIUS DE MORAES

Os arranjos das músicas foram feitos especialmente para o
espetáculo **"VINICIUS, POESIA e CANÇÃO"**

Por: GUERRA PEIXE — Abertura (Viniciana)
RADAMÉS GNATALLI
LINDOLFO GAYA
LUIZ EÇA
LUIZ CHAVES
CARLOS LYRA
FRANCIS HIME

O programa de *Vinicius: Poesia e Canção*, o sofisticado espetáculo
dedicado à obra de Vinicius de Moraes em dezembro de 1965,
em que Francis Hime se apresentou pela primeira vez como cantor.

Algumas cenas foram filmadas na casa do meu sogro, palco daquelas festinhas que falei! A produção do filme foi do Zelito Viana. Lembro que um dia fui à produtora e cruzei com o Glauber Rocha, o Zelito produzia os filmes dele. Aliás, outro dia fui ver *Terra em Transe*, nunca tinha visto. Metade do filme não dá para entender...

O som era muito ruim!
Você perde metade dos diálogos! Mas enfim, não lembro por que o Zelito me chamou para compor a trilha. Tanto eu quanto Dori e Edu achávamos que o mercado era um pouco difícil para o tipo de música que fazíamos, mais sofisticada. E a gente achava que a saída estava na música para cinema. Foi um pouco o que nos motivou a ir para os Estados Unidos e tentar uma carreira em trilhas cinematográficas.

Antes de abordarmos a sua ida aos Estados Unidos, vamos falar de suas canções lançadas ainda em 1968. Temos a "Ave-Maria" escrita em parceria com o Oduvaldo Vianna Filho para a peça dele, Dura Lex Sed Lex No Cabelo Só Gumex. *São duas canções "Ave Maria" em sua carreira: uma grafada com hífen, e a outra, não, curiosamente. E são duas "Ave Maria" com letras profanas... A "Ave Maria" do Ruy Guerra tem um tom mais sensual; a "Ave-Maria" do Vianna, eu não conheço a peça, mas parece ter um tom mais político.*
Mais político, mais social, sim. E aí foi uma letra que eu musiquei. Havia também um discurso político que musiquei nessa peça, mas fora do palco não fazia muito sentido. Já a "Ave-Maria" resistiu a ser cantada fora da peça.

Houve também duas canções para festival nesse ano: "Anunciação" e "A Grande Ausente", ambas com letra de Paulo César Pinheiro. É curioso porque "Anunciação" tem um padrão de repetição de notas, enquanto "A Grande Ausente", ao contrário, tem uma melodia cheia de curvas.
"Anunciação" é uma canção de três partes; na primeira, vejo um pouco de influência de Luiz Eça; a segunda parte é bem puxada para os afro-sambas do Baden; na terceira, acho que a influência veio de um samba de que eu gostava, "Rosa Maria" [de Eden Silva e Aníbal Silva]. São especulações que eu faço, talvez não correspondam à realidade. "A Grande Ausente" já é uma coisa mais clássica, uma parte talvez venha do *Concerto nº 2*, de Rachmaninoff. Eram mundos diferentes que me influencia-

Cartaz de Ziraldo para *O Homem que Comprou o Mundo*, de 1968, primeiro longa-metragem de Eduardo Coutinho, e primeira trilha para o cinema de Francis Hime.

vam, a música clássica europeia e o samba. Além dos meus contemporâneos que eu ouvia muito: Milton, Chico... Tom, então, nem se fala!

E *"A Grande Ausente"* foi sua música mais bem-sucedida em festivais, foi para a final, embora o Taiguara tenha tomado uma vaia na interpretação.

Entrevista 149

Sim, eu estava no piano, com Gaya regendo seu arranjo. Tivemos de interromper no meio por causa das vaias, o Taiguara disse: "Gente, não estamos ouvindo!".

Por que veio a vaia a essa canção, o que você acha?
Vinha das torcidas...

Mas motivada por quê? Era uma canção considerada alienada ou qualquer coisa assim?
Não. Era torcida mesmo. Havia gente que torcia para uma música e vaiava a outra. No caso da vaia de "Sabiá" [de Tom Jobim e Chico Buarque], por exemplo, havia um fator político, a torcida queria que ganhasse o "Caminhando" [nome pelo qual ficou mais conhecida a canção "Pra Não Dizer que Não Falei das Flores", de Geraldo Vandré]. Mas no festival de "A Grande Ausente" não era uma vaia que vinha de um espírito próximo a isso. Acho que simplesmente quanto melhor fosse a canção, mais era vista como ameaça à outra canção pela qual certo grupo estava torcendo, e aí a vaia era maior. Era um espírito de torcida.

A sua visão amena sobre essa época dos festivais não tem a ver com o fato de que você não foi um vencedor neles? O Edu Lobo, por exemplo, já deu declarações muito fortes, dizendo que se sentia como um cavalo de corrida, forçado a competir...
Eu não sei o que teria sido da minha carreira de músico se em 1965 eu tivesse ganho o festival... A minha dúvida em seguir a carreira de músico não era uma questão de fazer sucesso ou não. Era uma questão de achar que era uma coisa efêmera, que não garantiria meu sustento para sempre. Muitas vezes, já com a carreira estabelecida, em períodos de dificuldade, eu ficava pensando: "Qualquer coisa, tenho o diploma de engenharia". Mesmo se eu tivesse ganho um festival, eu não desistiria de ter um diploma.

Suas memórias dos festivais são alegres?
São, são... O Edu participava da linha de frente, cantava... Ele sofria muito essa coisa da disputa mesmo.

3. Dos estudos nos EUA
ao primeiro álbum solo (1969-1972)

Estudando música nos EUA, com patrocínio de pai e sogro — A política nas canções — O sucesso consagrador de "Atrás da Porta" — O LP *Francis Hime*: opulenta estreia solo em 1973 — A tênue fronteira entre arranjador e compositor — Lirismo em meio à opressão — Trabalhando com (muitos) parceiros

O que aconteceu de determinante para que você decidisse estudar música nos Estados Unidos, em 1969?
Foi uma conjunção de coisas. Eu havia terminado o curso de engenharia, eu me casei, teve a bolsa de um ano que meu sogro nos ofereceu, houve a tentativa de fazer nos Estados Unidos uma carreira de músico de cinema... Tendo essa oportunidade de estudar e me equipar com esses conhecimentos de orquestra, voltei muito mais preparado. Além de compositor, que era uma atividade a que já me dedicava antes, agora eu podia trabalhar como arranjador, como produtor, como pianista... Havia várias frentes de trabalho que eu usei a partir de então. Não dependeria só de uma vertente.

Em retrospecto, parece engraçado. Porque justamente quando você se formou em engenharia é que a abandonou!
É paradoxal mesmo...

A questão do clima político pesou?
Sim, pesou, mas não foi, assim, determinante...

É curioso, porque você fez parcerias com letristas marcados por imprimirem um forte tom político em seus trabalhos. Mas nas suas canções, particularmente, esse tom militante raramente aparece. Quando comparamos as letras que o Ruy Guerra fez para você, por exemplo, com as feitas para o Edu Lobo, ou com as que fez com o Chico Buarque, fica nítida essa diferença. Não sei se isso tem a ver com alguma característica do seu próprio estilo musical, que inspira algo mais lírico.
Sim, o que o Ruy fez para mim não tem esse componente político. Já com o Chico não, muitas músicas tinham esse teor. Ele expressava a sua visão, e a minha também, porque nós tínhamos — temos — visões

políticas muito próximas. É mesmo curioso que o Ruy, com esse sentimento de esquerda, não tenho expressado isso nas parcerias comigo...

Mas mesmo com o Chico... Tem "Meu Caro Amigo", "Vai Passar"... E é isso.
É... Verdade... Tem também "Passaredo", um pouco... Ah, e "Maravilha"!

Sim, é mesmo, "Maravilha" tem a questão cubana.
É que o Chico não fazia letras expressamente com uma intenção política. Ocasionalmente calhava de, enfim... Ele também fazia letras mais líricas, "A Noiva da Cidade", "Atrás da Porta", a própria "Trocando em Miúdos". Não havia essa obrigatoriedade de compor algo da chamada música de protesto.

O que você estudou formalmente nos Estados Unidos, em Los Angeles?
Fui já com a ideia de procurar certos músicos. Lalo Schifrin, Albert Harris, com quem estudei orquestração, foram meus professores mais importantes do início.

Não era um curso com uma grade fixa?
Não. Eram aulas particulares. Eu ia à casa deles, o Harris sobretudo. Com o Lalo Schifrin, era uma aula semanal numa universidade, um grupo de sete ou oito alunos, pelo período de um ano. No ano seguinte, ele foi substituído pelo David Raksin, autor de "Laura". Depois, o próprio Lalo me indicou para estudar com aquele que foi o meu professor mais importante, o Paul Glass. Com ele, a ideia era desenvolver instrumentalmente uma ideia de composição tendo em vista as trilhas de filmes. E a partir daí, eu comecei a navegar um pouco no mundo da música erudita, por meio de peças de câmara, sextetos, trios, quartetos. Eu escrevia, e ele... Ele trabalhava para a indústria cultural de Hollywood, então ele era relacionado com os melhores músicos da cidade. A cada mês, ele convocava esses músicos para a casa dele, para tocar as peças dos alunos. Então a gente ouvia o que escrevia, era maravilhoso. Isso foi um aprendizado sensacional.

Como foi essa questão de dinheiro? Você disse que seu sogro ofereceu uma bolsa de um ano, mas acabou ficando quatro...

Meu pai, para não fazer feio... Talvez ele até tivesse mais dinheiro... Mas meu sogro [Cícero Leuenroth] também era riquíssimo, era presidente da Standard, a primeira empresa de propaganda genuinamente brasileira. Então meu pai falou: "Também vou contribuir" [risos]. A gente foi guardando e foi economizando, não gastávamos tudo aquilo. E o dinheiro que economizamos foi muito útil quando voltamos ao Brasil. Mas lá a gente alugou uma casa, compramos um carro em prestações, um fusquinha, me lembro que pagávamos sessenta dólares por mês, não tínhamos grandes despesas.

Essa angústia que você mencionou de ser sustentado pelos seus pais não se manifestava lá? Afinal, você já tinha 30 anos...
Lá era um pouco como se eu estivesse meio desligado da realidade. Tô aqui estudando, não tem preocupação, não tenho filho para criar — se bem que a Maria nasceu no final de nossa estada lá. Era um pouco como se eu não tivesse obrigação de me sustentar, estava estudando — e estava mesmo, não é? Sem preocupações de ganhar a vida. Então a gente foi estendendo aquilo... "Fiquem aí", tal... E essa preocupação voltou a acontecer nos primeiros anos de volta aqui. Tomamos contato com as dificuldades naturais de começar. Foi uma espécie de começo de carreira profissional. Porque apesar de antes eu ter aquele sucesso com canções, e fama e tudo, não tinha aquela sensação de obrigatoriedade de pagar as contas, era uma coisa com que não tinha de me preocupar. Mas voltando, aí sim, eu tinha de me preocupar. Voltei, logo depois [em 1973], fiz meu primeiro disco solo, um disco que não fez muito sucesso, fez sucesso entre os músicos, mas não foi um disco que aconteceu, que me desse uma perspectiva de sucesso financeiro na carreira. Então eu fazia shows aqui e ali, para promover a carreira. Mas sucesso comercial mesmo só começou a partir do *Passaredo* [1977], da parceria com o Chico. Aí começaram a chover pedidos para trilhas de filme, arranjos. Ali consegui a estabilidade.

Você acha que a segurança financeira que você teve dos seus pais foi fundamental para desenvolver sua carreira?
Se eu não tivesse esse suporte, não sei, talvez eu tivesse seguido a profissão de engenheiro... Não sei, pode ser que não. Pode ser que não. Mas na década de 1960, eu pensava, antes de mais nada, "eu vou ganhar esse meu diploma e depois a gente vê para onde a vida nos leva", deixa a vida nos levar, como diz o Zeca [risos].

Entrevista

Sua volta ao Brasil foi motivada pelo sucesso de "Atrás da Porta" [1972], na gravação da Elis Regina?

Foi um pouco motivada pelo falecimento do meu sogro, a gente pensou, "temos que voltar", dar um apoio à minha sogra. Ele viajou para conhecer a neta nos Estados Unidos. Dois dias depois, ele teve um infarto e morreu lá. E depois a gente já estava querendo voltar. Vários fatores — inclusive o terremoto que teve lá em Los Angeles, mexeu muito com a gente, nos deixou muito inseguros. E a gente chegou à conclusão que não era o caso de morar lá nos Estados Unidos, não iria fazer carreira por lá como músico de filmes. Ficava cada vez mais claro que nossa vida estava por aqui. Então estava na hora de voltar. Todo mundo se reunindo, os brasileiros, e só se falava "saudade do Brasil!". Então foi aquela debandada. Quem ficou e fez carreira por lá foi o Dori. Nós nos encontrávamos lá sempre, Edu, Sérgio Mendes, Oscar Castro Neves... Era um grupo pequeno de amigos.

"Atrás da Porta" foi um marco na sua carreira, não? Antes você tinha alguma projeção entre músicos, prestígio, mas a ponto de ser um nome de aparecer no jornal, algo assim...

Eu lembro, antes disso, no festival em que apresentei "Anunciação", houve um título no *Última Hora*: "Nasce um sambista" — era eu, pô! Mas o "Atrás da Porta" realmente me deu visibilidade, lançou curiosidade sobre minha carreira. No ano seguinte, o pessoal me cobrava, "queremos um novo 'Atrás da Porta'". Eu falava, "um novo 'Atrás da Porta' não vai dar, mas o Chico fez a letra de outra canção, 'Valsa Rancho'...". E foi curioso porque a Elis gravou a música, e Chico e eu não gostamos da versão dela. E eu, que era mais chegado a ela, fui escalado para contar a ela. Era uma versão um pouco *naive*, não era o que a letra pedia: uma verdadeira trepada. Era uma versão muito bonita do ponto de vista musical, um belo arranjo do César Camargo Mariano, mas a gente queria uma coisa mais incendiada. E aí fui conversar com Elis, "você não quer regravar?", ela disse que ia pensar, acabou não regravando, e a música não saiu. Depois, a Philips lançou, a contragosto da Elis, ela não se sentia à vontade para lançar uma versão de que os autores não haviam gostado.

Eu gosto daquela gravação...

É uma gravação bonita, mas a gente queria uma coisa mais teatral, enfim...

Em 1972, com você nesse processo de volta para o Brasil, além de "Atrás da Porta", foram lançadas duas parcerias com o Paulo César Pinheiro: "Herança", interpretada pela Elizeth Cardoso, e "Talvez", com o Quarteto em Cy.

"Talvez" é um samba-canção, nem me lembro direito de como é...

[Entrevistador cantarola um trecho da melodia]
[Francis continua cantarolando] Ah, sim, sim.

Tem uma coisa de música de câmara em "Talvez", o arranjo é seu? Parece que já reflete a experiência da sua estada nos Estados Unidos.

Eu acho que o arranjo é do Luiz Eça.

Ela e "Herança" são canções que ficaram meio esquecidas, você nunca as resgatou em sua discografia própria.

Sim, eu fui ouvi-la outro dia no YouTube, porque não lembrava. O Luizinho Eça fez um arranjo vocal que modificou a harmonia, eu tive dificuldade de me lembrar como era. Já o "Herança" não, eu me lembro bem. Tem um *intermezzo* meio chopiniano, que já estava previsto na composição. Acho que tem alguma coisa da "Valsa de Eurídice" ali, vejo certa influência. Foi a primeira música minha que o Paulinho letrou.

"Atrás da Porta" é uma canção que já foi muito comentada, mas para registro vale a pena lembrar como foi o processo da composição. O Chico Buarque você já conhecia...

Eu conheci o Chico em 1966, mais ou menos, na época dos festivais, em São Paulo, os amigos em comum falaram que tínhamos de compor alguma coisa juntos. Aí eu fui pescar uma música, uma das quatro ou cinco que tinha, e dei para ele. O Vinicius ficou sabendo da história e disse: "Ah, não! Essa ninguém tasca!". O Vinicius [risos], ciumento como era... Aí o Chico não fez a letra, mas o Vinicius também não fez. Ele só viria a fazer anos depois, em 1973, virou "A Dor a Mais". E aí eu e Chico ficamos namorando, "vamos fazer uma música", mas foi sendo postergado. A certa altura, eu nos Estados Unidos, mandei uma fita com duas músicas novas que eu havia feito. Eu tinha um piano alugado, que ficava num estudiozinho que eu tinha, um piano-armário. Eram "Atrás da Porta" e "Valsa Rancho". Na hora, ele não fez a letra, mas numa das minhas vindas ao Brasil, de férias, teve uma festinha na casa do meu sogro, em Petrópolis, as crianças passando, pulando em algazarra. Eu fui

Entrevista

Compacto duplo de Elis Regina, de 1972, com o sucesso
"Atrás da Porta", de Francis Hime e Chico Buarque,
ao lado de "Águas de Março", de Tom Jobim.

O LP duplo *Preciso Aprender a Ser Só*, de Elizeth Cardoso, de 1972, com o retrato da cantora por Augusto Rodrigues. A faixa "Herança", de Francis Hime e Paulo César Pinheiro, abria o disco 2.

Quarteto em Cy, disco de 1972 do grupo vocal, que trazia "Talvez", de Francis Hime e Paulo César Pinheiro, samba-canção com arranjo de Luiz Eça.

para o piano tocar umas músicas, o Chico pediu, "toca uma daquelas que você me mandou". Pediu lápis e papel para a Marieta e começou a esboçar. O pessoal protestou: "Pô, Francis, toca alguma coisa para a gente cantar, fica tocando sempre a mesma música". E o Chico escrevendo... Foi até o meio, de repente chama a Marieta num canto, mostra para ela: "Meio estranha, não acha?". E não me mostrou a letra! Mas o fato é que a letra ficou ali pela metade. Eu ia voltar para os Estados Unidos, e o Menescal estava preparando um disco da Elis Regina [*Elis*, 1972]. Ele me pediu umas músicas novas. Eu disse que havia várias músicas com o Paulinho Pinheiro, gravei para ele. "E tem uma aqui que não vou te gravar porque está pela metade, tem um parceiro novo, o Chico Buarque, que está fazendo a letra." Mas ele falou: "Não, grava para mim a música, porque aí fico no pé dele até ele completar". Dito e feito. O Menescal foi para o estúdio, gravou já com o arranjo pronto, violinos e tal, aquele arranjo lindo do César Camargo, e aí não teve jeito, o Chico teve de completar a letra. Um dia ele me liga para Los Angeles, meia-noite aqui, sete da noite lá, eu fritando ovo, ele diz: "Acabei a letra!", eufórico, "não achei ninguém para mostrar e resolvi te ligar!". Naquela época uma ligação internacional era uma façanha. Era dificílimo. A Elis gravou, e inclusive com umas notinhas erradas, mas uma coisa sem importância, eram notas de passagem. A Elis gravou, e foi aquele sucesso.

Assim que composta, antes de gravada, você tinha noção de que seria uma canção distinta em sua obra, de grande relevância?
Não tinha ideia do que podia ser. Sucesso de uma canção é uma coisa que não só é relativa à qualidade da canção, mas tem a ver com o acaso, as circunstâncias, a gravação. É inexplicável. Por que uma música de repente alcança uma projeção tal que... Inclusive "Atrás da Porta" nem é a faixa que abre o disco da Elis...

E é uma música difícil, com pouquíssima repetição.
É, ela inclusive tem um desenvolvimento pouco convencional. Geralmente você tem uma ideia, repete essa ideia com ligeira variação... Mas não sei o que me influenciou, talvez meu estudo com Paul Glass, talvez o jazz, mas é uma melodia que varia muito rapidamente. E não é uma melodia que acho que em si seria popular. Ganhou muita popularidade por causa da letra e da gravação, eu acho.

E talvez na época o público fosse mais receptivo a formatos pouco convencionais...

Não é uma música por exemplo como "Trocando em Miúdos", que já tem uma regularidade mais palatável.

A única repetição integral é no trecho do "Dei pra maldizer o nosso lar", já havia essa frase melódica antes, mas mesmo assim se desenvolve de maneira diferente.

Há uma célula rítmica de cinco notas, com um contorno melódico que vai sendo desenvolvido ao longo da canção. Mas não é uma música intuitiva.

E a letra ficou muito relacionada a essa habilidade do Chico de escrever no eu lírico feminino. Quando se quer dar um exemplo disso, "Atrás da Porta"...

... é a primeira a ser citada.

Sobre esse verso, "Dei pra maldizer o nosso lar", estava falando outro dia com a Olivia: ela, assim como eu, também havia ficado anos sem se dar conta do duplo sentido, podendo significar tanto adquirir o hábito de maldizer o lar quanto "dar" como algo sexual.

O Chico tem essas ambiguidades que são geniais... Essa gravação da Elis, nesse esquema de arranjo pronto previamente — registrar primeiro a orquestra, para o Chico se deparar com a gravação pronta, sendo forçado a fazer a letra, gerou um procedimento que depois repeti muitas vezes, no que ficou conhecido como "o golpe do Francis". Usei em "Trocando em Miúdos", "Maravilha", "Pivete"... Mas o primeiro a dar o golpe do Francis foi o Menescal!

Quando foi ser gravado seu primeiro disco solo, já em 1973, então havia esse negócio de a gravadora buscar uma outra "Atrás da Porta".

Exatamente. Acho que é uma coisa natural.

É um disco — embora ainda tenha ficado muita coisa para trás! — de resgate do que você havia composto na década de 1960. Mas com uma roupagem muito...

... uma roupagem muito ambiciosa.

Entrevista

É um disco opulento.

Inclusive teve um tempo em que eu achei aquela orquestração um pouco pesada, fruto de uma necessidade que você tem de mostrar logo de cara tudo o que aprendeu. Mas hoje em dia eu revejo um pouco essa noção, porque meus amigos músicos todos adoram!

Também não se pode ter medo de ser ambicioso. E é impressionante como, para um artista estreante, a gravadora deixou à sua disposição uma orquestra que... Quantos músicos havia ali?

Ali eu tenho uma seção de cordas de uns vinte músicos, quatro trompas, três trompetes, três trombones, não sei quantas flautas... E tudo em quatro canais. A gente gravava, depois tinha de gravar por cima no mesmo canal, mixar e remixar e remixar... Era uma loucura!

É um álbum de qualidade muito comentada. Na retrospectiva de trezentos discos importantes da MPB, feita pelo Charles Gavin, entrou essa sua estreia solo. Ainda assim, talvez não seja o disco mais representativo do que significa toda a sua obra, porque há um peso muito forte nele, é um álbum bem peculiar.

Tanto que no *Passaredo*, que foi o disco seguinte, embora algumas faixas tenham uma orquestração mais densa também, eu tive a preocupação de contrastar. Pode ser que seja procedente uma crítica a esse primeiro disco o fato de que, quando você não tem contraste, não aprecia tanto as qualidades. Uma faixa de orquestração pesada, e outra, e outra, e outra, você abre mão dessa ideia de contraste, e isso faz com que as pessoas deixem de apreciar mais facilmente o trabalho.

Já ouvi sobre esse disco que "não é para ouvir de bermuda e chinelo num bar, é para ouvir de fraque".

[risos] Sim, é um disco em que não existe essa preocupação de contraste, muito presente em meus trabalhos. Era para ter dez faixas. Entraria "Pouco Me Importa", que foi censurada, implicaram com a letra, falaram que era atentado ao pudor. Quatro anos depois eu a reapresentei para o *Passaredo* e dessa vez passou.

É particularmente simbólico, num país de grande força rítmica como o Brasil, que apenas quatro das nove faixas do disco tenham acompanhamento de percussão — menos da metade. Dá uma medida do peso do disco.

São canções que têm um desenvolvimento orquestral... Aquela "Ave Maria" com letra do Ruy Guerra, com aquela linha de violinos enlouquecida.

Aqui você está se mostrando além de...
... compositor, como orquestrador.

O que chamou muito a atenção para o seu trabalho, levando a convites para desenvolver trilhas de cinema.
O Bruno Barreto, quando me chamou para fazer a trilha do filme *A Estrela Sobe*, foi porque ele ouviu "Olivia". Ele ficou louco por aquela gravação.

Como foi a questão, para você, de cantar em seu álbum?
Eu, engraçado, ouvindo assim hoje, acho que me saí bem. Mas eu tinha muita dificuldade em cantar, e ao mesmo tempo era muito obcecado por afinação, e não havia os recursos de hoje. Eu achava que tinha de cantar mais como uma coisa de lançamento profissional, me lançar no mercado.

E você ficou decepcionado com a recepção do público?
Fiquei decepcionado com o baixo sucesso comercial que teve. Achava que aquilo poderia me abrir portas, que aparentemente... Até abriram, mas...

Mais lentamente do que você gostaria!
Exatamente. Inclusive para o *Passaredo* [1977] foi difícil conseguir gravadora. Fiquei lá, enchendo o saco...

Houve um hiato de quatro anos entre os dois discos. Hoje em dia, é um período normal, mas naquela época era um período considerável...
Sim. Eu fiquei tentando, tentando, tentando, até que consegui. Aí o *Passaredo* já foi um sucesso comercial. Eu também já fazia mais shows, estava mais conformado com o fato de ter que cantar em público.

Mas ainda falando no seu disco Francis Hime, *de 1973. Na gravação de "Atrás da Porta" você usa uma introdução instrumental que depois reutilizaria como fecho do arranjo que você fez para "Trocando em Miúdos" no disco do Chico Buarque de 1978.*

Entrevista

O LP *Francis Hime*, de 1973, o primeiro após o período em Los Angeles, contou com uma orquestra completa em seus arranjos.
Na parte interna, retrato de Francis por Cafi (Carlos da Silva Assunção Filho), fotógrafo que faria diversas capas de disco para o músico.

É uma citação. E provavelmente aquela introdução eu fiz já preparando o disco. Não é original da época de composição da canção.

Outra coisa curiosa é que o último verso da letra que você canta é "Só pra provar que eu era tua", enquanto a gravação da Elis, e a própria gravação ao vivo do Chico, terminam com "Só pra provar que ainda sou tua".

Não lembro do porquê. Houve trocas por causa da censura. Cantamos "e me vingar" em vez de "e me entregar", e "teu peito" em vez de "teus pelos". Mas dessa questão do "eu era tua" não me lembro. Aquilo acho que foi uma coisa de momento da gravação. Às vezes o Chico esboçava a letra, depois mudava na hora, no finalzinho...

"À Meia Luz" é a segunda faixa. Tem uma introdução orquestral que parece uma peça à parte, muito impressionante. Se eu fosse chutar, diria que parece um poema musicado.

Mas não, é uma letra em cima de música que já existia. O que tem de poema musicado nesse disco é o "Réquiem". "À Meia Luz" tem uma coisa meio de Tchaikovsky, eu acho.

"Olivia", uma óbvia homenagem a sua mulher, vem a seguir. Você fala que suas incursões na música erudita só começariam na década de 1980, mas como você classificaria uma peça instrumental como "Olivia" dentro de um álbum de canções? Porque é um tema que não se integra à tradição de música popular brasileira instrumental, não é um choro ou qualquer coisa próxima a isso...

É uma melodia cantável, uma canção. Poderia ter até uma letra. Eu tenho a impressão até de que alguém fez uma letra, um fã ou coisa assim: [cantarolando] "Olivia..." [risos], o que é meio óbvio. Mas não sei por que gravei "Olivia" e deixei de lado "Por um Amor Maior", por exemplo. É curioso isso, o que me terá levado a gravar instrumentalmente. Talvez pelo fato de ter à disposição aquela orquestra toda, me deu ideias.

Então quando você compôs não havia a ideia de ser um tema instrumental, era para ser uma canção mesmo?

Sim, quando eu compus era um tema para eventualmente ter letra, e que por acaso acabou sendo gravado como instrumental.

É que parece muito bem resolvido como um tema sem letra.

Às vezes você pega um tema que não é difícil de letrar, mas não acrescenta tanto. E a melodia tem poucas notas...

São pequenas variações melódicas em cima de um motivo simples. Então o que chama a atenção é seu trabalho de orquestrador. Assim como a nova gravação de "Sem Mais Adeus", que ganhou todo um novo caráter em relação às gravações que já existiam, muito mais denso. Isso nos leva a um tema interessante, que é o peso do arranjador na apreciação de uma canção.

Às vezes o crédito do arranjador é muito importante, dependendo do trabalho. Você pega o arranjo de "Aquarela do Brasil", com aquele acompanhamento rítmico definido pelo Radamés Gnattali, aquilo ficou uma marca da música. Ou o contracanto que fiz para "O Que Será", acabou virando um vocalise do Milton Nascimento muito associado à canção. Ou as flautas na gravação de "Trocando em Miúdos" do Chico. Há certas ideias de arranjo que contribuem muito. Além de vestir a música, acrescentam no sentido quase de uma ideia original da composição. Quando o próprio compositor é autor do arranjo isso costuma nascer junto, mas nem sempre. E quando você pega a composição de outro, pode ter uma ideia que não tem nada a ver com a composição. Então, na minha opinião, você tem de ter uma preocupação muito grande com aquilo que o autor te mostrou. No sentido de não tentar brilhar mais, trazer para você uma importância descabida. Você tem de ter em mente o que o compositor quis passar. Como uma letra para uma música. A Olivia diz muito isto, que uma música geralmente já tem uma letra implícita. É como uma peça de mármore: o escultor vai decifrar o que está contido ali dentro, qual a ideia. Cabe ao letrista também ver o que está embutido e dar vida àquilo.

E em "Sem Mais Adeus" houve uma reconstrução de algo seu que já havia sido gravado há quase uma década.

Ali era eu tentando descobrir como meu trabalho mais recente, as coisas novas que havia aprendido como orquestrador, poderiam trazer algo à canção.

Assim como "Ave Maria", também uma canção antiga, a primeira que você fez com Ruy Guerra.

"Ave Maria" tem aquele contracanto enlouquecido dos violinos, que é uma segunda melodia. Era algo que não existia na época da composição, nos anos 1960. Mas aí eu estava no estúdio, com todos aqueles violinos à disposição, "o que vou fazer com isso tudo?" [cantarola o contracanto dos violinos]. "À Meia Luz" é o mesmo caso, aquela introdução toda, são ideias que surgem em estúdio.

Em "Valsa Rancho", já havia a ideia de desenvolver na letra a referência metalinguística ao fato de a música ser uma mistura de valsa com marcha-rancho?

A letra foi desenvolvida pelo Chico, mas já havia o nome "Valsa Rancho", eu que dei esse título quando fiz a música. Eu me lembro de, quando ele terminou a letra, ele ainda morava numa cobertura na Lagoa, eu estava tocando o piano, estava o Tarso de Castro e a Maria Lúcia Rangel. Num momento ele começou a me arranhar as costas, a empolgação daquele momento da letra surgindo, uma lembrança também de "Atrás da Porta", "e te arranhei...". As sessões de trabalho com o Chico eram sempre regadas a muito Fernet, um licor que ele obrigava os parceiros a tomar, todo mundo odiava, só ele gostava [risos]. Era terrível aquele gosto, mas a gente tomava...

Nessa época ele escrevia as letras na sua frente?

Escrevia. Eu ia para a casa dele, primeiro nessa cobertura na Lagoa, depois na Gávea. Ia lá pelas duas, três da tarde, ficava no piano, ele na máquina de escrever.

É interessante falar sobre esse procedimento de composição em parceria, numa época em que gravações caseiras não eram tão triviais. Seus parceiros não liam música, então você não podia entregar partituras...

Com o Vinicius eu já deixava mais coisas gravadas. Mas com o Chico geralmente era ali na hora. Ficávamos juntos, e a letra saía, ou não. Como foi o caso do "Meu Caro Amigo". A ideia era o Chico colocar letra numa melodia que depois a Olivia letrou, "Meu Melhor Amigo". As ideias não vinham de jeito nenhum. "Pô, Francis, não tô conseguindo. Você não tem um choro para a gente espairecer um pouquinho? Depois a gente volta para essa canção, para trabalhar sério". Eu tinha feito a trilha para o filme *Um Homem Célebre*, então havia vários choros que no filme eram de autoria do personagem Pestana. Fui tocando um, outro, até que ele disse "gostei desse". Teve a ideia de fazer uma carta para o [Augusto] Boal, e a letra saiu ali na hora. E não voltamos para a canção lenta, que acabou sendo minha primeira parceria com a Olivia! Muitas vezes ele começava uma letra e não desenvolvia, ficava pela metade. Acho que com quase todas foi assim. Menos com "Meu Caro Amigo" e "Passaredo". Nessa, depois que ele teve a ideia do "o homem vem aí", foi só completar com nomes de pássaros. "Vamos ligar para o Rubem Braga, que é nosso ornitólogo de plantão!" Eu lembro que, no caso do "E Se", eu estava num bar em Ipanema, e ele chegou com a letra num guardanapinho de papel, repetindo a história do Vinicius com "Sem Mais Adeus". E as comemorações foram tantas que eu perdi esse guardanapo!

Voltando ao seu primeiro disco solo, temos "O Último Canto" e "Minha", em que há essa mesma ideia de retrabalhar, com uma roupagem mais imponente, canções que já haviam sido gravadas na década de 1960. E o álbum fecha com "Réquiem".
"Réquiem" também remete à década de 1960. Provavelmente foi a primeira vez que eu musiquei um poema do Ruy Guerra na íntegra.

Essa realmente tem cara de poema musicado. Não há nada de repetição.
Exatamente. Há várias partes, várias ideias, que seguem muito de acordo com a estrutura da letra.

Ainda em 1973, mas fora de seu álbum, foi gravada pela Márcia "Minhas Mãos", letra do Paulo César Pinheiro. Ele é outro que tem várias canções de teor político, mas com você sempre foi muito lírico.
Tem uma canção minha com ele bem política, "Passeata", mas ela nunca foi gravada. Nem me lembro direito, mas se referia explicitamente às passeatas de 1967 e 1968. Tem outra chamada "Resolução", que também não chegou a ser gravada, talvez por dificuldades com a censura, não lembro ao certo. Mas "Minhas Mãos" é bem lírica mesmo. Eu acho que até cheguei a gravar para meu disco de 1973, mas acabou não entrando, por um motivo ou outro.

Eu acho que, dessa época, "Réquiem", letra do Ruy Guerra, tem um contorno de letra mais político. Parece a expressão de alguém que está se despedindo ao ir para a guerra, ou qualquer coisa assim. Sabendo que a letra é dos anos 1960, ele tem nessa época uma produção muito contundente com o Edu Lobo nesse sentido...
É verdade, tem "Canção da Terra", "Aleluia"...

```
                    CHORINHO PRO AUGUSTO
                    Autores: Francis Hime e Chico Buarque
                    Gravação: Os Caretas
     Introdução: música de Noel Rosa (Cordiais Saudações)
                    "Eu hoje senti saudades
                    Daqueles dez mil réis que eu emprestei
                    Espero que notes bem
                    Estou agora sem um vintém
                    Podendo, manda-me algum
                    Rio, sete de setembro de trinta e um"

     Meu caro amigo, me perdoe, por favor
     Se isto parece uma cobrança
     Mas eu espero que aqui o seu fiador
     Não lhe tenha saído da lembrança
     Aqui na terra estão jogando futebol
     Tem muito samba, muito choro e rock and roll
     Uns dias chove, noutros dias bate Sol
     Mas o que eu quero é lhe dizer que a coisa aqui
     Tá preta, deu na veneta
     Lembrar a velha continha, pois toda semana
     Tenho jogado na loteca, que, também
     Sem uma grana ninguém segura esse rojão

     Meu caro amigo, me perdoe, por favor
     Se eu não lhe faço uma visita
     Mas como agora apareceu um portador
     Mando notícias nessa fita
     Muita mutreta pra levar a situação
     Que a gente vai levando de teimoso e de pirraça
     E a gente vai tomando que, também
     Sem a cachaça ninguém segura esse rojão

     Meu caro amigo, eu não pretendo provocar
     Nem atiças suas saudades
     Mas acontece que eu não posso me furtar
     A lhe contar as novidddes
     É pirueta pra cavar o ganha-pão
     Que a gente vai cavando só de birra e só de sarro
     E a gente vai fumando que, também
     Sem um cigarro ninguém segura esse rojão

     Meu caro amigo, eu quis até telefonar
     Mas a tarifa não tem graça
     Eu ando aflito pra fazer você ficar
     A par de tudo que se passa
     Muita careta pra engolir a transação
     E a gente tá engolindo cada sapo no caminho
     E a gente vai se amando que, também
     Sem um carinho ninguém segura esse rojão

     Meu caro amigo, eu bem queria lhe escrever
     Ma o correio andou arisco
     Se me permitem vou tentar lhe remeter
     Notícias frescas nesse disco
     A Marieta manda um beijo para os seus
     Um beijo na família, na Cecília e nas crianças
     O Francis aproveita pra também mandar lembranças
     Pra todo o pessoal
     Adeus

     Meu caro amigo, me perdoe, por favor
     A insistência do P.S.
     Aceito cheque nominal ou ao portador
     Eu sei que você não me esquece
     Um grande abraço e um adeus outra vez
     Rio, sete de setembro de setenta e seis
```

A letra de "Meu Caro Amigo" (aqui intitulada "Chorinho pro Augusto",
uma carta para Augusto Boal) foi feita por Chico Buarque
para um choro de Francis Hime que integrava a trilha sonora do filme
Um Homem Célebre, de Miguel Faria Jr., de 1974.

Chico Buarque, Francis e Olivia Hime, entre outros,
no estúdio de gravação.

Você voltou para o Brasil no auge da repressão da ditadura miltar...
No começo de 1973, governo Médici.

E você acabou de dizer que tem posições políticas próximas às do Chico Buarque, que é notoriamente um homem de esquerda. Você não é um letrista prolífico, mas como você via a tendência dessa época — ou de qualquer outra — de identificação do cancioneiro com a transmissão de uma mensagem política? Era uma época muito conturbada, e mesmo sendo ligado à esquerda, rodeado por outras pessoas de esquerda, você lançou um álbum extremamente lírico.
Eu sempre achei que isso é um pensamento muito individual. Você pode fazer uma canção de protesto, se achar que é o caso, ou uma canção que não tenha ligação com a política ou com fatores sociais. Evidentemente, eu não aceitaria ter uma letra feita por um cara com posições políticas muito diferentes das minhas. Não teria afinidades para ter uma parceria. Parceria é uma extensão de uma amizade, de um pensamento em comum...

Eu contei, e você tem sessenta parceiros! Você é amigo de cada um deles, Francis? [risos]
Não, muitos eu nem conheço!

É, imagino que você não era amigo do Castro Alves e do Camões [risos].
Mas há muitos que não conheço mesmo, mesmo sendo contemporâneos meus: Carlos Queiroz Telles, Alberto Abreu, Renata Pallottini, um pessoal mais lá de São Paulo. Mas são poucos. É que me acontece eventualmente de pegar um poema e musicar. A parceria... Às vezes dá vontade de... Encontro uma pessoa, mesmo que não a veja há muito, eu tenho uma ligação, um sentimento de amizade, mesmo que ainda não desenvolvido. Eu encontro o Moacyr Luz: "Pô, vamos fazer um samba?". Eu gosto tanto dele, embora o conheça pouco... O Djavan... Caetano... Para o Caetano eu inclusive mandei algumas músicas, mas ele nunca fez a letra.

Você realmente trabalhou com os melhores letristas brasileiros da época. Dos maiores da sua geração, devem ser poucos os que ficaram faltando em seu currículo de parceiros. O Aldir Blanc, você o conhece?
Mas com o Aldir Blanc eu tenho uma parceria! Uma parceria não

lançada de uma música muito doida, minha e do Vinicius Cantuária. Chama-se "Um Pega no Baile das Cores". Cheguei a gravar para o disco *Essas Parcerias* com uma super orquestra, talvez o arranjo mais ambicioso do disco. Na época da mixagem, não havia computador, era muito difícil mixar, e a gente não podia perder as diferentes camadas. Tinha que ficar com o cotovelo daqui, a mão ali, pega do outro lado... Aqueles papeizinhos todos. Mas é uma música muito doida, a letra também, e a gente acabou deixando fora do disco, não cabia no disco. A letra é muito engraçada, fala das cores, vem o vermelho, vem o amarelo, não sei quê, aquelas letras típicas do Aldir.

Estudando a sua obra, a gente vê o quanto há de obras prontas e não aproveitadas!

É que essa realmente não dava no disco, mas foi a que mais deu trabalho para mixar. Foi concluída, mas provavelmente se perdeu a gravação. Parceria com o Vinicius Cantuária também, na época a gente se encontrava bastante, a Olivia gravou uma ou duas canções dele. São parcerias muito ligadas a determinadas épocas. Eu gosto desse desafio de fazer música com parceiros diferentes, você sai da zona de conforto. Será que vai dar certo, será que não vai dar? Você sempre fazendo parceria com o Chico, por exemplo, você sabe que sempre vai dar certo. Com o Chico não tem erro. Pode ter algumas letras melhores do que outras. Com Vinicius também. Olivia, Geraldinho... Mas eu gosto, às vezes, dessa dúvida. Com o Thiago Amud, por exemplo, a letra que ele fez para "Breu e Graal" [do álbum *Navega Ilumina*, de 2014]... É curioso, foi uma das poucas letras que recebi de um parceiro que achei que não casava bem com a música. E era uma letra muito bonita! O Thiago Amud até disse: "Pô, adoro essa letra, fiz para uma filha minha...". Eu propus fazer outra música para aquela letra, mas ele disse que preferia fazer um novo trabalho em cima da música que eu já havia mandado: "Vou tentar ir por outro caminho". Aí ele fez "Breu e Graal". Liguei para ele e disse que a letra era sensacional, maravilhosa. Acontece!

Esse tipo de confiança que você mostra para sugerir modificações ao parceiro, você tinha na relação com o Vinicius, por exemplo? Ou com parceiros que já estavam mais estabelecidos do que você na carreira... Você tinha essa coragem?

Eu tinha certa cerimônia [risos]. Ainda bem que todas as letras que o Vinicius fez... Mas eu ficava: "Pô, e se ele fizer uma letra de que eu não goste?". E ele não me parecia uma pessoa que aceitasse muito bem sugestões... [risos] Nunca aconteceu, mas eu tinha certo receio. E isso às vezes impede que você faça uma música com parceiro novo. Se de repente eu não gosto, como você vai dizer para o cara? Aí você tem de deixar de lado a música... Às vezes isso é um problema. Mas o gosto pelo risco é maior, eu gosto desse desafio. Às vezes você não sabe o que quer da letra para a sua música, mas sabe o que você não quer. E apesar disso, eu tenho essa quantidade enorme de parceiros! Como diz o Geraldinho Carneiro, sou o compositor mais promíscuo da música brasileira [risos]!

4. Sucesso popular na parceria com Chico Buarque (1973-1976)

Vivendo de trilhas — Questões de prosódia — Canção de verso com ritmo fixo — Estreitando a parceria com Chico Buarque — Tornando-se figura popular — Canções que ficaram e canções "esquecidas"

Entre seu primeiro álbum solo, Francis Hime, *de 1973, e o segundo,* Passaredo, *de 1977, você se dedicou basicamente a trilhas de cinema. Era o que você esperava fazer quando voltou dos Estados Unidos?*

Ali eu estava procurando seguir as portas que me eram abertas. Aquela coisa de fazer um disco, shows, trilhas, direção musical. Trabalhos em várias frentes que surgiam. O que pintasse, se fosse um trabalho de que gostasse, eu fazia. Surgiram esses convites. Primeiro foi o *A Estrela Sobe*, do Bruno Barreto; logo depois, *Lição de Amor*, do Eduardo Escorel. Por esse filme, eu ganhei o Coruja de Ouro [prêmio do Instituto Nacional de Cinema, distribuído entre 1969 e 1976] e o Kikito [prêmio do Festival de Gramado, realizado anualmente desde 1973] de melhor trilha de cinema. Nessa época foram várias trilhas, para cinema e TV, em um curto espaço de tempo. Eu trabalhava bastante, foi uma época de muita produção.

Há alguma trilha de que você se orgulhe particularmente?

Eu gosto muito do que fiz para o *Lição de Amor*. Ele tem uma instrumentação reduzida, não era uma produção ambiciosa como *Dona Flor e Seus Dois Maridos* [de Bruno Barreto, 1976]. Tinha um cello, uma flauta, um piano, tocado por mim mesmo, contrabaixo e só. Foram dois ou três temas que eu desenvolvi.

A Estrela Sobe *e* Lição de Amor *têm propostas mais com cara de trilha de cinema mesmo. Já em* Um Homem Célebre *você usou várias peças de piano... [Filme de Miguel Faria Jr. lançado em 1974. O roteiro é adaptação do conto homônimo de Machado de Assis. A história apresenta um músico frustrado por ser reconhecido apenas por seus choros e polcas, quando seu sonho era obter prestígio com suas peças de inspiração europeia, "música séria".]*

Entrevista

Eu seguia muito o roteiro do filme... O "Tema em Mi Bemol", depois a Olivia letrou e virou "Maré", era a peça que ele estava compondo no filme, seria a grande peça erudita que o tornaria imortal, mas ele não consegue concluir. Era uma trilha muito ligada a situações concretas do filme, os choros que ele fazia...

E esses filmes te deram a segurança financeira que você estava procurando?

Sim, ali já nem me passava pela cabeça a engenharia. Eu já tinha uma carreira estabelecida, com várias possibilidades de atuação.

Até o álbum Passaredo, *parece que você ainda não havia se estabelecido propriamente como um autor de canções, sendo um músico que atuava em vários campos.*

Exatamente.

Entre os seus dois álbuns, saíram algumas canções picadas suas, interpretadas por vários artistas. "A Dor a Mais", parceria com o Vinicius, lançada em 1974 pela Cybele, é uma bossa, uma canção mais amena em relação ao que você vinha lançando na época, aquelas coisas densas...

É que é uma canção ainda daquela primeira leva, dos anos 1960, o Vinicius que demorou para entregar a letra.

Houve também canções que entraram na trilha de Um Homem Célebre: *"Capricho", música sobre poema de Castro Alves, e "Senhora", música sobre poema de Camões. O "Capricho", que a Nara chegou a gravar em disco, me parece mais bem resolvido. Em "Senhora" me incomodam um pouco alguns hiatos e falhas de prosódia. No verso "Numa hora eu acho mil anos", por exemplo, a melodia faz com que a tônica de "acho" caia sobre a sílaba "cho".*

Há erros mesmo. Deve ser até por isso que eu não conseguia lembrar da canção. Nesse "achú", eu viajei. Quando regravei "Senhora" para constar como exemplo musical em meu livro [*Trocando em miúdos as minhas canções*, 2017], alterei um pouco a melodia, para desfazer esse erro. Corrigi [risos].

Mas apesar de eu ter restrições ao "Senhora" como uma canção, funcionou muito bem como peça de piano no seu disco O Tempo das Palavras... Imagem.

Nessa coisa de musicar poemas, eu desenvolvi uma facilidade maior nos últimos quinze, vinte anos, principalmente em função da parceria com o Geraldo Carneiro.

Dos filmes todos para os quais você fez trilha, só não consegui ver Marcados para Viver *[de Maria do Rosário, 1976]. Esse, infelizmente, parece perdido, uma pena. Só há alguns trechos disponíveis na Cinemateca do Rio. No mesmo ano, 1976, foi lançado* Marília e Marina, *do Luiz Fernando Goulart.*

Era um filme baseado no poema "Balada para Duas Mocinhas de Botafogo", do Vinicius de Moraes. Eu fiz uma melodia, e o Vinicius colocou uma nova letra em cima, eu cantei no filme. É uma música de extensão grande.

Das canções suas que nunca foram gravadas em disco, acho que é a melhor. ["Marília e Marina"*, a canção homônima ao filme, só foi lançada em disco em versão instrumental, no disco* O Tempo das Palavras... Imagem, *em 2009]. Também me parece a primeira vez que você experimentou um sintetizador em gravação de canções suas.*

Provavelmente isso se deu por acaso. O orçamento do filme não era muito grande, eu não poderia usar uma orquestra. Então, assim como no *Marcados para Viver*, eu usei sintetizador.

É curioso porque há um grande contraste no arranjo da canção. Um mesmo tema é apresentado cinco vezes seguidas na abertura do filme. Na primeira, a melodia é exposta no violoncelo; depois, há três repetições cantadas da melodia, correspondentes às três estrofes da letra; e no fim, o que começou apresentado no violoncelo acaba repetido por um sintetizador. É uma grande canção perdida.

É uma canção que merecia um cantor de destaque.

E nessa canção "Marília e Marina"*, identifico pela primeira vez um procedimento que se repete nas suas composições com alguma constância. Por falta de denominação melhor, vou chamar de canção de verso com ritmo fixo: a ideia é que, a cada verso poético da letra corresponde uma célula rítmica que se repete por toda a música, com variações melódicas e harmônicas. Isso acontece quase perfeitamente em* "Marília e Marina"*, e depois se repetiria com alguma constância em sua produção, como em* "E Se"*,* "Grão de Milho"*... Para conseguir fazer uma música sus-*

Entrevista

175

tentando a mesma célula rítmica sem cair no tedioso, monótono, é necessário um grande domínio melódico e harmônico.

Isso aí eu não tinha pensado, engraçado, eu não tinha observado. Possivelmente, antes de "Marília e Marina", também isso aconteceu com outras músicas. Mas eu acho que isso aí talvez também seja um pouco decorrência do meu estudo com Paul Glass. A base da composição erudita vem de um desenvolvimento, o ponto central de uma composição. Desenvolver é uma técnica que você aprende a dominar. Há possibilidades mais amplas, você tem um desenho aqui que de repente você reproduz em outro instrumento... Às vezes são mecanismos que ficam mais evidentes, quando se vai analisar uma peça, uma obra.

Eu achei a constância com que isso aparece na sua obra muito interessante, e o procedimento, muito original. Não consegui identificar isso em outros compositores de canção popular. Curioso é que você atribui isso aos seus estudos de música erudita, mas é um procedimento que se repete até mesmo em sambas abertos, como "E Se". Também me chamou a atenção o fato de que, com alguma constância, você musicou poemas de métrica fixa. Por exemplo, o Cacaso adorava redondilhas maiores. Um poema com versos de métrica regular se prestaria, teoricamente, a manter esse ritmo fixo musical também. Mas nesses casos em que a canção de verso de ritmo fixo já estaria facilitada, você foge do procedimento e desdobra os versos em células diferentes, quebra a métrica já existente no poema transformado em canção.

É, até para você não escrever aquilo que é esperado. De certa forma, você tem de surpreender nesse sentido, manter o interesse pela composição. Às vezes você tem certos caminhos que parecem quase que óbvios, né?, e você, sei lá, tenta fugir disso, quase que automaticamente.

Faz sentido, como você já mencionou, apontar que houve evolução no seu processo composicional quando se trata de musicar poemas existentes. No "Senhora", já observamos hiatos e alguns deslocamentos de prosódia. Já no "Soneto a Quatro Mãos", do Vinicius de Moraes e do Paulo Mendes Campos, com versos decassílabos, que você musicou já em 2001, houve um deslocamento de muito bom gosto dos versos, com a criação de novas identidades rítmicas.

Para o "Soneto a Quatro Mãos", se não me engano, eu tinha a ideia de fazer uma canção lenta, mas acabou que não gostei, talvez ficasse algo "casado" demais, né? Aí eu parti para essa ideia do samba.

E você se permitiu certas liberdades, omitiu um verso do terceto final, fez repetições...

São liberdades que, com o Geraldinho, eu tenho mais facilmente, porque eu posso consultá-lo. Muitas vezes isso acontece, modifico um pouquinho, acrescento uma palavra ou inverto uma frase, enfim. Como no "Soneto a Quatro Mãos" — embora eu, nesse caso, não pudesse consultar os autores, tomei essa liberdade.

Ainda dessa época, lançada pela Claudette Soares, há "Corpo e Alma", parceria com Ruy Guerra, uma resposta feminina ao "Minha".

Sim, teve uma época que, em show, a Olivia cantava "Corpo e Alma", e eu respondia com "Minha".

O título mais óbvio para a canção seria "Tua", palavra que se repete muito ao longo da letra.

Eu fiz depois de "Minha", mas ainda é da década de 1960 a composição.

É uma canção muito bonita, mas talvez um pouco antiquada para a sensibilidade de hoje, no sentido de que talvez a personagem feminina possa ser vista como muito "rastejante" ante um homem. Hoje em dia, talvez fosse complicado lançá-la. O fato de um homem escrever uma letra assim certamente geraria debate.

É uma canção que teria mais sucesso, acho, num contexto teatral. Teria mais sentido. Algumas músicas ficam mais datadas. Pega Lupicínio Rodrigues, aquele negócio de "vingança, vingança...".

"Passaredo" é uma canção que já em 1975 aparece gravada pelo MPB-4, embora o filme A Noiva da Cidade, *para o qual ela foi feita, só viesse a ser lançado em 1978.*

Se não me engano, a primeira vez que "Passaredo" foi cantada em público foi num show no Canecão, em benefício do Milton Nascimento. O empresário dele o estava roubando [risos]. O Chico cantou, é capaz de ter sido no próprio dia em que ele fez a letra.

Estávamos falando de como os arranjos se incorporam à memória que as pessoas têm de uma determinada canção. Seu arranjo de "Passaredo" para o álbum Meus Caros Amigos, *do Chico, com a introdução com flautas dobradas, é um bom exemplo disso.*

Entrevista

Essa introdução surgiu por acaso. Eu havia feito primeiro a introdução que entrou no meu disco, *Passaredo*, que foi usada no filme. Para o disco do Chico, pensei em fazer uma coisa oposta. "O que eu posso acrescentar?" Aí tive a ideia das flautas.

"Passaredo" talvez seja a canção que você retomou mais vezes. Aparece de diversas formas, em diversos arranjos e instrumentações, com banda pequena, só voz e piano, com orquestra completa... Com esse número de releituras, imagino que seja uma canção de que você gosta muito.

Gosto muito. O Dori Caymmi diz que é minha canção mais bonita. Ela começa numa nota de sétima maior, muito pouco usual. Em muitas reinterpretações, os cantores usam outra nota.

No mesmo disco do Chico, entraram outras duas canções de sua parceria com ele: "A Noiva da Cidade", também feita para o filme, e "Meu Caro Amigo", com letra do Chico para o choro que havia entrado em Um Homem Célebre. *Em "A Noiva da Cidade" se nota muito a evolução em relação à primeira interpretação, instrumental, quando ela ainda se chamava "Amor a Esmo". Além da letra do Chico, a canção ganhou muito com a sofisticação do arranjo, o contraponto de flauta...*

Aquele contraponto de flauta parece uma coisa improvisada, dá essa impressão. Às vezes me aconteceu isso. E às vezes acontece o oposto. O Altamiro Carrilho fez um improviso com a flauta em "Lindalva" para meu álbum *Passaredo*; anos depois, quando fui regravá-la no *Álbum Musical 2*, eu transcrevi o improviso exatamente como ele tocou e incorporei ao novo arranjo.

Foi nessa época do álbum Meus Caros Amigos, *eu acredito, que você realmente passou a ser uma figura conhecida. Porque, com "Atrás da Porta", apesar de ser um grande sucesso, a canção era muito associada à Elis Regina. Mas na época do* Meus Caros Amigos *você passou a fazer muitas aparições com o Chico, estar na televisão constantemente. Perguntando para meus pais, a primeira recordação que eles têm de você é desse período, estando com o Chico.*

Muita gente achava, inclusive, que a melodia de "O Que Será" era minha, e que a de "Meu Caro Amigo" era do Chico. "Meu Caro Amigo" marcou muito, realmente.

"Meu Caro Amigo", a canção, tornou-se um clássico. O contexto político da letra ajudou a consagrá-la, claro, mas a execução do seu arranjo para esse choro contou com algo como um dream team da música brasileira. Altamiro Carrilho, Joel Nascimento no bandolim, Dino no violão de sete cordas, você no piano...

É, era uma turma boa ali!

E aquele acelerando ao final da canção, foi algo que surgiu na hora da execução ou estava previsto no arranjo?

Acho que foi na hora da gravação... Depois a gente repetiu aquilo, na gravação para a TV Bandeirantes. Acelerava a um ponto que o pessoal não conseguia acompanhar. E o Chico: "Vai, vai!". Ele escreveu a letra de uma vez só, na minha frente. No máximo, depois deu uma burilada. Não sei se nesse dia mesmo, ou algum tempo depois, ele escreveu algumas estrofes adicionais. Porque a partir do momento que se submetia um texto à censura, você não podia colocar nada a mais, mas você podia retirar. Então ele pôs esse conteúdo extra, dando a impressão que a letra era mera cobrança de uma dívida. Aí na hora de gravar ele retirou essa parte, e a registrou do jeito definitivo, como uma carta endereçada ao Augusto Boal [que estava exilado em Lisboa]. Foi um estratagema usado para a letra passar pela censura.

Eu li alguma coisa sobre isso no jornal, recentemente. E aí falava de "Meu Caro Amigo" como uma "canção de Chico Buarque". Imagino que deva acontecer com frequência que canções da parceria de vocês dois sejam atribuídas só a ele.

Sim, acontece muito.

Você fica bravo, fica com ciúme...?

[risos] Não fico com ciúmes, mas às vezes eu fico: "Pô, essa música é minha". Acontece muito também de aparecer o cantor, nem um nem outro dos autores, "a música de Elis Regina", coisas assim.

Falemos agora de Dona Flor e Seus Dois Maridos, *esse grande sucesso do cinema nacional, até há pouco tempo a maior bilheteria de um filme brasileiro na história. O tema central do filme é "O Que Será", canção do Chico Buarque. E não me admira que muita gente achasse que a música era sua, porque sua intervenção, como arranjador, foi de um pe-*

Capa da partitura de "A Noiva da Cidade", de Francis Hime e Chico Buarque
canção composta para o filme homônimo de Alex Viany, em 1976.
O filme, com roteiro de Miguel Borges e Humberto Mauro,
acabou estreando somente dois anos depois.

Francis Hime e Chico Buarque durante as filmagens de *Certas Palavras*, em 1979, documentário do diretor argentino Mauricio Berú.

so muito grande. Eu não sei como a canção foi apresentada a você. Voz e violão?

Voz e violão.

As suas intervenções no arranjo da canção foram tão marcantes que as regravações costumam incorporá-las. Na versão "À Flor da Terra", há aquela transposição tonal; na "À Flor da Pele", há o vocalise cantado pelo Milton como introdução, que também ficou...

Muito marcante aquilo.

Sim, e é algo de sua autoria, desvencilhado da composição original do autor, o Chico Buarque, no caso. Quando você gravou só essa passagem no seu disco O Tempo das Palavras... Imagem, *aí você pôde creditá-la a você mesmo. A seção do meio com os trompetes também é muito forte, vinculada à canção. Isso pode gerar uma discussão interessante, no campo da canção popular, sobre o conceito de autoria. Na música erudita, o autor escreve para todos os instrumentos previstos em sua composição, é simples a atribuição do crédito; na canção popular, geralmente é chamado de autor a pessoa que criou a melodia para um cantor interpretar, e o "arranjo", que é a criação instrumental em cima dessa melodia, recebe um crédito à parte. Mas há exceções, como em grande parte das composições de bandas de rock, por exemplo. Muitas vezes, nesses casos, a melodia é primária, pode até ter alturas difíceis de identificar, escrever em uma pauta; os aspectos mais marcantes são instrumentais, que em outras escolas de canção seriam chamadas apenas de aspectos do arranjo. Penso numa canção como "Smoke on the Water", do Deep Purple: você pode até criar outra melodia vocal, totalmente distinta da original, sem descaracterizar a composição, mas tem de manter o riff de guitarra.*

Aí são quase que criações coletivas. Realmente, dependendo do tipo de música, da época, o conceito autoral talvez possa mudar. Pode ser adaptado ao tempo. E às vezes o arranjo tem uma importância superior, no sentido de repercussão, do que a própria autoria, não é?

É ainda de 1976 a canção "Amor Sem Medo". Eu ouvi em entrevista você expressando muitas ressalvas sobre ela.

Não, eu gosto da canção, embora seja um pouco datada. Foi feita para a novela da Globo *Escrava Isaura*.

Eu gosto muito dos violinos em contraponto, me lembram as coisas do Claus Ogerman.

Sei, sei. Muito no agudo, né? "Amor Sem Medo" foi das primeiras músicas que eu gravei, e eu não gostava muito da forma como eu cantava, achava um pouco... Não me achava muito preparado, não. Provavelmente, talvez tenha sido por isso que você viu em algum lugar que eu fiz restrições à canção, mas depois fui mudando meu jeito de ver...

E também da letra do Paulo César Pinheiro, a força como ele descreve um amor obsessivo.

Eu gosto também. [cantarolando] "Porque o amor é um campo de batalha..."

Outra canção meio perdida, só entrou na trilha da novela, não em álbuns próprios seus. Ficou meio obscura em sua discografia.

Às vezes, essa coisa de retomar uma canção fica um pouco prejudicada, porque você quer sempre fazer as coisas novas. Mas seria bom, eu gostaria de ter regravado.

5. A AFIRMAÇÃO DO CANCIONISTA (1977)

Passaredo: a afirmação do cancionista — Poemas musicados e músicas letradas — A dificuldade das oxítonas — Escolhendo parceiros — Olivia Hime: parceira de música e vida — Repertório dos shows: roteiro equilibrado — Auge da exposição comercial — As contribuições de Chico Buarque — Razões para o fim da parceria

Falemos do Passaredo, *um álbum muito importante para você, que te estabeleceu como cancionista e foi um sucesso popular.*
Foi.

Você tem noção da vendagem?
Vendeu, na época, uns 50 mil, 60 mil discos, o que era uma boa vendagem. O anterior havia vendido uns 3 mil discos! Então, foi um salto, né? Fazia shows e tal, teatros lotados, enfim...

É um álbum mais variado em relação ao primeiro.
Exatamente. Eu tive essa preocupação no tratamento das músicas, não foi uma coisa ao acaso, não. O *Passaredo* tem uma instrumentação mais variada, há contrastes.

A faixa-título abre o álbum, também num tratamento sinfônico. Mas ainda que novamente no campo orquestral, é uma abertura muito mais leve do que "Atrás da Porta", do álbum anterior. "Máscara", parceria com Ruy Guerra, já é uma canção densa, pesada.
É um poema que musiquei.

Seguindo, há "Trocando em Miúdos". O tema lírico trata de uma separação, então se trata de algo naturalmente pesado, mas o seu tratamento instrumental é de samba-canção, não carrega tanto nas tintas. No álbum funciona bem, estabelecendo um contraste com "Máscara", mas fico à vontade para falar, porque o arranjo é seu também, que gosto mais da versão do álbum Chico Buarque (1978), *até por causa do contraponto de flauta mencionado por você como muito atrelado à canção.*

184   Francis Hime

A minha gravação é mais convencional. A do Chico, inclusive, tem aquela coisa de não ter o andamento de pulsação, ele diz a letra sem um ritmo muito marcado. É mais dramático.

E se encaixou muito bem aquele fecho que você tirou da introdução do "Atrás da Porta" em seu primeiro disco.
Foi uma ligação que eu fiz. No caso do meu disco, a canção contribuiu também para torná-lo mais acessível. Minha interpretação de "Trocando em Miúdos" foi muito tocada na novela *O Astro*, então as pessoas já a haviam ouvido, ajudou na popularização do álbum.

"Meu Homem" é outra faixa bem densa, outra parceria com Ruy Guerra, de tratamento lírico próximo ao de "Corpo e Alma". É uma canção muito forte, você a entregou para a Olivia cantar. Mas novamente, para a sensibilidade contemporânea, "meu homem não vale nada, eu sei, mas foi tudo o que encontrei"... O movimento feminista certamente problematizaria. [risos]
É outro poema do Ruy que musiquei.

Nesse disco, então, das canções com o Ruy Guerra, a maioria veio de poemas musicados.
"Máscara", "Meu Homem", "Carta"... É verdade. Ah, em "Pouco Me Importa" a música veio primeiro.

E são as faixas mais pesadas do álbum. No caso dos poemas musicados, na maioria dos casos, dá para acertar a previsão de quando esse é o procedimento. Você cantarola a melodia de "Réquiem", do seu primeiro álbum, por exemplo: não parece uma ideia melódica que surgiria espontaneamente. Parece que a música vai atrás da letra. Isso não é necessariamente mérito ou demérito... Apenas se afasta um pouco da ideia de canção para a área do poema musicado.
Sim, a ideia de uma canção é que você coloque o canto em primeiro plano, o que não acontece nesses casos.

Mas ainda assim há exceções a esse padrão, como "Pau Brasil", que você diz ser um poema musicado, e não dá para suspeitar disso. A melodia é muito "cantável", até fácil de pegar.
"Pau Brasil" eu fiz em dois ritmos, fiz ao violão, em rumba e em *pasodoble*. Aí eu me peguei: "Qual dos dois vou usar?". Fiquei na dúvida

até o dia da gravação, em que decidi gravar os dois ritmos, e toco até hoje em shows os dois ritmos, um seguido do outro. Mas é engraçado, tem umas letras que... São musicadas de uma forma que, de repente, parece que a música foi feita antes, né? A própria "Carta", poema do Ruy Guerra que musiquei... A música poderia ter sido feita antes.

Voltando às faixas do Passaredo, *de "Lindalva" você já falou um pouco, um choro feito de encomenda para o filme* A Noiva da Cidade, *e na gravação para o disco o Altamiro Carrilho improvisou um belo solo de flauta.*

Foi a única canção do filme em que a letra foi feita pelo Paulinho, em vez do Chico. Não lembro por quê. Mas o Paulinho adora uma encomenda, é um operário da canção! Foi censurada a expressão "nuzinhos em pelo" na letra, eu cortei esse trecho da gravação da minha voz e deixei um corte bem abrupto, de propósito.

Depois vem "Último Retrato", que é...
"Último Retrato" é o tema principal de minha trilha para o filme *A Estrela Sobe*, letrado pelo Ruy Guerra. Não sei se ele pediu para letrar ou se eu ofereci o tema para ele. Às vezes há histórias envolvendo certos temas... Por exemplo, o tema de *Lição de Amor*, eu dei para o Fernando Brant letrar, mas aí a letra não ficou boa, foi um dos raros casos. Pelo jeito que eu cantei para ele, ele entendeu que a acentuação vinha na última nota dos versos, fez uma letra cheia de oxítonas, mas não tinha nada a ver.

Fernando Brant era outro grande letrista com quem você não tem nenhuma parceria.
Não, e a gente era... Quer dizer, ele morava em Belo Horizonte, mas eu gostava muito dele. Tenho pena de não ter feito nada com ele. Mas foi esse caso, eu mandei para ele: "Olha, tal... Essa canção do filme...". E a letra acabou não saindo.

Nem com ele nem com ninguém. O tema de Lição de Amor *nunca foi letrado.*
Mas não é fácil letrar isso. São temas realmente que têm mais cara de instrumental, né?

Sim, poucas notas...

Às vezes, aparece oportunidade para letrar um tema há muito esquecido. Por exemplo, eu tenho um bolero de que gosto muito, fiz tem uns quarenta anos. Nasceu minha neta mais nova agora, chamada Laura, e a Olivia lembrou desse bolero: "Gente... Como é que é esse bolero? Você chamava de 'Laura'", por causa do som [cantarolando], são pequenas notas de uma célula. E ela fez uma letra maravilhosa para a nossa netinha Laura! Às vezes tem essas coisas que um letrista descobre, né? Mas há os casos realmente muito difíceis. O Geraldinho [Carneiro] que dizia que antigamente músico tinha mania de colocar acento sempre no final das frases melódicas, na bossa nova você vê muito isso. Aí há uma tendência de colocar verbos no infinitivo na letra.

É que, em português, a maioria das palavras é paroxítona.
Exatamente, aí vem a dificuldade por causa dos músicos fazendo frases com acento no final. Essa música que eu gravei, "Ilusão", eu tinha mandado para o Geraldinho fazer, mas ele não conseguiu: "Pô, mas só tem oxítona!" [risos]. Aí acabei eu mesmo fazendo a letra, mas eu acrescentei uma notinha no final, de modo a poder colocar paroxítonas. Aí facilita, né?

Sim. E se se tem na cabeça frases de música americana, lá é o contrário, a maioria das palavras é oxítona.
Exatamente. Ou mesmo o francês, mais ainda. Mas o português é ingrato.

Então você deu uma roubadinha, aí facilita a canção.
E como! [risos]

De "Pouco Me Importa" você já havia falado um pouco.
Foi censurada, chamava "A Teima", quando gravei para o meu primeiro disco. Mas no *Passaredo*, com outro título, passou.

E o que entrou no Passaredo *foi outra gravação? Ou você aproveitou o registro de antes?*
Foi outra gravação. Porque era outra companhia, a Som Livre.

"Carta", outra letra do Ruy, você falou que também é um poema musicado. Eu vi um clipe seu no YouTube cantando essa canção com a Olivia.

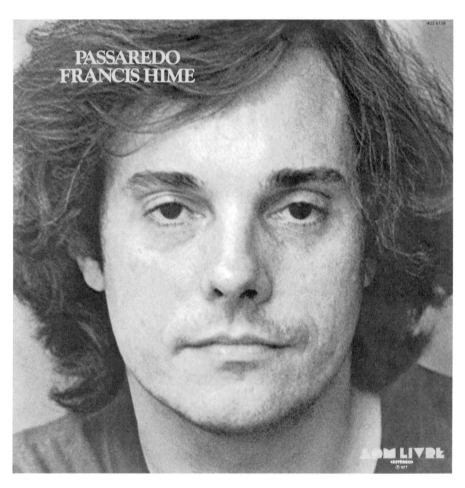

O LP *Passaredo*, de Francis, lançado em 1977, além de ser um grande sucesso, trouxe a estreia de Olivia Hime como cantora e como letrista.

Compacto duplo com músicas do filme *A Estrela Sobe*, de Bruno Barreto, estrelado por Betty Faria em 1974. Da trilha composta por Francis Hime para o longa-metragem saiu a canção "Último Retrato", que recebeu letra de Ruy Guerra e foi incluída no disco *Passaredo*.

A gente gravou para o *Fantástico* ali. "Trocando em Miúdos" já havia sido música de trabalho, mas escolherem "Carta" depois, talvez pelo fato de eu ter gravado com Olivia, era cenicamente interessante. Eu canto a primeira parte, aí modulo para ela cantar em seguida.

Foi no mesmo ano do Passaredo *que a Olivia gravou o compacto de "A Bela Adormecida", parceria sua e do Carlos Queiroz Telles, o primeiro disco dela. Foi a estreia fonográfica da Olivia como cantora, cantando nesse compacto e em algumas canções do* Passaredo.

É, a gente até descobriu outro dia esse disquinho dela aí, ela guardou três cópias. Acho que foi feita para uma novela. Nunca conheci o Carlos Queiroz Telles, musiquei esse poema dele de encomenda, assim como a "Feira das Almas", que também foi para uma novela ou seriado, e o Quarteto em Cy gravou.

No Passaredo *ainda há "Meu Melhor Amigo", a primeira composição de vocês juntos, não é? Já li a Olivia relatando esse começo dela como letrista, como você a incentivou, e que ela tinha a prática de escrever letras alternativas em canções já existentes.*

É, ela não tinha ainda muita prática de escrita. E acabou sendo minha parceira mais constante.

Além de, por acaso, ser sua esposa aí há alguns anos [risos].
É, devemos ter umas cinquenta músicas talvez.

O fato de ter a mulher como parceira... Fica mais fácil para você fazer observações quando tem reparos a alguma coisa da letra, ou, pelo contrário, há constrangimento por se tratar de um trabalho da Olivia?

Quando ela gosta de uma música, eu deixo lá na gravadora. Ela é que às vezes não gosta de uma letra dela que eu mesmo gostei: "Não, não é isso". Ela é muito exigente com a escrita dela. Essa letra da "Laura" ela fez, assim, rapidissimamente numa tarde, mas normalmente ela leva muito tempo escrevendo, burilando e tal, até se convencer de que está no caminho certo.

Nos casos em que a música vem primeiro, costuma acontecer de você terminar a música e achar que ela tem a cara de algum letrista em particular?

Ah, isso acontece muito. Muitas vezes eu fazia uma lista, esta música, tal, vou mandar para o Chico, estas aqui, mandar para o Toquinho, esta aqui, para a Joyce. A canção "Mistério", por exemplo, eu acabei fazendo a letra, mas cheguei a mandar para o Gil, achava que cabiam aquelas coisas meio surreais que ele escreve, mas ele acabou não fazendo. Depois acabei alterando a música, que terminava com um tom meio feliz. Eu pensei "gente, isso não tem nada a ver", e acabei fazendo eu mesmo a letra, mas era algo que achava ter a cara do Gil e tal. E assim por diante. "Esta tem a cara do Paulinho"... Se bem que o Paulinho é o operário, né? Então ele é capaz de fazer qualquer coisa, e com aquela categoria dele, aquela qualidade, não é?

Engraçado, revisitando agora o álbum Passaredo, *vejo que há essa letra da Olivia, para "Meu Melhor Amigo", de eu lírico feminino; muitas letras do Ruy Guerra no feminino; tem "Luiza", que não é uma letra no feminino, mas dedicada a uma mulher... E ainda "Ave Maria", aquela com letra mais política do Vianinha...*
É, há uma presença feminina marcante, né?

Eu acho que a letra de "Meu Melhor Amigo" forma um contraponto interessante com as personagens femininas de Ruy Guerra que se expressam em primeira pessoa no disco: em "Meu Homem", por exemplo, a gente ouve coisas como "Meu homem não vale nada, eu sei/ Mas foi tudo o que encontrei"; em "Pouco Me Importa", há aquele negócio de "Pouco me importa a humilhação/ De te esperar de bar em bar", sempre apontando para uma mulher submissa, que sofre por seu homem. Mas na letra de "Meu Melhor Amigo", a personagem feminina se dirige a um homem dizendo coisas como "não chore, não", mostrando uma fragilidade masculina de forma bastante original.
Ela fez uma letra que não era para ser gravada, era um exercício em cima de uma música minha, como ela já havia feito antes, sem me mostrar. Mas acontece que essa ela me mostrou, e eu gostei muito. Ela não reconhece como uma obra que ela faria hoje. Mas eu gosto muito da letra, quando cantava em show me emocionava, uma vez me emocionei a ponto de não conseguir terminar a letra, comecei a chorar. É uma letra que me comove muito, mas a Olivia sempre diz que não faria hoje essa letra.

Que aspectos você acha mais marcantes da produção de letras da Olivia?

Eu acho que o traço mais marcante vem de uma imagem que ela costuma usar quando se refere ao fato de letrar uma música. Ela diz que, quando pega uma música, já está contida ali a letra. Ela usa muito uma citação do Rodin, dizendo que cabia a ele apenas descobrir o que estava por trás do mármore bruto para elaborar a escultura. Quando ela faz uma letra, ela não pega somente palavras para encaixar na melodia. Ela procura entender, na opinião dela, o que está contido na música. E até por causa disso, ela costuma demorar para entregar uma letra, às vezes nem consegue entregar. Ela é muito perfeccionista, e faz questão de encontrar essa identidade da música que a letra deve exprimir.

A Olivia frequentemente aparece como produtora artística, letrista e dona da gravadora em que você lança seus discos, atualmente; você, por sua vez, costuma aparecer como compositor, instrumentista e arranjador nos discos dela. Vocês são casados e estiveram desde o começo presentes na carreira um do outro. Dá para falar que, quando lançam um disco, essa obra é um pouco de ambos, embora o primeiro disco de fato assinado pelos dois conjuntamente tenha saído somente em 2011, o Almamúsica?

Sem dúvida. Cada vez mais temos um trabalho comum: troca de ideias, sugestões, caminhos, repertórios, escolha de tom, arranjos... É um trabalho cada vez mais entrosado. Quando faço um show sozinho, sinto que está faltando algo ali, um pedaço de mim.

"Anoiteceu" já era uma canção de onze anos quando você decidiu gravá-la no Passaredo. Você sabe, nesse caso em particular e em outros, o que te leva a resgatar uma canção antiga? É o critério de adequação a um álbum?

Bom, eu nem sei por que que eu não gravei o "Anoiteceu" naquele meu primeiro disco. Hoje em dia é uma das canções com o Vinicius de que eu mais gosto. Não sei, realmente... Também não sei por que não gravei o "Por um Amor Maior". Enfim, são coisas...

Há outros exemplos. A canção "O Tempo da Flor" você só foi gravar em 1982, mais tempo ainda depois da composição e da estreia em festival.

Muitas vezes, uma canção fica esquecida. Aí, pelo fato de eu não ter gravado, me dá vontade de registrar. Mas a tendência quando você faz um disco é querer gravar coisa nova, querer mostrar as coisas novas. Porque você fazer uma música e não mostrar para as pessoas é meio como se não tivesse feito.

Você sente pressão em seus shows quando toca coisas novas e a audiência quer ouvir os antigos sucessos?

Nos shows eu já não sou tão ousado, digamos assim. Gosto muito de fazer roteiros de shows. Quando eu vou montá-los eu penso muito no público; não adianta eu tocar duas músicas seguidas desconhecidas. No disco é diferente, você ouvindo em casa e tal, mas no show você tem que dar uma certa linha dramática ao roteiro, acho importantíssimo. Escolho a música que abre, a música que fecha e vou desenvolvendo. Às vezes tem textos no meio... Enfim, uma música leva à outra. Depende também da instrumentação: se for piano e voz, se for com uma banda...

A audiência de um show de música popular não quer só ouvir, ela quer reconhecer as canções.

Claro, claro. Exatamente. Porque senão não vai nem ouvir.

Mas de certo modo eu acho triste... Não é o seu caso, mas há artistas antigos que, quando vão divulgar um novo álbum, tocam só duas ou três canções do novo trabalho, ou até nenhuma.

É, tem de haver participação das músicas novas, ou também não faz sentido.

Na turnê do Navega Ilumina *(2014), você tocou praticamente o disco inteiro nos shows.*

É, só não entraram duas ou três. Se você tem uma banda, se você tem a possibilidade de fazer improviso, você tem a possibilidade de variar. Se for só piano e voz, de repente você tem menos armas para conquistar o público.

E o Passaredo fecha com "Luiza", outra parceria sua com o Chico. Você falou que veio de uma melodia antiga, da peça Dura Lex.

Exatamente. Era uma "Ode a Maria". É curioso.

E tem essa coisa de homenagear ao mesmo tempo a sua filha e a filha do Chico.

A terceira filha do Chico. As duas chamam Luiza, só que a dele é com "S", e a minha é com "Z", motivo de altas discórdias! [risos]

Entrevista

Ruy Guerra, Maria Lúcia Rangel, Olivia Hime, com Joana no colo, e Francis Hime, abraçando Maria, a filha mais velha, em 1975.

A BELA ADORMECIDA - DIANA

No mesmo ano de *Passaredo*, em 1977, saiu o primeiro compacto de Olivia Hime, com "A Bela Adormecida", de Francis Hime e Carlos Queiroz Telles, e "Diana", de Toninho Horta e Fernando Brant.

Parece muito evidentemente uma canção de ninar, mas você disse que originalmente a melodia era de uma ode. Isso nos faz pensar em como a letra pode alterar nossa percepção da música em uma canção.

Era uma passagem sem maior expressão na peça, não me lembro quem cantava.

Ah, esquecemos do "Maravilha", que tem uma coisa cubana já presente em "O Que Será", mas dessa vez numa música sua.

"Maravilha" surgiu junto com "Passaredo", numa noite em que eu estava tocando um tema no piano em forma de canção. Aí, ao mesmo tempo, eu fazia um contraponto com outra melodia, e duas canções vieram da mesma sessão.

Ainda em 1977, além do álbum Passaredo, você lançou a canção "Quadrilha" em compacto, parceria sua com Chico Buarque, cantada pelos dois no disquinho. No lado B, sua gravação para "A Dor a Mais", que já havia sido lançada pela Cybele. "Quadrilha" é outra canção feita para A Noiva da Cidade que acabou sendo lançada antes do filme.

É uma toada rápida. Um ritmo muito em voga naquela época. 1, 2, 3. 1, 2, 3. 1, 2. 1, 2, 3... né? Meio bolero, meio xaxado, o pessoal chamava de toada moderna.

Ritmicamente é muito instigante. E o Chico deu esse tratamento humorístico, um negócio que ficou muito...

Aquela letra é espetacular, né? No filme, o elenco todo cantava.

É uma canção que, acho, tinha potencial comercial para ser mais conhecida do que é.

No meu *Álbum Musical 2* a Ivete Sangalo gravou, ficou muito bom. Teve uma época em que eu cantava muito em shows lá pelo Nordeste. O pessoal pedia: "Toca 'Quadrilha'!", e tal... Eu terminava muitos shows assim.

Quem toca o acordeom nessa versão do compacto? É você mesmo?

Não sou eu. Será que foi Chiquinho do Acordeom?

Não é você? Você nunca tocou acordeom?

Toquei! Toquei, mas não... Não profissionalmente, eu tocava quando eu era garoto.

Mas em disco, não?
Não.

Fiquei com essa dúvida porque há uma faixa do seu álbum Pau Brasil, *"Rio Vermelho", em que, nos créditos do disco, aparece você ao piano, mas não ouço nenhum piano; em compensação, ouço acordeom, mas não está creditado ninguém ao acordeom...*
Eu devo estar tocando piano ali, com certeza. Deve estar mixado, talvez, de uma maneira em que o piano ficou um pouquinho atrás. Será que não tinha piano? Vai ver que não tinha, mas acordeom eu não toquei, com certeza que não.

Você nunca tocou acordeom profissionalmente?
Toquei uma vez num sarauzinho com a Stella Miranda, eu tocava acordeom, e ela dançava... [risos] Mas nunca mais toquei acordeom. Até falei para a Olivia: "Olha, nesse próximo trabalho seu, conforme for, eu vou tocar o acordeom [risos]". Retomar, relembrar mesmo.

E o seu violão, que você falou que você tocava desde cedo?
Eu tocava, mas aquela arranhada, né? Arranhando, violão de arranjador, aquela coisa.

Eu vi você tocando num programa do Rolando Boldrin.
Foi! Toquei o "Trocando em Miúdos", que é fácil, não tem muitas variações... "Anoiteceu", então... É mole tocar em lá menor. Uma vez, em Goiânia, eu fiz um show e toquei violão no meio da praça. Mas foram raras as situações. Eu fiquei mais íntimo do violão quando escrevi o *Concerto para Violão e Orquestra*, né? Aí eu ficava o dia inteiro em cima do instrumento.

O Passaredo *foi seu disco que mais vendeu? Foi sua época de maior exposição?*
Sim. A maior exposição comercial foi dessa época até... 1980, eu diria. Em 1980 eu fiz uma turnê com o Toquinho e a Maria Creuza pelo Brasil, foram 98 shows. Chegou a dar briga na porta com o pessoal querendo entrar, batemos todos os recordes do Teatro Guaíra em Curitiba, 2 mil lugares durante cinco dias; ficamos um mês no teatro da PUC [TUCA], mil lugares, em São Paulo. Enfim, foi uma época de muita exposição, né? As músicas no rádio, na novela... O Vinicius foi à estreia

Entrevista

197

desse meu show, no Teatro da Galeria, aqui no Rio, ficamos um mês. Era um teatro pequeno. Uma semana depois, na quarta-feira, dia da retomada da temporada, foi o dia exatamente em que ele morreu. Foi uma sessão feita com muitas lágrimas. Vinicius foi fundamental na minha carreira, a pessoa mais importante. Não só como primeiro parceiro, mas também como quem me incentivou a fazer música. Não tinha a menor intenção de fazer da música minha profissão. E incentivou a muitos outros também. Se eu não tivesse encontrado Vinicius, havia uma boa chance de eu ter preferido fazer engenharia. Foi meu padrinho musical, ninguém me conhecia...

As suas canções de maior sucesso popular foram sempre as parcerias com Chico Buarque, não?
Aham.

Você se ressente de algum modo quanto a isso, de ser lembrado sempre por suas parcerias com Chico, apesar de ter uma produção muito mais vasta?
Não, eu acho que a contribuição que Chico deu à minha música foi... enorme! Não só pela qualidade, como pelo nome dele mesmo. Enfim, é uma parceria... Ele e a Marieta são padrinhos da minha filha Luiza. A parceria com Vinicius me deu muita notoriedade, abriu portas, mas isso aconteceu ainda mais com a parceria com o Chico. Há muitas canções nossas que ficaram, as pessoas conhecem mais a minha obra do que propriamente meu nome. Há toda a qualidade do trabalho do Chico e também a notoriedade dele. Eu fico pensando, se essas mesmas letras com essa mesma qualidade tivessem sido assinadas por outro artista, talvez não tivessem a projeção popular que tiveram.

Você é um nome de referência no meio musical, mas o que é conhecido pelo grosso do público são basicamente suas...
As parcerias com o Chico...

... as parcerias com o Chico Buarque. E você parece muito sereno quanto a isso, não tem nenhum ressentimento...
Eu acho natural, acho natural. Isso contribuiu muito para que eu fizesse inclusive outras coisas que não poderia ter feito sem o reconhecimento do público e do meio artístico. Por exemplo, um dia chegou a Beth Carvalho para mim: "Poxa, esse samba que vocês fizeram! O que

que você tem mais aí, Francis?". Então a parceria com o Chico também me levou a outros caminhos.

Haja vista essa proximidade toda com o Chico, que além de ser seu parceiro, te deu grande notoriedade, foi padrinho de sua filha, compartilha com você posições políticas... Tenho de perguntar, o que levou essa parceria de tanto sucesso a acabar?

Eu acho que eu... Uma vez eu... Eu lembro da história de quando chegaram para o Cacá Diegues e perguntaram: "Por que seu casamento com a Nara Leão não deu certo?". Ele disse: "Como não deu certo? Nove anos, fomos tão felizes!". Quer dizer, no imaginário das pessoas, fica muito o negócio de "brigaram", "não deu certo". Mas é apenas algo passageiro, como foi com outros, o Vinicius, o Ruy Guerra — aliás, estarei neste fim de semana com ele. Fiz uma parceria enorme com essas pessoas, e de repente ela foi interrompida. É muito coisa de momento, uma parceria, né? De hábitos, aonde a vida te leva... Enfim... O meu contato com o Chico mais frequente não era nem através da música, era através do futebol. Ia sempre jogar lá no campo dele, o perna de pau que eu sou — que eu era, agora eu não jogo mais. Então, tem muita coisa de hábitos que você, em certa fase da vida, encontra mais. Mas as pessoas ficam pensando: "Pô, por que que terminou?".

É que além da questão do sucesso artístico da parceria, havia uma imagem de relação pessoal mesmo entre vocês dois, de amigos. Você vê o Chico?

Ah, raríssimas vezes. Outro dia, a Joana, minha filha do meio, estava trabalhando na dissertação de mestrado dela, sobre nossa parceria, e foi entrevistar o Chico. Aí ela lembrou do episódio em que, depois de eu apresentar "A Grande Ausente" no festival de 1968 em São Paulo, o *concierge* do hotel em que eu estava me entregou, meio constrangido, um bilhete que dizia: "O sr. Chico Buarque ligou do Rio mandando um abraço e dizendo que o ama". Aí ele disse para a Joana: "Olha, diz a teu pai que aquele bilhete ainda tá valendo, hein!". Mandou o recado, né?

Então não ficou nenhuma... Vocês não romperam, brigaram, saíram xingando um ao outro, alguma coisa assim?

Não, não! [risos] Pelo contrário... A gente deixou de se ver, deixou de se encontrar. Enfim, a vida... Leva a gente, às vezes. Mas o Chico inclusive grava lá na Biscoito Fino, às vezes eu cruzo com ele lá.

Entrevista

Toquinho e Francis Hime ensaiando na casa deste em 1980.

Toquinho, Maria Creuza e Francis Hime em foto de divulgação da turnê dos três artistas pelo Brasil em 1980.

Toquinho e Maria Creuza foram parceiros constantes de Vinicius de Moraes em shows e discos no Brasil e no exterior, como neste registro de uma apresentação em Buenos Aires, em 1970. Vinicius faleceu em 9 de julho de 1980, quando Francis Hime, o violonista e a cantora estavam em temporada no Rio.

Depois do "Vai Passar", você tentou fazer mais alguma coisa com ele?

Quando eu fiz o *Álbum Musical*, ele cantou "Sem Mais Adeus". Aí eu até mandei umas músicas para ele fazer, mas não saiu. Às vezes não sai a letra, né? E também há uma dificuldade, quando você tem uma parceria muito exitosa. Eu não sei até que ponto você consegue reeditar, foi um pouco aquela coisa do "dá para fazer um novo 'Atrás da Porta'?". Mandei umas duas canções para ele, mas ele não conseguiu fazer, não veio uma ideia. O Chico tinha muito essa coisa de ter uma ideia para uma música. Não era propriamente a dificuldade artesanal que pegava, era ter uma ideia, uma ideia que encaixasse.

Sim, já vi várias declarações dele nesse sentido, tanto para as canções quanto para as ideias literárias, que uma vez que a coisa engrena, vai.

É, como no "O homem vem aí", que desencadeou toda a canção "Passaredo", veio essa ideia. Por isso a coisa da música de encomenda com ele funcionou sempre muito bem, uma peça de teatro, um filme. Mas, sei lá... Parceria, às vezes... Você perde o hábito, você perde a manha, não sei. Nos tempos em que a gente compunha muito, nos primeiros anos, as músicas eram mais... Saía mais facilmente alguma melodia. A própria "Embarcação", que ele fez em 1982, uma das últimas que a gente fez, o Chico me ligava: "Francis, você acha que ela é uma versão mais curta? Mais longa?". E eu: "Não sei, Chico! Você que sabe!". Eu já tinha feito a gravação para o meu disco, mas tinha um disco da Simone que teoricamente sairia mais cedo, com a mesma canção. Aí eu disse: "Olha, a gravação que eu fiz, mais curta, é melhor do ponto de vista sonoro, mas quem sabe a versão mais longa não fique mais bonita do ponto de vista literário?". Quer dizer, tinha essa dificuldade. A Simone acabou gravando a canção com uma estrofe adicional. Como eu já havia gravado a trilha instrumental de uma versão mais curta para o álbum *Pau Brasil*, não cantei essa estrofe.

Mas se você compuser uma música agora, o que o impede de mandá-la para o Chico?

Nada.

6. Abertura a novos ritmos e parceiros (1978)

A diversidade rítmica — Incentivando letristas bissextos — Coincidências de carreira com Edu Lobo — Os *hits* em potencial — As autocitações como marca — O desapreço pelos Beatles (e por Mozart!) — A influência espanhola — Trabalhando em dois arranjos para uma mesma canção

Se Porém Fosse Portanto, de 1978, foi seu álbum logo depois de Passaredo, *numa fase muito prolífica para você. Em entrevista, vi você se referindo a ele como o disco seu ao qual você tinha mais reservas. Permanece essa visão?*

Não sei se hoje em dia eu diria isso. É um disco bastante diferente do *Passaredo*, no sentido de que talvez tenha alguns temas mais populares.

Em relação ao seu primeiro álbum, Passaredo *já era um disco mais descontraído.* Se Porém Fosse Portanto *é mais ainda.*

Havia uma preocupação com a diversidade de gêneros.

Sim, muitos ritmos diferentes. E há diversidade de parceiros também. Além de Chico Buarque, Ruy Guerra e Vinicius, então suas parcerias mais constantes, que aparecem representadas de novo, há novas parcerias com Olivia, que já havia sido creditada em uma única canção do Passaredo; *há também parcerias com Renata Pallottini. Carlos Queiroz Telles. e aparecem suas primeiras canções com Cacaso, que acabou sendo um dos parceiros mais constantes seus; ainda há uma parceria muito interessante com Edu Lobo.*

"O Sim pelo Não", nossa única parceria.

Aliás, essa canção é a primeira de uma constante muito interessante na sua obra, que é a capacidade sua de extrair letras de compositores que, na maior parte das vezes, trabalham com a parte musical da canção, e atuam apenas de maneira bissexta como letristas. Como é a história da criação dessa canção? Pedir uma letra para o Edu Lobo parece um pedido inusitado.

Entrevista

Eu lembro que ele começou a fazer a letra num dia em que eu estava na casa dele. Estávamos juntos com a Olivia e com o Johnny Mandel. O Mandel ficou louco com a música! No dia seguinte, ele voltava para Los Angeles, me ligou do Galeão, do orelhão — não tinha celular na época —, e disse brincando: "How much? I want to buy it". Eu falei: "Ok, you give me 'The Shadow of Your Smile'" [risos]. E o Edu começou a fazer, não sei, de farra, a letra, e se encantou com a ideia. Eu tenho a vaga lembrança de que ele terminou a letra nessa noite mesmo.

É uma letra muito bonita. Aliás, as poucas letras que o Edu fez para as músicas dele mesmo são muito boas.
Ele devia fazer mais! É, ele tem poucas letras, umas quatro ou cinco, talvez. "Borandá", acho que "As Mesmas Histórias".

"O Sim pelo Não" não chega a ser, como chamamos aqui, uma canção de verso com ritmo fixo, mas há uma grande insistência em tercinas. Creio que é preciso, tanto na construção melódica quanto na interpretação, um grande cuidado para essas tercinas todas não acabarem resultando em algo tedioso, repetitivo.
É verdade. Mas essa é uma característica muito frequente na minha música, e que acontece mais quando eu faço a música antes, porque nem sempre quando eu musico um poema eu tenho essa possibilidade de trabalhar as células.

Gosto muito dessa gravação de "O Sim pelo Não", sem percussão, com essas frases de piano agudas e as cordas.
Isso no disco de 1978, depois eu a regravei [para o álbum O *Tempo das Palavras... Imagem*, de 2009] com um quarteto.

Gosto mais dessa gravação original. É uma canção tão grandiosa que, acho, o álbum deveria se encerrar com ela. Na disposição das faixas, você colocou depois "Terceiro Amor", uma canção bonita, mas acho que acaba meio eclipsada, por ser mais delicada.
É, é mais leve. "O Sim pelo Não" é bem expressiva.

É uma dessas canções suas que, na minha opinião, mereceria mais reconhecimento popular.
Não é uma canção fácil de cantar, eu imagino. Por causa dos intervalos. Tem essas sutilezas melódicas.

Há intervalos difíceis e há a repetição de tercinas. Tem que se saber trabalhar a dinâmica e a divisão. Ou pode ficar muito quadrado. Mas a sua interpretação foi muito boa.

É, eu gosto daquela interpretação. Mas, enfim, eu imagino que não tenha tido tantas gravações mais por essa dificuldade, né?

Mas há canções dessa época muito difíceis, ou que exigem uma tessitura muito grande, como "Beatriz" [de Edu Lobo e Chico Buarque, 1983] ou "Luiza" [de Tom Jobim, 1981], que tiveram muitas gravações.

É verdade. Mas aí são canções que tiveram divulgação muito forte, "Luiza" por causa da novela, e "Beatriz" por causa da própria gravação do Milton, né? É também o caso de "Atrás da Porta", teve a gravação da Elis, então as pessoas tendem a gravar mais.

Queria que falasse um pouco mais sobre o Edu Lobo. Vocês têm carreiras que se prestam muito a comparações: começaram na mesma época, eram amigos, trabalharam com muitos letristas em comum e até trocaram de namoradas, pelo que me contou! Depois de "O Sim pelo Não", nunca veio a ideia de novas colaborações entre vocês? O distanciamento na convivência com ele também é uma das "coisas da vida", sem muita explicação, que você costuma mencionar sobre outros colegas músicos?

O Edu é um compositor sensacional, maravilhoso. Nós começamos juntos, éramos muito, muito ligados, talvez na época meu melhor amigo fosse o Edu. Tivemos um começo muito parecido, os mesmos parceiros... Ele me apresentou Elis Regina... Nós tínhamos carreiras muito próximas, muita convivência, troca de figurinhas... Eu dava sugestões nas músicas dele, ele dava nas minhas... Nós fomos para Los Angeles, nos encontrávamos bastante, embora a casa dele fosse distante da minha. Tive muito contato até certo ponto da minha vida, e depois deixamos de nos ver. Não temos mais essa intimidade, essa proximidade. Mas não houve nenhum entrevero, a vida que nos levou para caminhos diferentes. Eu adorei fazer esse trabalho agora [*O Espelho de Maria*, de 2018, álbum de Olivia Hime dedicado ao repertório de Edu Lobo, Dori Caymmi e Francis Hime, com arranjos de Paulo Aragão e dos próprios Francis e Dori], porque escolhi junto com Olivia as músicas dele. Tive oportunidade de ouvir muita coisa dele que inclusive eu não conhecia ainda. É um dos grandes compositores brasileiros vivos.

A gente já falou que seus sucessos populares estão vinculados às parcerias com o Chico Buarque. Há alguma canção sua pela qual você esperava receber mais reconhecimento popular do que efetivamente recebeu?
De músicas que não tenha feito com Chico?

Sim.
Talvez o "Sem Mais Adeus", que é uma música que tem uma característica bastante popular, não é uma música difícil.

Quando eu penso nisso, eu penso em "Clara" muito fortemente. Há um refrão marcante, havia o mote da homenagem a Clara Nunes. Tinha tudo para ser um grande sucesso.
É, "Clara" podia ser, é. Uma canção com o Chico que a gente achava que ia ser um sucesso incrível, o samba do verão, foi o "Amor Barato", a gente achava que ia estourar. Fez sucesso, mas não como a gente imaginava. "E Se" também, talvez tenha aparecido mais por causa da brincadeira com o Botafogo, não é? Enfim, também foi uma música de trabalho e tal.

Ainda no Se Porém Fosse Portanto, há as primeiras gravações da sua parceria com o Cacaso. Como você o conheceu?
Não sei muito bem como o conheci, será que foi pelo Edu? Eu não lembro como é que eu conheci o Cacaso, mas nós éramos muito amigos. Ele vinha muito lá em casa, ficava jogando conversa fora. A gente tinha planos de fazer um musical infantil, do qual uma das músicas a gente chegou a fazer, o "Patuscada". Outras duas canções desse musical a gente chegou a fazer, mas ficaram no papel.

No caso da parceria com ele como o processo se dava? Você musicava poemas dele?
A maior parte eu acho que eram poemas que eu musicava, mas algumas, "Patuscada", por exemplo, eu fiz antes a música, com certeza. "Ribeirinho" eu não sei se musiquei, ou se eu fiz a música antes. A maior parte era poemas musicados sim.

Na canção "Se Porém Fosse Portanto", que acabou sendo o título do disco, os versos são redondilhas maiores, bem ao gosto do Cacaso, mas você desconstrói essa métrica com sua divisão, há muitas alterações de tempo, quebra de versos, acelerações e desacelerações...

É, e é uma música difícil de cantar, porque não tem muito espaço para a respiração. É uma espécie de toada, um xaxado lento, a própria letra me levou para isso. Antes disso, acho que não tinha feito nenhuma música com esse ritmo. Tem um sabor nordestino, não sei se veio de alguma sugestão de Cacaso.

Já "O Terceiro Amor" é uma bossa, não?
É um samba-canção, mais chegado à bossa nova. Inclusive, quando eu gravei, no final, faço uma frase do "Trocando em Miúdos" em forma instrumental, que remete à canção que eu havia gravado no ano anterior.

Há algumas autocitações na sua obra, como você já havia feito no arranjo de "Trocando em Miúdos" para o álbum do Chico, em que cita "Atrás da Porta".
É, é. Eu gosto de eventualmente fazer essas ligações.

Nessa linha de fazer do Se Porém Fosse Portanto *um disco mais leve, há ainda "Desembolada", que também tem esse sabor nordestino.*
"Desembolada" é uma parceira atípica com o Chico, porque foi a única parceria que ele fez a letra primeiro. Era para o filme *A Noiva da Cidade*, não é?

Sim, as canções de A Noiva da Cidade *foram aparecendo em discos distintos, e o filme não saía.*
É verdade, o filme saiu depois. Foi o trabalho em que comecei a trabalhar mais com o Chico mesmo. Antes disso, tínhamos feito só "Atrás da Porta" e "Valsa Rancho". Depois de *A Noiva da Cidade*, aí pegamos o hábito de compor: "Vamos nessa".

"A Noite", com a poeta Renata Pallottini, está em um compasso ternário acelerado, não sei bem como classificar...
"A Noite" foi uma encomenda para algo da TV Tupi, se eu não me engano. Quem a gravou primeiro foi a Fafá de Belém. É uma valsa acelerada mesmo, ou um *pasodoble*. Esse disco se caracteriza um pouco pela diversidade rítmica, né?

É um grande contraste para quem tinha iniciado a discografia solo com um disco muito orquestral.
Sim, em *Sonho de Moço* voltei a um disco mais denso.

Com o Carlos Queiroz Telles foi a mesma circunstância, você pegou um poema de um autor que você não conhecia pessoalmente. "Demolição" é um blues...

Sim, um blues, um gênero pouco habitual na minha carreira. Estava ouvindo essa canção outro dia, eu não lembrava, gostei dela. Tem uma trompa lá no meio do arranjo que é curiosa, uma sonoridade...

Foi a primeira vez em disco que você registrou algo puxado para o blues, embora na trilha de O Homem que Comprou o Mundo *já houvesse algo nesse sentido. Isso me traz o assunto de que há certa tendência combativa da crítica musical — o nome do Tinhorão é o mais famoso nesse sentido — contra o que é visto como influência americana na música brasileira.*

É o purista. É besteira, né? É besteira. Porque a música, não importa de onde venha, se você gosta, se aquilo te emociona, você reelabora aquilo da tua forma. Desde que você goste... Muitas vezes uma influência que vejo admitida pela maior parte dos compositores brasileiros, e que a mim nunca me tocou, foram os Beatles. Não me dizem nada, nunca gostei dos Beatles. Mas a maior parte dos compositores gosta. A influência do rock, aquilo não me emocionou, digamos assim.

Por falar em influência do rock, como você, que já havia feito arranjos para Gil e Caetano, recebeu o movimento da Tropicália, que causou certa cizânia na música brasileira?

Recebi de maneira natural. Acho que todas as influências são muito bem-vindas. A riqueza da música brasileira é... Talvez seja o nosso maior tesouro, né? Eu acho que a Tropicália veio em muito boa hora, eu já conhecia Caetano e Gil há bastante tempo.

Porque, na sua geração, quem usou mais essa influência do rock na canção brasileira foram os tropicalistas. Mas também há outros nomes, como o de Dori Caymmi, que têm até uma postura de se posicionar abertamente contra o rock.

Dori é mais purista, né? Mas eu acho que o importante talvez não seja tanto a questão ideológica, mas o gosto mesmo, se você tem alguma identidade com aquilo. Na música clássica, por exemplo: eu adoro música clássica, mas de repente eu não gosto de Mozart. Meu professor, Paul Glass, dizia: "Como é possível um compositor que não gosta de Mozart?". Pô, eu não gosto, mas admiro. Acho sensacionais aquelas construções dele, o equilíbrio, mas não me toca. Já Beethoven, por exemplo, eu gosto. Vai entender por quê, né?

Temos ainda, no Se Porém Fosse Portanto, *suas duas últimas parcerias com o Ruy Guerra por muito tempo, "Ieramá" e "Ode Marítima".*
"Ode Marítima" eu fiz antes, ele letrou; com "Ieramá" foi o contrário, eu musiquei.

"Ode Marítima" é uma música que evolui sem repetições, tem uma cara de música de câmara...
É uma das músicas que eu fiz lá atrás, era um tema antigo, que eu tinha ainda na década de 1960. Tem o mesmo início da melodia de "Por um Amor Maior", com uma inversão. Então são músicas, melodias, temas, esboços...

... parentes...
... que foram meio que pensados mais ou menos na mesma época. Às vezes fica um tema lá na gaveta, eu esqueço dele, e aparece muito tempo depois.

Engraçado você falar que "Ode Marítima" era um tema antigo. Confirma minha impressão de que nessa época, 1978, você estava trabalhando com temas mais simples, de inspiração popular. A maioria das músicas mais líricas do álbum é resgate de épocas anteriores da sua carreira, como "Maria", "Saudade de Amar"... "Ieramá" mesmo já se enquadra nessa vertente mais simples, e é atípica dentro da sua parceria com o Ruy Guerra, que tende a canções mais solenes.
O "Ieramá" é um poema que eu musiquei, então já é um outro processo. Tem uma segunda parte em que ela fica mais romântica. Mas é uma música atípica, uma espécie de afro.

Depois disso, você só retomaria a parceria com o Ruy Guerra muitos anos depois, no álbum da Olivia Palavras de Guerra *[2006], que tinha uma canção inédita...*
"Corpo Marinheiro". É, não sei, o Ruy... A gente compunha bastante, de repente a gente deixou de se ver, enfim... É o tal negócio da vida levando para outros caminhos, né? E quando Olivia fez o *Palavras de Guerra* em homenagem a ele: "Ah, Ruy, vamos fazer uma canção, dá uma letra aí para eu musicar". Porque a gente tinha esse hábito de se en-

Entrevista

contrar: "Vamos fazer"... Geraldinho agora, por exemplo, fica reclamando: "Pô, muito tempo que a gente não faz uma música". É, pois é, vamos nos encontrar!

Com o Geraldo Carneiro, pela maneira como você fala do seu cotidiano, parece que ele ocupa essa posição que o Vinicius tinha nos anos 1960, depois o Chico nos anos 1970, de ser um parceiro que é muito próximo também no nível pessoal, de amizade, de ligar, sair junto, essas coisas.

É, mas com o Geraldo, a maior parte das nossas parcerias vem de poemas que ele me manda por e-mail. Eu musico e, eventualmente, perto de eu fazer um disco, aí eu faço uma série. Antigamente existia mais esse hábito de você se encontrar e fazer junto. Com o Ruy, com o Chico, com o Vinicius. Depois isso se perdeu um pouco. Pelo menos comigo, não sei se com todo mundo é assim.

Imagino que sua vida social de moço também devia ser mais movimentada.

É verdade. Tem a ver com isso também.

Ainda há no Se Porém Fosse Portanto *duas parcerias suas com a Olivia. "Santa Tereza" tem uma coisa de ternura e nostalgia que se firmaria como uma marca na poética da Olivia. E tem uma estrutura musical curiosa, eu anotei como ABCAD: três temas distintos, repete o primeiro e finaliza com um quarto diferente.*

Sempre ela letra depois, eu faço a música antes. "Santa Tereza" é uma espécie de toada também, tem uma estrutura menos comum, né? [cantarolando] É curioso, é curioso, não sei de onde eu tirei essa ideia melódica, [cantarolando] uma coisa um pouco... Uma ideia um pouco jazzística, meio blues, né? [cantarolando] Aí entra uma espécie de "My Funny Valentine" [cantarolando].

Há um cruzamento, algumas notas têm esse sabor meio americano, mas com um acompanhamento rítmico de samba-canção puxado para bossa nova, muito leve, favorece essa coisa nostálgica.

É, é. [cantarolando] É uma melodia difícil de cantar! [risos] Tem um pouco de "Retrato em Branco e Preto" aí também, né? [cantarolando] Enfim, são coisas que me vêm à mente agora, nunca tinha parado para analisar a melodia.

Sua outra parceria no disco com a Olivia é "Três Marias".

"Três Marias" originalmente foi feita para o *Auto de Natal* da Cecília Meireles. É curioso porque desse *Auto de Natal* surgiram melodias que depois ganhariam outras letras: além de "Três Marias", "Homem Feito", que acabou sendo minha primeira parceria com o Milton Nascimento. Tem muito essa coisa, né? Às vezes eu tenho melodias que reaproveito. Eram de uma peça de teatro, alguma coisa que ficou lá esquecida, e de repente eu uso em outro contexto.

E há um tema instrumental no álbum, "Joana".

Eu me lembro que eu tocava muito isso em shows com a banda, tinha um saxofonista sensacional, Oberdan Magalhães. Solava isso como ninguém.

No disco tem solo do Márcio Montarroyos, né?

É, mas o Oberdan tocava em shows. Com o Márcio só fiz um único show junto com ele.

Como você define "Joana"?

[cantarolando] Um *pasodoble*, não é? Influência espanhola.

Parece-me que há algo cigano aí, não sei.

Sim. Aparece também em "Pássara"... E no "Há Controvérsias", que eu fiz, e depois o Paulinho Moska letrou. Inclusive a estrutura harmônica é muito parecida nessas três músicas. Para o "Pássara", o título, antes de ganhar letra com o Chico, era "A Espanhola"; para o "Há Controvérsias", era "Espanhola nº 2".

Na gravação de "Joana" há castanholas, inclusive.

É provável que tenha... Essa vertente espanhola, eu gosto muito. O flamenco... E aparece na música clássica também, eu tocava muito Albéniz quando estudava piano clássico, eram coisas que eu achava muito interessantes. O *Se Porém Fosse Portanto* é um disco que se caracteriza por essa diversidade rítmica mesmo.

Anos depois, você comporia outra "Joana", dessa vez uma canção com letra do Toquinho.

Joana era o nome previsto para a nossa primeira filha. Naquela época, a gente não sabia nem o sexo, se seria Joana ou João. Quando nasceu,

Olivia e Francis Hime com Milton Nascimento,
Toninho Horta, Novelli e outros em Três Pontas, MG, em 1977,
por ocasião do show em homenagem a Milton em sua cidade natal.

A partitura de "Pivete", composição de Francis Hime
com letra de Chico Buarque, sucesso do LP de Francis
Se Porém Fosse Portanto, lançado em 1978.

aí eu cheguei para a Olivia e disse: "Pô, nasceu uma Maria, tem cara de Maria". Joana foi nossa segunda filha. Além dessa música que aparece no *Se Porém Fosse Portanto*, "Joana" é o título da primeira peça clássica que escrevi, enquanto estava morando nos Estados Unidos, para flauta, oboé e clarinete. Muitos anos depois, ainda haveria uma terceira música "Joana", o Toquinho fez a primeira parte, eu desenvolvi, e depois ele pôs letra.

E para encerrarmos a conversa sobre o Se Porém Fosse Portanto, *há "Pivete", que abre o disco, foi canção de trabalho.*

Nesse disco há uma introdução com flautas para o "Pivete". Mas na gravação da mesma canção para o disco do Chico, fiz uma outra introdução, e hoje em dia esse é o arranjo que eu uso mais em shows. Tem uma ideia rítmica que abre muitas possibilidades de improviso. O arranjo do meu disco é mais calcado na melodia, funciona quando se tem uma orquestra para executar. Enquanto que o outro arranjo... Pega um sax, ou uma guitarra, já dá o recado. É um tipo de acréscimo em que o arranjador aparece, dá essa contribuição... Essa frase ficou meio que incorporada à música, não é? Só que, no caso, o arranjador e o compositor se confundiram. Foi uma canção de bastante sucesso, sempre toco em shows. E como dá margem a muito improviso, as pessoas adoram.

7. Múltiplas facetas do artista:
trilhas, arranjos, canções (1979-1982)

Trilhas rentáveis — A linha dos sambas de morro — A parceria com Cacaso — Plágio involuntário — Gravando com a filha — Mudanças na instrumentação — Compondo a mesma música pela segunda vez

Em 1979 você não lançou disco, mas foi o ano em que fez a trilha para a peça O Rei de Ramos, *do Dias Gomes.*
E fiz os arranjos para o disco da *Ópera do Malandro*, do Chico.

Dois projetos de grande fôlego! E ainda nesse ano, fez também a trilha para A Menina e o Vento *[peça de Maria Clara Machado].*
Foi a primeira direção da Marília Pêra. Olivia fazia uma das tias da peça, a tia Adelaide.

Essa peça ainda rendeu a canção "A Menina e o Vento", uma canção inédita em disco.
É uma espécie de [batuca o ritmo] música *showtime.*

E 1979 ainda teve sua última trilha para cinema por muitos anos, República dos Assassinos *[de Miguel Faria Jr.]. Mas não havia muitos temas originais, era mais o desenvolvimento da canção do Chico "Não Sonho Mais".*
É, no *República dos Assassinos* era mais música incidental, não tinha nenhum tema... Quer dizer, tinha temas... Mas não havia melodias que se caracterizassem, eram motivos incidentais.

Da peça O Rei de Ramos, *foram gravadas posteriormente três canções. A faixa-título, "Canção de Pedroca" e "Qualquer Amor".*
Havia também várias peças instrumentais, eu perdi as partituras. Não sei o que houve, mistério. Eram balés. Tinha uma banda boa, uns doze músicos.

Mas entre a relação que levantamos de suas canções, há ainda "A Zooteca" e "Cartel".
Essas duas eu relembrei, são temas que eu compus e Chico letrou.

Entrevista

E você acha que elas não sobrevivem fora do contexto teatral?

Fora da peça, não. Havia ainda outras canções que eu esqueci completamente, o "Samba do Dr. Vidigal" e o "Bolero do Brilhantina".

Logo no seu álbum seguinte à peça, o Francis, *de 1980, você gravou "O Rei de Ramos", um samba com uma levada afro. Naquele disco de homenagem ao Jorge Amado [2008] você o mescla com "Anoitecer", são sambas parentes.*

Esse tipo de sambão eu costumo chamar de samba de morro. Geralmente é em tom menor, como "Anoiteceu", como o "Disfarçando", o "Choro Rasgado", que apesar do título, é mais chegado ao samba, "O Rei de Ramos" certamente, "Descompaixão", que a Zélia [Duncan] gravou...

A segunda canção da peça a ter registro em disco foi "Canção de Pedroca", gravada em 1983 pelo Jessé.

Ele morreu, né? Ele tinha uma voz muito bonita. A crítica torcia um pouco o nariz para ele. Lembro quando a gente foi mostrar "Canção de Pedroca" para o elenco. Todo mundo reunido no Laura Alvim, tinha um piano lá, comecei a tocar, Chico do lado... A canção é uma brincadeira, né? O elenco prestando atenção, e a gente contendo o riso, porque é engraçado.

A outra canção da peça a ser gravada foi "Qualquer Amor", que só tem um registro, com a Olivia cantando em seu disco Essas Parcerias *[1984]. É engraçado porque, dessas canções da peça, "O Rei de Ramos" e "Canção de Pedroca" têm um quê humorístico, enquanto "Qualquer Amor" é bem solene, dramática. Curioso como a mesma peça comporta uma variação tão grande de tons nas letras do Chico.*

Além dessas, a peça também tinha outras canções com letra e música do Chico, "Amando Sob os Jornais" e "Dueto", essa foi bastante gravada. *O Rei de Ramos* foi uma peça de um sucesso, assim, retumbante, foram uns oito meses em cartaz no Teatro João Caetano, oitocentas pessoas em média por dia, de quarta a domingo, de seis a sete sessões semanais. Não sei por que não foi para São Paulo. Foi uma superprodução, ganhei bastante dinheiro com ela [risos].

E ainda de 1979 é a gravação do disco com as canções da peça Ópera do Malandro, *para o qual você fez os arranjos.*

Também foi um grande trabalho. No final tem a parte da ópera, uma ópera dentro da ópera, e tinha uns quarenta músicos gravando em dois estúdios contíguos, e era tudo gravado junto. Se alguém errasse, tinha que retomar. Às cinco e meia da manhã, o produtor, Sérgio Carvalho, dizia, "gente, agora não dá mais". Os músicos ganhavam por período, então ele foi para dentro da sala de gravação.

Em 1980 você fez a trilha para a peça Foi Bom Meu Bem, *direção de Wolf Maya, texto de Alberto Abreu. Este você falou que você não conheceu também?*
Não, Alberto Abreu não.

Para a peça há uma série de canções feitas em parceria com ele que nunca foram gravadas, com exceção de "O Sinal".
Eu não me lembro das outras, inclusive eu não tenho cópia disso. Mas "O Sinal" eu gravei no *Essas Parcerias*, com a Simone.

Eu tenho restrições a "O Sinal", por conta das irregularidades em frases melódicas similares, para caber a letra, provavelmente.
Sei. É um poema musicado. Tem umas frases ali que parece que a música tá correndo atrás da letra, né?

Exato. Fica uma coisa meio Belchior.
Exatamente.

Mas como o estilo do Belchior é muito prosaico, cai melhor. Esse tipo de recurso em sua música me soa estranho. Embora eu goste muito da interpretação da Simone para o disco.
Muito bonita.

Seu disco Francis, *de 1980, é um disco em que vejo mais densidade do que no anterior, o* Se Porém Fosse Portanto. *Isso quebra um pouco o modelo de fazer discos cada vez mais leves, desde sua estreia solo com aquele álbum muito orquestral.*
Sim, mas este abre com o "E Se", um samba bem popular, não é? E tem também muita coisa com o Cacaso.

Muita, é um disco marcado por essa parceria. O "E Se" é uma daquelas canções em que há versos de ritmo fixo.

Entrevista

Quando eu fiz a música, era como uma canção lenta. Eu me lembro, tenho até essa fita cassete em que eu a descobri tocada assim.

Todas as células rítmicas pedem oxítona no final, dificultando a vida do letrista.

É, o Chico resolveu muito bem, com aquelas tiradas. "E Se" faz muito sucesso no show, faço essa brincadeira do futebol, chego nas cidades, troco o nome do time e tal.

A seguir vem "Cabelo Pixaim", letra do Cacaso com redondilhas maiores. E nesse caso, que na visão mais óbvia se resolveria com células rítmicas repetidas, você faz variações. Há ainda uma linha de baixo muito marcante, que você usa de maneira muito similar na canção "Estrela do Mar", parceria sua com Olivia que entrou no primeiro álbum dela.

Sim, e essa linha de baixo se repete tanto na primeira como na segunda parte. É uma marchinha. Não diria que é uma marcha-rancho, é uma marchinha mais de andamento médio. E aproveitei para colocar aquele vocalise que a Olivia faz, em "Cabelo Pixaim".

Depois tem "Pássara", que já comentamos brevemente.

O Chico fez a letra para uma peça, *Geni*. Tocaram numa novela da Globo, então era uma música que eu me lembro de executar em shows, as pessoas gostavam muito. Cantei com o Chico no disco.

"Navio Fantasma", parceria com Paulo César Pinheiro, é outra canção de verso de ritmo fixo. Uma linda canção, pouco conhecida.

Se eu não me engano, é um poema do Paulinho que eu musiquei. Gravei só com piano e cello.

Até aqui, no disco, já temos "E Se", um samba, "Cabelo Pixaim", uma marcha, "Pássara", com essa característica espanhola, "Navio Fantasma", que tem uma coisa de canção de câmara, e seguimos com "Baião do Jeito", de levada nordestina.

Outro poema musicado. São várias parcerias com o Cacaso nesse disco.

Sim. Do Cacaso ainda temos aqui "Elas por Elas"...

"Elas por Elas" eu me lembro que tocava muito com o Toquinho no show que fiz com ele em 1980. Acho que só tem essa gravação mesmo de

"Elas por Elas". Tenho a impressão de que essa o Cacaso letrou. Acho que é uma melodia original minha. [cantarola] Não sei, não me lembro...

Tem essa coisa constante nas letras do Cacaso, de mostrar um personagem em eterna busca, uma pessoa em situação desajustada.
É...

Da sua parceria com ele ainda há no álbum "Marina Morena", uma referência clara ao Caymmi.
Essa eu fiz a música antes com certeza, é uma espécie de toada. A segunda parte lembra muito o "Marina", do Caymmi, aí o Cacaso foi perspicaz para fazer a citação.

É um arranjo muito elaborado, com sopros e, depois, cordas. É curioso porque você produziu muito com o Cacaso, foi um de seus parceiros mais constantes, mas as canções com ele de repente não tiveram muita ressonância.
Não tiveram muito sucesso, é. Em shows, o "Cabelo Pixaim" fazia bastante sucesso... "Terceiro Amor" foi tocada um pouquinho em rádio, vejo pelo Ecad [risos]. Tinha arrecadação razoável, mas, realmente, não há nenhum *hit*, assim, na parceria.

E é ainda desse disco "Meio Demais".
"Meio Demais", então, inteiramente desconhecida. Quem adora essa é o [produtor] Moogie Canázio. A gente tinha um projeto de levar para os Estados Unidos versões em inglês, e o "Meio Demais" era uma das favoritas dele. Eu fiz a música antes.

Tem um encadeamento harmônico que...
É toda jazzística.

E vai num crescendo que ressalta a melancolia, o casamento de música e letra é perfeito. A parte do "enfim, goste de mim" está muito bem cantada por você, passa uma grande sensação de desamparo.
Merecia uma divulgação maior.

E fechando o disco temos "Grão de Milho", deve ser a minha preferida entre as suas parcerias com o Cacaso.
Depois o Renato Braz gravou.

Entrevista

Por meio da gravadora Som Livre, com a qual trabalhou de 1977 a 1985,
Francis Hime teve uma excelente divulgação comercial de seus discos,
além da inclusão de diversas músicas em novelas da TV Globo.
Acima, display com a capa do LP *Francis*, de 1980.

Danilo Caymmi, Francis Hime e Olivia Hime,
na época de lançamento do LP *Francis*.

O álbum *Francis* trouxe duas parcerias com Chico Buarque oriundas do teatro: "Pássara", de *Geni*, e "O Rei de Ramos", da peça de Dias Gomes.

Sim. O seu álbum de 1980 abre e fecha com duas canções de verso de ritmo fixo. Uma um samba bem agitado, outra uma canção bem lenta, em crescendo. Uma mesma frase rítmica com muitas modulações.
É um desenvolvimento interessante.

E a versão do Renato Braz ficou uma coisa espantosa, acho a faixa mais bonita do Álbum Musical 2.
É bonito, né? Ele chegou aqui de São Paulo, me encontrou lá na Biscoito Fino. Gravamos juntos, e ele voltou no mesmo dia, nem ensaiamos nada. Foi uma coisa muito espontânea, sem ensaio mesmo, "vamos lá". De repente, no primeiro take... Essas coisas que acontecem, às vezes.

"Flor do Mal", parceria sua com Tite de Lemos, é a primeira canção a aparecer num disco seu sem acompanhamento de piano.
Sim, só flauta e violão, dos irmãos Caymmi.

No final há uma citação de "Meditação".
Exatamente. Um clima bem bossanoviano.

Com a Olivia, para o Francis, *você fez "Cinzas" e "Parintintin".*
Quando fiz "Cinzas", era muito parecida — a ideia, a lógica — com "Adiós Nonino". Mostrei a música a um grupo de amigos, entre eles Novelli, "ô, gente, essa música parece com alguma coisa que eu não sei que que é...". Eles: "Não, parece nada" [risos]. Aí, no meio da noite, eu me lembrei, liguei: "gente, vocês não perceberam, é a música mais conhecida do Piazzolla!". Quando eu identifiquei isso, retrabalhei a música. Foi uma coisa que aconteceu também com outra música minha, que por acaso Olivia também letrou, que foi "Cada Canção". Eu estava mostrando, "gente, olha essa música que eu fiz". Quando acabou, ninguém comentou nada, ficou aquele clima, "será que eles não gostaram?". Aí alguém tomou coragem e falou: "mas Francis, essa canção já existe", e cantou "Vou Vivendo". A mesma coisa, fui lá, retrabalhei. Só que, nesse caso, Olivia aproveitou a ideia e fez uma homenagem ao Pixinguinha na letra.

Parece óbvio quando você fala. Conheço essas músicas, mas nunca tinha me ocorrido.
Às vezes você não se dá conta.

E "Parintintin"? Tem um padrão rítmico cheio de contratempos e síncopes, foge um pouco da média de suas parcerias com a Olivia, que tendem a ser coisas mais ternas e líricas. E a letra é cheia de referências a brasilidades.

Eu me lembro que Olivia estava participando, na época, de uma peça de teatro sobre os guaranis. Eu fiz a música independentemente da peça, e ela teve essa ideia de fazer essa letra. É uma espécie de toada, um pouco na linha de "Passaredo", não é? Tem uma sequência harmônica que lembra um pouquinho o "Trocando em Miúdos" também, inclusive a própria célula melódica [cantarola].

Também nunca tinha me ocorrido.

São ideias que ficam lá e que de repente você descobre depois. Às vezes são coisas que vêm espontaneamente, às vezes não.

No ano seguinte, você participou de um projeto muito curioso, Os 4 Mineiros.

Os 4 Mineiros foi uma ideia da Marilda Pedroso de fazer um disco na Som Livre, uma produção dela. Eu fui para o estúdio e ficava improvisando temas sobre os textos desses quatro mineiros [no disco, Fernando Sabino, Paulo Mendes Campos, Otto Lara Resende e Hélio Pellegrino leem textos de sua autoria, tendo ao fundo trilha sonora do piano de Francis].

No disco você toca alguns temas seus que eu consegui identificar — "Olivia", "Passaredo", "Meu Caro Amigo", "Sonho de Boêmia" —, mas também outras músicas que, acho, não apareceram em nenhum outro lugar.

Possivelmente. Às vezes são temas que eu tinha lá num baú. Às vezes eu pego, "pô, esse tema...".

E você se identificava com a literatura desses mineiros, você era um leitor deles?

Não, não necessariamente. Era um projeto da Marilda, foi algo que fiz de encomenda. Mas depois me tornei parceiro do Paulo Mendes Campos, sem nunca o ter conhecido [quando musicou o "Soneto a Quatro Mãos", de Mendes Campos e Vinicius de Moraes].

E 1981 foi também o ano de seu álbum Sonho de Moço.

Quando aparece a parceria com o Milton Nascimento, em três canções, "O Homem Feito", "O Farol" e a própria "Sonho de Moço". São todas músicas que eu fiz e que o Bituca botou a letra depois.

De "Homem Feito" já falamos um pouco, você havia composto para o Auto de Natal *da Cecília Meireles; "O Farol" me lembra algo da escola de piano impressionista, um movimento contínuo melódico de subida e depois uma descida com curvas... É um tema que gostaria de ter ouvido em arranjo para piano solo no seu álbum* Meus Caros Pianistas.

No *Meus Caros Pianistas* o repertório foi selecionado não só em função da adequação ao piano, mas também levando em conta um pouco o fato de uma música ser mais conhecida — se bem que tem muita coisa desconhecida ali. Poderia ficar bonito sim, um arranjo para piano solo. E "Sonho de Moço" o próprio Milton gravou, num disco dele do mesmo ano. Ele deu uma vestimenta com um pouco mais de blues. Gosto muito da gravação dele. O jeito com que gravei não mostra muito esse lado que aparece na versão dele, com aqueles improvisos de guitarra.

O álbum abre com "A Tarde", parceria sua com Olivia que me lembra um pouco o trabalho de Jerome Kern, frases melódicas bem longas.

É, tem um pouquinho da influência da canção americana, as sequências harmônicas. E tem, se nota também, não sei se foi consciente na época, uma semelhança com a introdução de "Corcovado".

O disco segue com "Lua de Cetim", uma de minhas preferidas em seu trabalho. Há canções que são mais trabalhadas do ponto de vista melódico-harmônico, outras mais levadas ao lado rítmico. "Lua de Cetim" é bem sofisticada em ambos os lados: há modulações, acentos no tempo fraco... Então é uma canção que traz certa complexidade, mas ao mesmo tempo é fluente, não soa difícil aos ouvidos. Gosto muito também das imagens da letra da Olivia.

Essa canção foi um caso em que ela havia feito uma letra, depois arquivou e fez outra. Foi uma música que fazia um relativo sucesso, "Lua de Cetim", muito pelo tipo de gravação que eu fiz com a Maria, minha filha, que era uma criança. As pessoas achavam aquilo divertido. E foi inteiramente por acaso. A Olivia estava produzindo o disco, e eu estava cantando de uma maneira um pouco sisuda demais, sem a descontração que a música pedia. Aí ela falou: "ah, Maria, vai lá e distrai um pouco o teu pai". Ela foi para lá, e o técnico esperto gravou tudo, e aí acabou ficando.

É engraçado esse poder que uma gravação tem. A Maria não seguiu uma carreira de cantora, então a voz dela ficou para a posteridade com esse tom infantil. Eu penso nela como uma criança, mesmo ela sendo mais velha do que eu.

A gente fazia shows e tal, ia em programa de televisão. Fizemos um *Geração 80* na Rede Globo. Era engraçado. Depois ela fez um pouco de teatro, e hoje em dia ela é psicanalista.

"Patuscada" você já tinha falado que saiu de um musical infantil que não se concretizou.

Seria a música central da peça. O Boca Livre gravou comigo, ficou hilário.

Depois vem "Luar", uma canção de um tom mais erudito, com letra da Olivia também.

Sim, com uma citação de "Clair de Lune", do Debussy.

"Hora e Lugar", um samba com o Cacaso, mais uma com versos em redondilha maior que falam de uma pessoa que está desajustada ante uma situação externa. Formalmente e tematicamente, é bem a cara do letrista!

Sim, é um poema musicado.

"Luz", uma parceria sua com Nelson Angelo. Tem uma abertura sinfônica, uma coisa de grandes proporções.

É uma música que teoricamente nem seria para ter letra, é um tema bem instrumental. Mas ele se encantou com a música, "vou fazer uma letra". E tem umas notinhas difíceis...

Esse álbum mistura coisas mais orquestrais, de fôlego, com outras canções mais informais, digamos assim. Você conseguiu uma síntese boa das coisas mais densas do seu primeiro álbum com aquela diversidade rítmica do Se Porém Fosse Portanto.

Tem também "Doce Vida", letra do Toquinho.

Mais um dos parceiros que fazem letra para você, embora mais habitualmente façam a parte musical de uma canção. E ele sempre fez letras muito boas para você. No tema, há esse aspecto de crônica do cotidiano, mas com um trabalho de rimas muito apurado.

Entrevista

FUNTERJ apresenta

O REI DE RAMOS
de Dias Gomes

Músicas de Chico Buarque e Francis Hime
Letras de Chico Buarque e Dias Gomes
Arranjos e direção musical de Francis Hime
Direção de Flávio Rangel

Paulo Gracindo	/	Mirandão
Felipe Carone	/	Brilhantina
Carlos Kopa	/	Pedroca
Marília Barbosa	/	Tais
Marcio Augusto	/	Marcos
Roberto Azevedo	/	dr. Vidigal
Solange França	/	Cida
Carlos Accioly	/	Manga Larga
Leina Krespi	/	Marivalda
Jorge Chaia	/	Delegado
Abdalla	/	Boca de Alpercata
Renato Castelo	/	Ronaldo
Armando Garcia	/	Anacleto
Deoclides Gouveia	/	Salvador
Antonio Sasso	/	Deixa que eu chuto
Humberto Afonso	/	Padre e Garçon

bailarinos:
Cecilia Salazar, Cecilia Badari, Claudia Martins, Claudia Toller, Eliane Maia, Marilena Bibas, Monica Torres, Rita Helena, Abdalla, Angelo de Marcus, Claudio Baitar, Claudionor Bueno, Mario Maia, Renato Castelo, Ricardo Bandeira, Ricardo Leitner.

Músicos:
assistência, regência e piano — Paulo Sauer
violão guitarra — Victor Bigliore
contrabaixo — Omar Pacheco
bateria — Joca Moraes
sax alto — Zé Nogueira
saxtenor e flauta — Gustavo
sax alto — Marcio
trompete — Brito
trombone — Ottom
percussão — Café

Cenários de Gianni Ratto
Figurinos de Kalma Murtinho
Coreografia de Fernando Azevedo
Iluminação de Flávio Rangel

Produção de SERGIO BRITTO PRODUÇÕES ARTÍSTICAS LTDA.
Administração e Produção executiva de Pichin Plá

COLABORAÇÃO DA FUNARTE

Acima, programa da peça *O Rei de Ramos*, de Dias Gomes, com direção de Flávio Rangel, que levou ao Teatro João Caetano, no Rio de Janeiro, mais de 200 mil espectadores em 1979. Ao lado, anúncio da transmissão televisiva do show de 1º de maio realizado no mesmo ano, com ilustração de Ziraldo.

O LP *Sonho de Moço*, de 1981, trazendo na capa o detalhe do retrato de Francis Hime pintado por sua mãe, Dália Antonina.

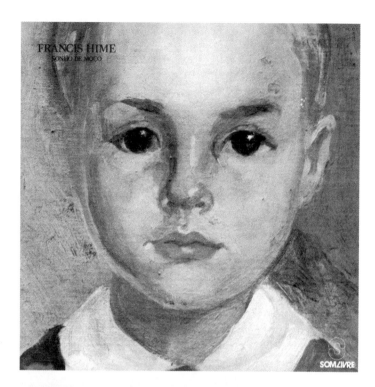

Pau Brasil, o sexto álbum solo da carreira de Francis Hime, lançado em 1982.

Ele pegou muita coisa de letra do Vinicius, né? Se vê essa influência do Vinicius sobre o trabalho dele. E "Doce Vida" acabou batizando um disco dele próprio.

De "Amor Barato" a gente já falou que você até esperava mais sucesso popular. Eu gosto do aspecto metalinguístico e da consonância entre música e letra. Ambas parecem "modestas" numa primeira análise, como os versos do Chico dizem, mas há nuances bem sofisticadas em ambos os aspectos, o encadeamento de acordes, o padrão de rimas...

Vai num desenvolvimento aos poucos, a ideia do pequenininho para o mais amplo. Tem essa coisa que eu desenvolvi em outras músicas, como "Embarcação", que tem essa modulação no meio, é uma espécie de modelo de composição, que eu às vezes utilizei com gosto. "Amor Barato" está sempre no repertório dos meus shows.

E ainda tem mais um tema instrumental no disco, o "Cachoeira", mais uma toada.

Com grande orquestra [cantarola]. Tinha uma amiga que já morreu, a Sílvia Sangirardi, que chegou a fazer uma letra, era interessante.

No seu álbum seguinte, Pau Brasil, *de 1982, há certa mudança... Você começou a admitir instrumentos elétricos em seus arranjos.*

Há umas instrumentações mais contemporâneas, não é? A sonoridade do disco soa mais moderna.

Essa mudança, que culminaria no disco de 1984, Essas Parcerias, *com a entrada de muitos sintetizadores, começa a se notar já no* Pau Brasil, *em uma faixa como "Luar do Japão", com o solo de bandolim elétrico do Armandinho.*

Solo sensacional que ele fez, né? O "Luar do Japão", eu não me lembro se foi a música primeiro...

Eu acho que é uma letra musicada, porque, de novo com o Cacaso, na disposição do encarte do disco dá para ver que são redondilhas maiores, todos os versos. Só que do jeito que você musicou, está tudo quebrado...

[cantarola] É um frevo. Eu acho que eu só tinha feito um frevo antes, na peça *Dura Lex Sed Lex*, de que eu esqueci até... Mas tirando isso, foi até agora meu primeiro e único frevo.

No final da gravação, no solo do Armandinho, tem essa brincadeira com a rotação, fita acelerada. Você se lembra como surgiu isso?
Ele começou a fazer aquele solo, e aí foi uma ideia que veio na mixagem.

Os Beatles, que você diz que nunca te sensibilizaram muito, ficaram notórios por essas experimentações de mexer com fita, acelerar, na música popular é uma coisa...
Que não existia muito, né? Eu não sei se aquela ideia do acelerado foi uma ideia do produtor, eu já não me lembro...

No arranjo do "Meu Caro Amigo", no disco do Chico Buarque, já havia um acelerando, mas um acelerando natural.
Exatamente. No "Luar do Japão", não. Veio a partir do improviso do Armandinho, com todas aquelas notas rápidas.

De "Pau Brasil" já falamos um pouco, é sua primeira parceria com o Geraldo Carneiro. Impressionante o fato de a música ter vindo depois da letra, não parece. Eu conseguiria imaginar em versão instrumental.
Eu fiz ao violão. Não é nossa primeira parceria, eu acho que temos uma coisinha ou outra, talvez ainda inédita, feita antes. Mas é a primeira gravada mesmo.

O poema é uma beleza, muito instigante. Lida com o mito fundador de uma maneira cheia de brasilidade. E há uma citação erudita, parodiando o "uma rosa é uma rosa é uma rosa", da Gertrude Stein, mas de maneira que não soa pernóstica.
É outra que sempre toco nos shows e faz bastante sucesso.

Também já falamos de "Cada Canção" e sua semelhança com "Vou Vivendo". O Raphael Rabello participou da gravação no disco.
Ele era extraordinário, extraordinário. Ele gostava muito de mim, gostava muito da minha música, tanto que nós fizemos um show com a Olivia, nós três, ele disse, "vou fazer esse show, minha única condição é que o repertório seja só músicas tuas". E aí entrou o "Cada Canção", né? Fizemos algumas cidades pelo Brasil. E aí depois veio a ideia do concerto de violão, que só seria gravado bem mais tarde, com o Fabio Zanon. O Raphael morreu, não teve tempo de gravar.

Entrevista

Há dois temas instrumentais no Pau Brasil, *"Falcão" e "Rio Negro".*
"Falcão" eu toquei recentemente num show de piano solo que fiz no Kuwait. Foi inspirada na cena de quando o Falcão fez o segundo gol nosso contra a Itália na Copa de 1982, um jogo que a gente acabou perdendo. E ele dá aquela corrida de comemoração.

A linha de baixo de "Falcão" lembra "Cabelo Pixaim", aparecem novamente aqui suas autocitações.
"Falcão" lembra o "Cabelo Pixaim"?

São dois saltos de quinta seguidos.
Ah, é verdade! Ali não tem essa progressão do "Cabelo Pixaim", mas tem o negócio das quintas mesmo [cantarolando]. Nunca tinha pensado nessa semelhança. São coisas que às vezes se repetem, essas características do compositor.

Seus instrumentais no Pau Brasil, *como você diz em relação ao álbum de maneira geral, têm essa coisa mais contemporânea. Não são grandes orquestrações, há percussão, um toque mais popular...*
"Falcão" é mais popular que "Rio Negro". Nesta, você já encontra uma instrumentação que lembraria um pouco uma disposição de peças eruditas, há seções de instrumentinos, a organização do arranjo lembra um pouquinho algo que eu usaria em peças eruditas de concertos, apesar do acento rítmico pender para a música popular.

Além de "Luar do Japão", de que já falamos, de suas parcerias com Cacaso, no disco há "Língua de Trapo"...
Se não me engano, essa eu fiz a música antes. É um samba, provavelmente da mesma época que eu fiz o "Amor Barato". Tem um clima de começo de ideias melódicas.

A letra do Cacaso é bem típica dele, esse negócio de estar buscando algo que não se tem. "Por causa de uma", "por causa de outra" e vai...
São essas indagações, né?

Já "Ribeirinho", outra com o Cacaso, é bem lírica, uma coisa nostálgica. Se eu não soubesse, passaria para mim como uma letra da Olivia.
É um choro, começa em maior, depois vai para um tema menor. Acho que foi um poema musicado. A Olivia cantava isso acompanhada

pelo Raphael, no nosso show *Voz e Violão*. Também da minha parceria com Cacaso, nesse disco está "Rio Vermelho", um xaxado, poema que musiquei.

E tem "Embarcação", sua última parceria com o Chico em que ele letrou uma música inteiramente sua. Você já relatou que era uma música que estava esquecida...
Na realidade, foi feita em 1982 mesmo. Mas um dia, quando eu estava remexendo um baú de coisas antigas, descobri uma partitura. E era "Embarcação", quase toda escritinha ali, 90% da música, e do lado uma anotação, "1969". Então, é um tema que ficou guardado, à espera de... Tinha esquecido completamente.

Eu acho muito simbólica na sua carreira "Embarcação". Porque é um samba muito forte, fluido, de apelo popular... Mas ao mesmo tempo, sem prejudicar essa fluidez, há muita sofisticação harmônica, uma série de modulações.
É, tem aquelas modulações meio surpreendentes. Me lembro quando eu mostrei para o Chico, ele achou meio estranho de início. E para mim me parecia muito natural porque era uma coisa que estava já impressa de anos! Eu resgatei inconscientemente. Era praticamente igual, praticamente igual, só uma pequena variação aqui e ali. O Chico achava engraçado, "como é que é isso?", "aqui, modula para aqui...". Levou algum tempo até entender para onde a música estava apontando. Mas ao final a letra ficou lindíssima. O engraçado é que ele primeiro fez só uma parte da letra. Eu já havia gravado a base para o meu álbum quando ele fez a segunda parte, "Mais, mais que a vida...". Na versão do *Álbum Musical*, a Olivia canta essa segunda parte, e eu a adoto agora nas interpretações ao vivo. Para o *Pau Brasil*, a gravação da versão mais extensa não havia ficado tão boa do ponto de vista técnico, mas acho que com a ideia literária mais desenvolvida, na segunda parte, fica mais interessante, é essencial, muito bonita.

Eu não acho tão fundamental assim, acho que só a primeira parte dá conta do recado. Gosto muito dessa gravação original de 1982. Temos ainda duas gravações de canções da época dos festivais que reaparecem no Pau Brasil: *"O Tempo da Flor" e "A Grande Ausente". É engraçado, porque você misturou essas coisas mais contemporâneas que você estava fazendo com duas canções...*

Entrevista

Antigas. São canções que eu mesmo nunca havia gravado. Geralmente não encontro muito espaço, porque é o tal negócio, sempre estou querendo mostrar as canções mais recentes. Mas "A Grande Ausente" eu cheguei a resgatar novamente no *Álbum Musical*, dei para o Zé Renato cantar. Gosto muito, gosto muito dessa canção.

O Paulo César Pinheiro lida muito bem com essas canções de... Um sabor mais antiquado. Essa habilidade dele fica muito evidente nas parcerias com o Guinga.
As modinhas, não é?

Exato. Depois de "A Grande Ausente", que é essa canção de sabor antigo, o engraçado é que vem no disco "Mente", um blues bem contemporâneo.
É dos meus poucos blues. Tem "Mente", tem o "Demolição"...

Na instrumentação "Mente" soa mais contemporâneo, com órgão Hammond, guitarra elétrica.
Tem o órgão Hammond, é verdade, são coisas pouco usuais em meu trabalho.

Mas também não é um blues puro. A segunda parte tem mudanças de acorde surpreendentes, quebra rítmica... Há uma sofisticação bem característica sua.
Sim, e a letra da Olivia é muito interessante. Como sempre, ela fez depois da música.

Ainda em 1982, há uma canção que só entrou no disco da Olivia daquele ano, "Cartão Postal". É uma de minhas canções favoritas de toda a sua carreira.
"Cartão Postal" foi curioso. A Olivia tinha ido viajar e me mandou um cartão-postal. Eu, por acaso, havia feito uma melodia. Quando ela chegou, deixei um bilhete: "Veja no gravador uma música que quase que se adequa aos versos, ao texto do cartão-postal". Trabalhamos a partir daí.

É outra das canções de verso com ritmo fixo. Só o desfecho foge da célula rítmica, que vai sendo trabalhada em variações melódicas e modulações.

[cantarolando] É, é verdade. Aparece em dois discos da Olivia a "Cartão Postal". Nunca a gravei em disco meu. É uma modinha. Não, nunca gravei. É uma música que eu poderia ter gravado.

Também do mesmo ano, em disco da Olivia, aparece "Mariposa", que...
"Mariposa" eu adoro.

Tive acesso, pela internet, ao áudio integral de uma entrevista que você deu ao Aramis Millarch, na casa dele. Havia um piano lá, e você ficava tocando obsessivamente "Mariposa", que havia acabado de compor. Nem tinha letra ainda.
"Mariposa" tem uma sequência harmônica similar a "Trocando em Miúdos" e "Parintintin", um pouquinho diferente. É uma toada.

A letra da Olivia é muito comovente, essa coisa maternal.
Bem, eu acho que é uma letra maravilhosa. No *Álbum Musical 2*, a Mônica Salmaso a gravou.

8. O fim do período na Som Livre (1983-1985)

Sintetizadores entram em cena — *Essas Parcerias*: um letrista para cada canção — Fazendo música com outros músicos — Os arranjos favoritos — O fim da fase na Som Livre — Hiato discográfico

Em 1983, você fez a trilha para Belas Figuras, *peça com texto de Ziraldo e direção de Wolf Maya.*

Daí saiu uma canção minha com letra do Ziraldo, "Infinita". A Olivia gravou para a peça, mas nunca saiu em disco, eu mesmo não tenho a gravação. Era uma música que eu já tinha há algum tempo, fui lá no baú e peguei. Eu a chamava de "Canção Jobiniana". Há umas ideias que lembram "Corcovado" no som.

Também em 1983 saiu "Vermelha", parceria com Olivia, em disco dela. Foi um ano em que você não lançou disco seu. Em "Vermelha" já há um tratamento de arranjo com sintetizadores, que iria marcar muito seu álbum seguinte, o Essas Parcerias.

Algumas faixas do disco da Olivia gravamos com o Roupa Nova. Também em "Vermelha" há essa sequência que lembra "Parintintin" e "Trocando em Miúdos". São temáticas. Mas como os arranjos são bem distintos, as semelhanças às vezes não chamam tanto a atenção.

Essa sonoridade do "Vermelha", que se estende a quase todo o álbum Essas Parcerias, *de 1984, é muito diferente do que você vinha fazendo até então. É uma mudança muito forte.*

É muito pela participação do Moogie Canázio, o produtor.

Eu gosto muito das canções do Essas Parcerias, *mas acho que esse uso de sintetizadores datou o disco, e foi uma coisa que você nunca mais repetiu em sua produção.*

É, né? Eu sentia que era um estilo mais próximo do repertório. Uso isso muito no "Laços de Serpentina", algumas músicas...

"Laços de Serpentina" é uma canção curiosa, porque a instrumentação lembra rock progressivo, algo puxado para Yes e Emerson, Lake & Palmer. E soa bastante inusitado, porque esses grupos não são refe-

rências para você, e a canção é uma parceria sua com o Toquinho, que também não tem nada a ver com esse tipo de música. É uma peça bem atípica na sua obra, com direito a solo de sintetizador no final!

É... [cantarola a melodia do solo]. É uma mistura de elementos eletrônicos com orquestra, eu tinha uma orquestra grande ali. Eu não sei quais foram as razões dessa orquestração, mas isso é muito do momento. Você pega o repertório e dá um tratamento de acordo com o conteúdo musical.

O Essas Parcerias *tem essa característica de ter catorze faixas, cada uma com um parceiro diferente. Começa, sintomaticamente, com "Parceiros", sua com o Milton. É a letra que ele fez para você de que mais gosto. Com apenas uma ou outra alteração no esquema, ela é mais um exemplo do que chamo de "canção de verso de ritmo fixo", em que uma mesma célula rítmica varia melodicamente sobre distintas progressões harmônicas.*

É, é muito bonita. A gente gravou com o Chico.

Você, continuando com as autocitações, começa a gravação usando o mesmo tema do arranjo que havia feito para "O Que Será" no disco do Milton [Geraes, *de 1976*].

Eu fiz a música, Milton pôs letra, como todas as nossas canções. Essa surgiu a partir da encomenda ao Milton. Não sei se foi ideia dele ou minha convidar o Chico para cantar conosco, mas veio para reforçar a ideia de parceria, assim como o contracanto que lembra "O Que Será". A ideia de parceria envolve a nós todos. Milton me disse que, quando fez a letra, pensou muito no Wagner Tiso, parceiro dele muito constante.

Depois vem "Carro de Boi Dourado", sua única parceria com Gilberto Gil. Há um sabor nordestino na música.

Fizemos um clipe para o *Fantástico*, botaram a gente em cima de um carro de boi, sexta-feira à tarde na Visconde de Pirajá, a gente parando o trânsito.

O que veio primeiro? A música ou a letra?
Fiz a música, ele fez a letra depois.

É engraçado, porque você fez a música antes, mas os versos ficaram todos como redondilhas maiores. As frases musicais todas pediram ver-

Entrevista 235

"Cinzas", composição incluída no álbum *Francis*, de 1980, tem parentesco com "Adiós Nonino", de Astor Piazzolla, enquanto "Marina Morena", do mesmo disco, traz a influência de Dorival Caymmi.

Show de Francis Hime no bar Vou Vivendo, em São Paulo, em 1992. O nome da casa veio da composição de Pixinguinha, que por sua vez também inspirou a música "Cada Canção", de Francis e Olivia Hime, do disco *Pau Brasil*.

No alto com Francis, Simone, que gravou "O Sinal" para o LP *Essas Parcerias*, de 1984. À esquerda, o lado B do disco, que saiu pelo selo Elenco em acordo com a Som Livre.

sos de sete sílabas poéticas. A letra tem a cara do Gil, essa mistura de referências díspares, "alfarrábios e fliperamas"...

E a interpretação que ele fez no canto também... Muito do jeito de ele cantar eu incorporei na música. Eu lembro que ele fazia aquela letra, estava numa turnê pelo interior de São Paulo, e me mandava notícias: "Estou fazendo a letra aqui, tá ficando boa!". Um belo dia ele apareceu lá em casa com a Flora, com a letra pronta.

Depois vem "Um Dueto", sua com o Capinan.

Eu fiz a música, e pedi ao Capinan expressamente um dueto, indiquei as partes em que o homem cantava, a mulher cantava... Para fazer com a Gal.

O arranjo já estava idealizado antes da composição da letra, então. São muitas modulações também, uma música difícil de cantar.

É verdade. No final, há umas ideias melódicas que lembram um pouquinho o "Valsa Rancho" [cantarola].

Conscientemente isso?

Não, não... Analisando a música, "olha só..." e tal. Apareceu "Valsa Rancho" em "Um Dueto". Tantos anos depois...

Em "Flor de Laranjeira", letra do Cacaso, novamente em redondilhas maiores, acho que a ternura da canção sai um pouco prejudicada pelo uso do sintetizador em vez de um piano acústico. Acho que eu preferia ter ouvido isso...

É, no piano acústico. Foi uma ideia que provavelmente surgiu na feitura mesmo do disco, pode ter sido uma ideia que o Moogie teve, ele era o técnico, para fazer uma sonoridade diferente. É inusitado, normalmente eu faria no piano acústico. Mas acho que no disco funciona bem, dá um contraste interessante.

E você não tinha preconceito em relação a usar pianos elétricos? Parece que o Tom Jobim era bem resistente, mas depois de gravar o Elis & Tom com o César Camargo Mariano foi se acostumando, depois usou no Urubu...

Não, não. Não tinha não. Inclusive, em muitas trilhas eu usei sintetizadores, aí mais por razões econômicas, né? Com uma produção que não comportava o uso de uma orquestra...

"Movimento da Vida" é uma parceria com a Fátima Guedes, a única da sua carreira.

É outro blues, né? Outro blues, bem sofisticado, outro dia eu estava relembrando, com uma certa dificuldade de lembrar os caminhos.

É uma canção que, no começo, não me chamou muito a atenção, mas depois de ouvir várias vezes cresceu em minha apreciação, muito por notar essa sofisticação.

A Fátima letrou, e foi engraçado porque ela não segue muito... A prosódia não segue a acentuação musical, contraria a acentuação natural da música, o que meio que te desloca um pouquinho, te obriga a cantá-la de uma maneira menos convencional.

"Cara Bonita" é sua parceria com a Olivia no disco. Acho um pouco fora da zona de conforto da Olivia, que geralmente escreve letras bem ternas. E essa é uma música de sensualidade muito presente, e nesse sentido o convite para a Elba Ramalho cantá-la junto com você caiu muito bem...

Ficou bacana aquele dueto, né? Depois a Olivia regravou "Cara Bonita" com o Lenine, para o disco *Canção Transparente*.

Gosto quando você usa ritmos nordestinos. Você pega a coisa rítmica envolvente, mas, ao mesmo tempo, empregando sua sofisticação harmônica característica.

Com a Elba ficou muito bom. São seis participações cantando comigo no disco: Elba, Simone, a Olivia, Milton, Gil e... Ah, Chico!

"Perdición"...
É um bolero com letra do Geraldo Carneiro, acho que musiquei um poema dele também.

"Promessas, Promessas", um samba com letra do Abel Silva.
O Abel letrou. É um samba um pouco daquela linha do samba de morro.

Foge um pouco da linguagem do resto do disco essa canção, eu acho. O álbum tem esse componente eletrônico, e "Promessas, Promessas" é integralmente acústica.

Eu acho que a música não pedia, né? E até acho boa essa coisa, es-

Entrevista

O LP *Essas Parcerias*, de 1984, que contou com as participações vocais de Milton Nascimento, Chico Buarque, Gilberto Gil, Gal Costa, Elba Ramalho, Simone e Olivia Hime.

Jogo de futebol do Politheama, time de Chico Buarque, contra o Essas Parcerias, time de Francis Hime, no Rio, em 15/6/1984. O time de Francis contava com Paulinho da Viola (no centro) e João Nogueira (à direita), entre outros.

Olivia e Francis Hime no *PMDB Show*, na época
da abertura política dos anos 1980.

Francis Hime com Elba Ramalho, uma das musas da campanha "Diretas Já",
que gravou "Cara Bonita" para o álbum *Essas Parcerias*, de 1984.

sa variação de timbres. Num disco isso o torna mais interessante para o ouvinte.

De "O Sinal" e "Qualquer Amor" já falamos, porque foram feitas para peças de alguns anos antes...
Gosto muito da gravação de "Qualquer Amor" só comigo ao piano e a voz da Olivia.

O disco fecha com "Mariana", parceria sua com o Ivan Lins e o Vitor Martins.
O Ivan fez a primeira parte, eu desenvolvi e depois o Vitor letrou.

O Alec Wilder diz que, quando a seção A da música é facilmente memorizável, pode-se complicar o quanto for na seção B, e ainda assim se sai com uma canção de apelo.
Concordo, você pode expandir mais.

Esta é a primeira vez que você fez uma parceria em que dividiu também a parte musical da feitura da canção.
"Vai Passar" é mais ou menos da mesma época. Nessa, o Chico fez a primeira parte da música, eu peguei no meio, depois ele próprio letrou.

Foi uma experiência que você repetiu algumas vezes depois.
Com o Guinga e com o Vinicius Cantuária, uma canção que acabou nunca sendo gravada.

Mas depois você lançou "Um Sequestrador" também, parceria musical com o Vinicius que ganhou letra da Adriana Calcanhotto. Como é a história dessa canção?
Eu desenvolvi a primeira ideia musical e mostrei para o Vinicius. Aí o Vinicius dava uns toques, "não, repete aqui essa célula", esse tipo de coisa. Eu fiz o começo todo, na segunda parte o Vinicius deu umas ideias. Foi um pouquinho diferente no sentido de que a primeira ideia musical era minha, ao contrário de "Mariana" e "A Ver Navios", com o Guinga. Ah, e "Paixão Bandida" com o Sérgio Santos também. Essas eram partes já extensas de música, e eu desenvolvi.

"Vai Passar" você acabaria gravando em 1985, no álbum Clareando, *um ano depois do Chico.*

É, eu tive a ideia de fazer em frevo, aí no meio passa para samba.

Esse álbum de capa vermelha do Chico, de 1984, que fecha com "Vai Passar", foi o primeiro dele para o qual você não fez os arranjos em muito tempo.

Antes disso, no álbum anterior, o *Almanaque*, eu já não havia feito todos os arranjos. Foi produção do Mazzola, se eu não me engano. Embora a própria faixa "Almanaque" tenha sido uma que virei a noite idealizando o arranjo. Mas não fiz o disco todo, foram só algumas faixas.

Há algum arranjo que você tenha feito para o Chico, tirando aqueles para canções suas mesmo, de que se orgulhe particularmente?

Ah, a própria "O Que Será", né?

Eu gosto muito do seu arranjo para a canção "Vida". O contraponto que aparece primeiro no sopro, depois com cordas muito agudas.

Lembro que gostei muito do resultado. Para essa canção, o Chico apareceu com a cifra escrita. "Pô, Francis, primeira música que eu consegui escrever a cifra!" Foi um *step* novo no conhecimento musical dele. Ele estava todo orgulhoso disso. "Vida" realmente é um arranjo bastante interessante. O trabalho na *Ópera do Malandro* também lembro com carinho; talvez, pela diversidade, tenha sido mais instigante. Eram vários intérpretes, vários gêneros, você tinha de imaginar tratamentos muito diferentes para as músicas. Isso te põe um desafio.

O fim da sua parceria como compositor com o Chico aconteceu mais ou menos na mesma época em que você parou de fazer arranjos para ele.

Começamos a trabalhar menos juntos, isso se refletiu na diminuição das parcerias. A fase mais intensa de trabalho foi de 1975 a 1980, eu diria. Fizemos vários discos e shows. Mas não houve nenhum rompimento traumático, foi uma coisa profissional mesmo. A gente começou a trabalhar menos juntos desde o *Almanaque*. Talvez tenha sido uma ideia do Mazzola, de produção, para procurarem novas sonoridades.

Ainda nessa época você fez a trilha de mais duas peças: Pinóquio *e* Tá Ruço no Açougue.

O *Pinóquio* eu fiz com o Grupo Tapa. Há várias canções interessantes, eu estava relembrando. E o *Tá Ruço no Açougue* também tem muitas canções que musiquei, textos do Antônio Pedro, uma adaptação da *Santa Joana dos Matadouros*, do Brecht. Mas nos dois casos as canções permanecem todas inéditas em disco.

O álbum Clareando, de 1985, marca o final de uma fase na sua carreira.
A fase na Som Livre.

Passaram muitos anos, depois disso, até você gravar outro disco. E esse é um disco de regravações, então fica com essa cara de balanço de carreira. Só há duas canções inéditas: "Clara", da qual já falamos como uma canção muito radiofônica que acabou não acontecendo comercialmente...
E o "Por Tudo Que Eu Te Amo", um bolero com letra do Carlinhos Vergueiro. Em algumas canções eu regravei apenas a voz. Em "Trocando em Miúdos" e "Pivete", por exemplo, peguei a mesma base, a mesma gravação do registro original, e só regravei a voz.

Nem tinha notado!
E tem algumas gravações originais, o próprio "Vai Passar" e "Meu Caro Amigo", esta só com piano e voz. Eram canções da minha parceria com o Chico que só haviam aparecido em álbuns dele.

"Atrás da Porta" aparece numa gravação nova também.
É, "Atrás da Porta", piano e voz. Eu faço com piano elétrico, porque ele me dava a oportunidade de cantar junto. Essa foi a razão maior de fazer de novo.

Tendo esse álbum esse aspecto de revisitar sua produção... Você já sabia na ocasião, prenunciava que haveria um hiato tão grande na sua carreira discográfica, que passaria a se dedicar à música erudita?
Não! Foi o último disco do meu contrato com a Som Livre. Comecei a me dedicar mais à música de concerto depois que apareceu o convite para fazer a *Sinfonia nº 1*.

Ainda nesse ano, Olivia gravou um samba de sua parceria com ela, "Coração do Brasil".
Eu fiz a música antes, aí ela letrou. É de 1985, tem muito a ver com o contexto de abertura política.

*São alguns de seus últimos trabalhos antes de, em 1986, você traba-
lhar mais acentuadamente com a música erudita, entrando num grande
hiato discográfico. Há parcerias suas com Fernando Pessoa, registradas
no projeto da Olivia...*

A *Música em Pessoa*, né? Tem o "Glosa", que eu cantei com ela,
"Passagem das Horas", que o Nanini cantou, e tem uma peça erudita,
uma peça de câmara com um poema que a Marília Pêra declama, "O
Menino da Sua Mãe".

*Não são peças muito ligadas à área da canção, há essa característica
do poema musicado. Já no ano seguinte, 1986, foi gravada uma faixa
que se chama "Cobra Aranha" em disco da portuguesa Eugénia Melo e
Castro, uma parceria sua com ela.*

Nem lembrava dessa música. Eu não me lembro como é que foi a
feitura, se foi um poema que eu musiquei... Já não me lembro mesmo.

*E há outro da série de poemas musicados, "Desencanto", para um
texto do Manuel Bandeira, para um projeto da Olivia.*

"Desencanto", exatamente, foi uma ideia que Olivia teve de pedir a
compositores diferentes músicas para os poemas do Bandeira. Minha
participação foi com essa faixa.

*E a partir daí, até 1997, seu envolvimento com canção popular ficou
em suspenso.*

É, ficou... Ficou... O primeiro disco que eu gravei depois foi o *Choro Rasgado*.

Entrevista

O disco *Clareando*, de 1985, que trazia regravações de sucessos como "Trocando em Miúdos", "Atrás da Porta", "Vai Passar", "Pivete" e "Meu Caro Amigo".

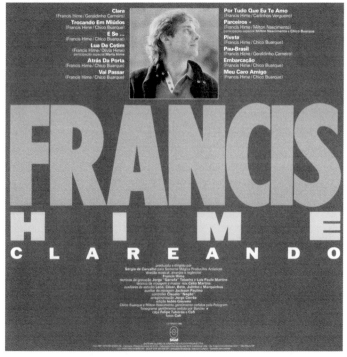

O LP *A Música em Pessoa*, de 1985, produzido por Olivia Hime e Elisa Byington, trazia "parcerias" do poeta português Fernando Pessoa (1888-1935) com Tom Jobim, Francis Hime, Edu Lobo, Milton Nascimento, Dori Caymmi, Edgar Duvivier e Sueli Costa, entre outros.

9. Escrevendo música para concerto (1986-1996)

Sinfonia n° 1: começa a carreira erudita de Francis — Palcos compensam o afastamento dos estúdios — Peças inéditas — Polêmica nos jornais — Músico e cancionista: fronteiras — A ópera que espera

Em 1986, estreou sua Sinfonia n° 1. *Foi uma encomenda?*

Na realidade, eu já tinha começado a *Sinfonia n° 1* ainda em Los Angeles, sob a supervisão do Paul Glass. Escrevi, digamos, os cinquenta primeiros compassos. Mas foi uma atuação que ficou em suspenso, quando eu voltei para o Brasil não pensava em desenvolver aquele caminho. Até que, em meados da década de 1980, eu conheci o Benito Juarez. Aí, se poderia dizer que ele meio que me encomendou... Ele disse: "Mas por que que você não retoma aquela tua ideia de escrever música de concerto e tal?". Aí eu escrevi a sinfonia. Fiquei um ano dedicado a isso. Eu me lembro que... Nessa época, é curioso, porque apesar da minha ausência do mercado fonográfico, talvez tenha sido a época em que eu mais fiz shows populares na minha carreira. Eu ficava às vezes em temporadas longas, levava um piano Wurlitzer, fácil de carregar, e no quarto dos hotéis ficava trabalhando na *Sinfonia n° 1*. A partir dali começou a minha atuação nessa área.

E a que se deveu essa ausência do mercado fonográfico nessa época?

A Som Livre não se interessou em renovar o contrato. Eu me lembro que eu tentei algumas gravadoras, mas também não se interessaram. Por outro lado, essa coisa de atuação na música erudita começou a me interessar também, né? Enfim...

Esse período de doze anos sem álbuns te angustiou?

Não, porque eu fazia muitos shows. Tinha um contato muito grande, até maior, com o público do que antes.

Engraçado, porque se tornou mais espontâneo, para você, fazer shows, justo quando parou de lançar discos.

Exatamente, é uma coisa paradoxal. Na época em que eu mais precisava fazer shows para divulgar, aquilo me dava... Me dava... Eu não gostava realmente, era uma dificuldade, era uma... Mas depois, eu descobri aquela nova linha de comunicação com o público, que me dava um prazer enorme. E ao mesmo tempo, o lado de compositor, de criação ficou muito preenchido por essa atuação na área da música de concerto. Porque essa coisa do compositor, eu imagino que ficar sem compor, isso nunca me aconteceu, mas deve... Em certo momento, deve gerar uma angústia, um vazio, não é?

E esse ponto marcante na sua carreira, divisor, que é a Sinfonia nº 1, *não tem gravação em disco.*
Não tem, é. E eu a apresentei em várias cidades, com várias orquestras. Em 1994, eu a regi para a Orquestra Sinfônica Brasileira, na Sala Cecília Meireles. Me convidaram, e eu disse, "gente, mas eu não sei reger essa sinfonia!". Aí tomei aulas com o León Halegua, que era assistente do Karabtchevsky na época [ambos maestros]. Eu já havia tido aulas em Los Angeles, tinha um certo preparo para reger, mas.... Eu, reger aquela sinfonia! Mas fui muito bem-sucedido, tanto que seis meses depois me chamaram para reger, no Municipal, a *Sinfonia* de novo, com a mesma OSB. Então a regi pelo Brasil, regi em Brasília, em Pernambuco, Bahia, enfim... Logo depois de eu terminar a *Sinfonia nº 1*, de maneira quase emendada, veio uma outra encomenda do Benito, *Carnavais para Coro Misto e Orquestra*, em 1988. Aí eu me lembro que fiquei enfurnado em Itaipava, foi um trabalho mais de ficar retirado mesmo, porque era um desafio pegar aquele poema enorme do Geraldinho e transformar aquilo em uma cantata para 250 vozes do Coral USP.

E o fato de não haver, tanto no caso da sinfonia quanto de Carnavais, *gravação em disco dessas peças inaugurais da sua produção para música erudita, te incomoda?*
Ah, eu acho uma pena. *Carnavais*, inclusive, só foi tocado em Campinas e São Paulo. A *Sinfonia nº 1* não me dá tanta pena assim... Mas o *Carnavais* eu acho que já é um passo muito adiante na minha produção.

A Sinfonia nº 1 *não te dá tanta pena de não ser gravada por quê?*
Porque não é um trabalho, assim, eu diria, com tanta força de composição.

Entendi. Você gosta mais de Carnavais.
Tem coisa interessante ali. No *Carnavais* eu já estou num estágio

O piano elétrico portátil Wurlitzer, no qual Francis Hime desenvolveu a sua *Sinfonia nº 1* durante as turnês de shows pelo Brasil no início dos anos 1980.

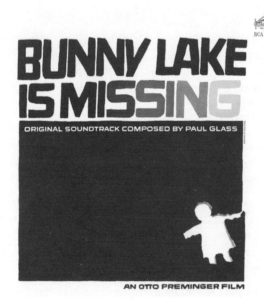

Trilha sonora do filme *Bunny Lake is Missing*, de 1965, realizada por Paul Glass, o professor de composição de Francis Hime em Los Angeles que o incentivou a compor a *Sinfonia nº 1* no início dos anos 1970.

Tonzinho querido,

Estou aqui curtindo êsse silêncio tão gostozo e tão raro — Silêncio de 4 horas da madrugada no Jardim Botânico, e pensando em você, que está a 2 quadras daqui — um pouco mais pra cima —. Deve estar até mais fresquinho aí, nesta noite-madrugada tão tropical — Eu acho que hoje, os digitais das ruas estavam mais "enganados" do que nunca... Porque agora deve estar no mínimo uns 40 graus à sombra (da lua) ...
Mas, olha aí, Tonzinho, eu estou morrendo de saudade de você — Passei o ano passado trancado em casa ~~o ...~~ escrevendo a minha sinfonia, e estou louco pra te mostrar!
A gente apresentou lá em Campinas com a sinfônica regida pelo Benito Juarez (que aliás, sempre pergunta por você) e depois em São Paulo —
Este ano, vamos fazer aqui, lá pra Maio-junho —

Carta de Francis Hime a Tom Jobim, de janeiro de 1987, na qual é mencionada a estreia da *Sinfonia n° 1* no ano anterior, regida por Benito Juarez.

mais avançado de técnica, de composição. Acho que é um trabalho que mereceria ser mostrado ao público, eu espero que um dia seja gravado.

Na época, nos jornais, houve uma polêmica com o Eleazar de Carvalho...

O Eleazar era muito conservador. O Benito me encomendou a peça para estrear no Festival de Campos do Jordão, do qual o Eleazar era o diretor musical. E ele se saiu com essa, "não, não ouvi e não gostei" [risos]. Então houve uma polêmica pelos jornais e tal, eu escrevi cartas, alguns escreveram também apoiando, outros discordando.

A argumentação era mais ou menos no sentido de que seria uma irresponsabilidade abrir o espaço da música erudita, que já era pequeno, para um compositor popular.

Pois é, uma besteira, né? Havia certo ranço. Hoje em dia não existe mais isso, mas na época havia certo ranço, certo preconceito de ambas as partes.

Mercadologicamente, você estava numa situação difícil: sofria preconceito no campo da música erudita; ao mesmo tempo, no mercado da música popular, seu trabalho já era considerado sofisticado demais para ser vendável.

É, exatamente, eu ficava ali na fronteira. Sem agradar nem a gregos nem a troianos. Mas depois disso, eu tive mais sorte. A *Sinfonia do Rio* foi gravada, o *Concerto para Violão* foi gravado. Infelizmente, o *Concerto para Violino* agora não foi gravado, por questões econômicas da OSESP. O Claudio Cruz lamentou tanto, ele se dedicou meses, meses, meses ao concerto...

Do Concerto para Violino só foram gravados alguns excertos em seu álbum Navega Ilumina.

Fiz uma fantasia, uma adaptação do segundo movimento, reduzida em tamanho e em instrumentação.

A Fantasia para Harpa que você colocou no mesmo álbum também veio de um concerto completo, não?

O *Concerto para Harpa*, que eu escrevi para a Cristina Braga, está inédito [viria a estrear em 2019, no Festival de Campos do Jordão, com a Jazz Sinfônica, tendo Liuba Klevtsova como solista]. Mas tenho um

Concerto para Clarinete que estreou recentemente. Você compõe as peças e quer dividir com as pessoas, não é? Não faz sentido ficar só no papel. Nesse período todo, a atuação de criação na música de concerto me preenchia bastante. A necessidade de expressão.

No que diz respeito a influências na música erudita, você costuma se referir mais a compositores clássicos e românticos...
Cheguei a estudar serialismo e atonalismo quando comecei a estudar com o Paul Glass, a escola dele é serialista. Várias peças que ele escrevia adotavam a técnica serialista — eu tenho, inclusive, várias partituras dele. Aí adotei esse método eventualmente, como técnica, mas não escrevendo peças propriamente serialistas. São algumas passagens. Isso se revela mais na minha primeira sinfonia, que está inédita. A canção popular tem um aspecto mais tonal, então não cabe muito... Canção é para ser cantada, né? Não cabe muito essa linguagem.

No século XX, você manifesta muito apreço por Stravinsky.
Stravinsky, Bartók... Sobretudo esses. Debussy, Ravel... Mais antigos, mais lá para trás. A escola de Viena propriamente dita, Schönberg, não me encanta muito não, não tenho muita ligação. Mas acho importante estudar, sobretudo para a escrita de peças mais ousadas, para cinema também, eventualmente... Trilhas.

Você recomendaria o estudo formal de música para quem não pretende trabalhar com música erudita?
Recomendaria, mas isso não quer dizer que é indispensável. Há certos gênios, como Caymmi, que não te deixam imaginar em que medida o estudo poderia contribuir. Mas se eu fosse aconselhar uma pessoa, eu diria: estude sim, vale a pena. Mesmo que na canção a criação seja mais intuitiva — eu mesmo em minhas composições não uso tanto a técnica, mais empregada em arranjos, equilíbrio orquestral, que exige um trabalho mais técnico mesmo. Mas também há casos em que... Eu estou fazendo um samba e decido pegar, sei lá, um intervalo, começar a partir de uma ideia de um intervalo predeterminado. E há também canções populares minhas em que trabalho o desenvolvimento de uma célula, o que está bastante relacionado, acho, ao meu estudo com Paul Glass dentro do campo da música erudita.

Entrevista

Luiz Tatit afirma que as habilidades que levam alguém a ser um bom músico não são as mesmas que levam alguém a ser um bom cancionista.

A canção é basicamente algo que se canta, é um lado da música. E cancionista é uma faceta do músico. Eu não dividiria, não catalogaria tanto assim as funções de músico, né? Eu acho que há músicos mais especializados em determinadas áreas, outros têm uma abrangência maior. Cada caso é um caso. E nos meus trabalhos, cada composição também tem uma história, uma forma de como surgiu. Analisando cada melodia feita, há diferentes formas de ver como ela apareceu. Às vezes a melodia se confunde com a harmonia, enfim...

Edu Lobo diz que inveja quem sonha com melodias, pois para ele é muito penoso o processo de composição.

Para mim, depende muito da época. Tem épocas em que componho uma série de canções, me dedico mais. Às vezes musico poemas, tem a ver com épocas diferentes. Há certas épocas em que as melodias surgem naturalmente.

Não necessariamente com você estando ao piano?

Não. Até, nos últimos tempos, mais frequentemente quando estou longe do piano. Surge muito mentalmente. Mesmo trabalhos para orquestra, às vezes fico pensando, ouço muito o som da orquestra, penso muito em melodias, em contrastes... Não necessariamente estando ao piano.

Um pouco antes de seu retorno propriamente dito ao mercado discográfico, com o Choro Rasgado, você fez em 1995 os arranjos para um disco da Vânia Bastos com o repertório do Tom Jobim.

Foi um disco que me deu muita alegria de fazer. Aquele repertório... O Tom havia morrido há alguns meses... Eu me lembro escrevendo esses arranjos, eu me emocionava muito.

É um repertório que foge da faceta bossa nova do Jobim...

Provavelmente ela mesma escolheu o repertório. Ficaram umas cordas maravilhosas, só piano e cordas.

Nessa época você fez uma produção orquestral para o parque temático Terra Encantada, que também acabou não sendo divulgada.

Foi um trabalho muito, muito interessante, muito envolvente. Para uma orquestra, era uma superprodução, cheguei a gravar em estúdio. Há peças muito interessantes, algumas até eu regi depois, em concertos. Há no meio canções mais populares, tem baiões, tem letras do Paulo César Pinheiro e da Olivia, algumas gravações para pequenos conjuntos, outras para orquestra grande. Enfim, um material que daria um belo disco.

E há também a Ópera do Futebol, *com libreto de Silvana Gontijo, há muito tempo anunciada e ainda inédita.*
É um trabalho também de quase vinte anos. Um material muito extenso, um material de escrita nessa fronteira entre a música popular e a música de concerto. É uma produção que depende muito de patrocínio. Quer dizer, esteve para ser encenada em 2014, com o John Neschling, já estava prevista até a época de encenação lá no Teatro Municipal em São Paulo, mas a produção não ficou pronta a tempo, enfim... Teve de ser adiada, *sine die*. Mas está pronta. Para ser encenada, depende de um patrocínio. São duas horas de música, uma ópera, grandes proporções...

Dedicar-se tanto tempo à composição de algo e não ver...
Não aparecer. É...

Como é que você se sente diante disso?
Essa ópera tem de surgir, algum dia vai ter de vir. Algum dia ela vai vir a público, eu espero que eu ainda esteja vivo para ver. Por enquanto, está congelada. Precisa de patrocínio. Eu acho que um dia sai, não sei de que forma. Talvez em forma de um musical ou em forma de filme, várias possibilidades já foram aventadas.

É uma ópera de caráter popular? Não prevê canto lírico?
Em algumas árias, você pode ter um tratamento mais chegado ao lírico. Mas os temas são canções, sambas, baiões... Temas populares. Podem ser cantadas por cantores líricos ou... Hoje em dia, eu imagino esses temas mais próximos dos cantores de musicais. É uma peça que eu espero que saia do papel um dia!

10. A RETOMADA DISCOGRÁFICA (1997-2003)

Álbum Musical e *Choro Rasgado*: retomada discográfica — Tempos de instrumentação mais enxuta — A presença de Tom Jobim — A influência da canção americana — *Sinfonia do Rio de Janeiro de São Sebastião*: síntese do cruzamento entre erudito e popular — Canções arranjadas para piano solo — A preocupação com um álbum coeso — Os antigos sucessos e as novas canções — Um álbum sem limites — A força do choro e os improvisos escritos — A influência do violonista Baden sobre o pianista Francis — Parcerias presenciais e a distância

Você voltou a lançar um álbum de canções inéditas em 1997, com Choro Rasgado. *Chama a atenção o fato de a instrumentação ser bem mais concisa do que a costumeira dos seus álbuns da primeira fase, vamos dizer assim.*

Na década de 1970, as gravadoras tinham desconto de ICMS. Os discos tinham produções bem mais ambiciosas. Era uma dotação, um incentivo do governo. Havia produções muito grandes que poderiam ser feitas independentemente da venda de um determinado artista.

Curioso o fato de que havia essas facilidades no período do regime militar, e justamente a partir do período de abertura essas produções se tornaram mais difíceis.

Eu não sei quando essa isenção foi implantada, e até quando precisamente foi. Mas eu me lembro de que naquela época, para a série de discos que eu fiz na Som Livre, todos os discos tinham uma produção bem generosa — não só meus discos, mas outros artistas também, devido a isso.

E foi com essa nova realidade que você se reinseriu no mercado fonográfico.

Eu continuei a procurar gravadoras, até que consegui um patrocínio para uma produção independente e para uma turnê pelo Brasil com esse disco, o *Choro Rasgado*.

O Álbum Musical *saiu no mesmo ano, 1997.*

256   Francis Hime

Essa era uma ideia que já vinha sendo germinada há algum tempo. Muitas vezes, as pessoas sugeriam: em vez de você fazer um disco de inéditas, por que que você não faz um álbum como um *songbook*? Aí depois você grava suas inéditas... E eu comecei a vislumbrar essa possibilidade. O *songbook* ia sair inicialmente pela Velas, mas aí, por questões contratuais, passou para a Warner, e assim foi feito. Cristóvão Bastos e Marco Pereira fizeram os arranjos. Eu só fiz a seleção de repertório, o roteiro do disco e a seleção dos cantores.

Tenho algumas restrições a esse disco. Apesar de a seleção de cantores contar com muitas estrelas, acho que os arranjos são pálidos em relação aos originais.

Era uma produção mais econômica, eles não tinham muitos recursos. Mas são dois músicos excelentes, o Cristóvão e o Marquinho, eu os escolhi para esse projeto.

Essas contingências econômicas de certo tempo influem no processo de composição?

Certamente. Lembro uma história do Stravinsky: depois de ter feito balés com uma formação bem forte, como *Pássaro de Fogo*, *A Sagração da Primavera*, passou por uma fase em que ele, por contingências econômicas, escreveu uma peça, um balé para sete instrumentos só, *A História do Soldado*, que ilustra bem como às vezes até as circunstâncias econômicas desfavoráveis provocam um desafio que leva a ideias mais criativas. Esse foi o caso de alguns discos meus, como o *Choro Rasgado*, em que eu tinha uma produção limitada ali. Isso aconteceu mais na seleção do repertório, em função não só do material que eu tinha, as músicas novas, como também em função da instrumentação e da produção em si do disco. Eu não componho especialmente para um disco, mas escolho as músicas muito em função do tipo de disco que estou fazendo.

Quando você vai produzir um disco, sempre tem material amplo para escolher?

Tenho, tenho. Quando eu fiz, por exemplo, o *Arquitetura da Flor*, isso foi bem característico, porque eu escolhi aquelas músicas que se enquadravam bem ao formato de quarteto.

Choro Rasgado *não é tão enxuto quanto* Arquitetura da Flor, *mas também está distante da orquestração típica dos discos da Som Livre.*

Milton Nascimento
Caetano Veloso
Chico Buarque
Paulinho da Viola
Olívia Hime
Djavan
Maria Bethânia
Ivan Lins
Zélia Duncan
Miúcha
Toquinho
Gilberto Gil
Daniela Mercury
Leila Pinheiro
Zé Renato
Gal Costa
Beth Carvalho
João Bosco

Os CDs *Álbum Musical* (à esquerda e abaixo) e *Choro Rasgado* (à direita), ambos de 1997, registram a volta de Francis Hime ao mercado fonográfico da MPB após quase doze anos.

1. ANOITECEU 5:07
   FRANCIS - VINÍCIUS • INTERP. MILTON NASCIMENTO
2. PIVETE 2:54
   FRANCIS - CHICO • INTERP. CAETANO VELOSO
3. SEM MAIS ADEUS 3:14
   FRANCIS - VINÍCIUS • INTERP. CHICO BUARQUE
4. MEU CARO AMIGO 4:01
   FRANCIS - CHICO • INTERP. PAULINHO DA VIOLA
5. EMBARCAÇÃO 4:21
   FRANCIS - CHICO • INTERP. OLÍVIA HIME
6. A NOIVA DA CIDADE 3:53
   FRANCIS - CHICO • INTERP. DJAVAN
7. PÁSSARA 4:12
   FRANCIS - CHICO • INTERP. MARIA BETHÂNIA
8. MINHA 3:18
   FRANCIS - RUY GUERRA • INTERP. IVAN LINS
9. ATRÁS DA PORTA 4:44
   FRANCIS - CHICO • INTERP. ZÉLIA DUNCAN
10. PASSAREDO 2:32
    FRANCIS - CHICO • INTERP. MIÚCHA
11. LUIZA 2:49
    FRANCIS - CHICO • INTERP. TOQUINHO
12. TEREZA SABE SAMBAR 2:56
    FRANCIS - VINÍCIUS • INTERP. GILBERTO GIL
13. E SE 3:05
    FRANCIS - CHICO • INTERP. DANIELA MERCURY
14. A TARDE 3:08
    FRANCIS - OLÍVIA HIME • INTERP. LEILA PINHEIRO
15. A GRANDE AUSENTE 2:51
    FRANCIS - P. C. PINHEIRO • INTERP. ZÉ RENATO
16. TROCANDO EM MIÚDOS 3:26
    FRANCIS - CHICO • INTERP. GAL COSTA
17. CLARA 4:18
    FRANCIS - GERALDO CARNEIRO • INTERP. BETH CARVALHO
18. VAI PASSAR 9:04
    FRANCIS - CHICO • INTERP. JOÃO BOSCO

(C) E (P) 1997 WARNER MUSIC DO BRASIL LTDA.
C.G.C. 42.470.112/0001-56 - FABRICADO PELA MICROSERVICE
MICROFILMAGENS E REPRODUÇÕES TÉCNICAS DA AMAZÔNIA LTDA.
NA ZONA FRANCA DE MANAUS - C.G.C. 34.525.444/0001-62
INDÚSTRIA BRASILEIRA - DISTRIBUIDO PELA
WARNER MUSIC DO BRASIL LTDA - C.G.C. 42.470.112/0001-09.

Capas do disco *Choro Rasgado* na versão original lançada pela Universal em 1997 (ao lado) e na reedição pela Biscoito Fino (abaixo). O álbum marca a estreia de Francis como letrista de suas próprias composições.

Exatamente. Eu tinha, acho, que uns quatro cellos, talvez, e alguns instrumentinos.

Vamos falar um pouco das canções do disco Choro Rasgado. *"Gente Carioca" marca seu início como letrista.*

Foi a primeira letra que fiz, um samba em homenagem ao Rio. A primeira ideia, a inspiração veio de um movimento na época, um movimento cultural pelo Rio, daí veio a ideia de "Gente Carioca".

Quando se fala em sofisticação harmônica em samba brasileiro, o mais comum é se pensar em algo puxado para a bossa nova, algo mais contido. Essa coisa de trabalhar com sambas fortes, rápidos, ritmicamente muito abertos, mas ao mesmo tempo com vários "truques" harmônicos, acho bem típica da sua obra.

Há uma parte em tom maior, depois a segunda em tom menor. Ele é bastante elaborado mesmo.

"Choro Rasgado".

Também é dessa época, ganhou letra da Olivia. Pertence um pouco àquela turma que eu chamo de samba de morro. Aquela levada mais ligada a sambistas tradicionais, como Cartola, Nelson Cavaquinho. Acho que até o título provisório dele era "Samba pra Cartola", é um pouco nessa linha.

"Luz da Manhã"?

"Luz da Manhã" também é dessa linha. Marca um reencontro com Paulinho Pinheiro, fazia algum tempo que eu não fazia músicas com ele. Essa ele letrou. Nesse disco, do Paulinho, ainda tem "Flor no Lago"...

E "Maracanã".

Aí foi um poema musicado. "Maracanã" nasceu de uma encomenda da Ana Caram, é um anagrama para o nome dela. Maracanã, Ana Caram. Gosto daquela mistura, no arranjo, de cello, com tamborins. É estranho, engraçado.

"Velho Moinho" é mais uma parceria com a Olivia, bem lírica.

Sim, inclusive o tema eu aproveitei mais tarde num concerto de violino e orquestra. O solo de entrada do segundo movimento é a melodia do "Velho Moinho".

Interessante, porque "Baiãozão", instrumental que também está no Choro Rasgado, *do mesmo modo guarda relação com esse concerto...*

O "Baiãozão" é uma adequação, um arranjo para o terceiro movimento desse *Concerto para Violino e Orquestra*, que estava, então, inédito [só viria a estrear em 2013]. Eu fiz essa adaptação para uma pequena formação, que eu levava inclusive em shows e era, talvez, o número mais aplaudido da turnê no Brasil.

Em seus discos de música popular, é nesse "Baiãozão", que veio do Concerto para Violino e Orquestra, *que a gente consegue ver alguma coisa de música atonal, de compassos...*

Sobretudo de compassos irregulares, pois segue a estrutura exata do concerto de violino, no qual eu não tenho essa preocupação de uma simetria mais característica da música popular e tonal.

Interessante notar que esse número era muito aplaudido nos espetáculos, porque teoricamente seria uma música mais "difícil".

A música, em si, eu acho que ela é popular. O que é difícil seria transformá-la em canção, uma coisa que, por definição, é para ser cantada, então... Se bem que, em alguns trechos, até poderia ser letrado...

"Alta Madrugada" é mais um exemplo na sua obra de canção com verso de ritmo fixo.

É um blues. A Olivia letrou e gravou também, mais ou menos nessa época, em um disco dela de que gosto muito, que leva esse título, *Alta Madrugada.*

"Duas Faces" é outra de letra sua.

Pensando bem, acho que "Duas Faces" foi a primeira que eu letrei, "Gente Carioca" não foi a primeira não. É uma letra de amor, fala da relação de chegada e afastamento entre duas pessoas. E também tem, com letra minha, "Jardim Botânico", uma canção que eu cheguei a mandar para o Tom, na expectativa de que, talvez, ele fizesse uma letra... Mas com a letra dele não tendo saído, eu mesmo fiz, imaginando um encontro meu com o Tom no Jardim Botânico. É um lugar que tanto eu como ele frequentávamos muito, eu morava ali pertinho, ele também. Tinha uma relação afetuosa com ele, mas não nos encontrávamos tanto. Tom sempre foi um ídolo, ouvi desde o início, é o músico que mais me marcou da música popular. Outro dia eu estava pensando, "que canção do Tom Jo-

Entrevista

E a gente fica sonhando—delirando um pouco, e pensando se talvez você não se empolgasse pra escrever um lance também — Mais um lance entre tantos e tantos com que você nos acarinhou esses anos tôdo!

Mas, olha aí, meu vizinho tão querido. Você sabe que os vizinhos dificilmente se encontram, não é? — De modo que, eu queria te mandar um beijo de aniversário, e que chegasse antes do lindo dia de 25 de Janeiro — De modo que, "aproveitando o ensêjo", aí vai esta canção, mais pra valsa, que eu fiz pra você, e que eu acho que se é que ela saiu bonita, é porque existe uma pessôa linda, chamada Antonio Carlos Brasileiro de Almeida Jobim!

Um beijo pra você, pra Aninha, pro João e pro filhote que já está chegando, do Inacás

P.S — Tocando ela no piano agora, descobri que o nome dela é "PAIXÃO", talvez por causa das 2 ultimas notas. SERIA lindo e fiquei pensando, também, como você fazer uma letra PRA ela!...

Parte final da carta de Francis Hime a Tom Jobim, de janeiro de 1987,
com a partitura da canção que viria a se chamar "Jardim Botânico".
Tom acabou não podendo fazer a letra,
e o próprio Francis se encarregou da tarefa anos depois.

bim eu gostaria de ter feito?". Bem, todas [risos]. Mas há algumas como "Sabiá", "Derradeira Primavera", "Pois É", "Insensatez"... Sempre me emocionam muito. Gostaria de ter sido mais próximo dele, no sentido de ter trabalhado com ele, feito shows juntos.

O Tom Jobim era grande admirador do Villa-Lobos. Você, como grande admirador do Tom, até agora não citou Villa-Lobos...
Eu adoro Villa-Lobos, mas não diria que seria um dos compositores que mais me influenciaram. Até porque, na época que redescobri música clássica, estava na Europa, ouvia mais compositores europeus. Villa-Lobos veio depois, por meio do estudo da obra dele.

Pode-se dizer então que o grosso do seu repertório de influências vem da música erudita europeia e da canção popular brasileira?
Exatamente. E fora da música europeia, eu citaria Gershwin, é um compositor que me comove muito. Tem muito a ver com a minha música no sentido de que caminhou muito na fronteira entre o popular e o erudito. Gosto tanto de muita coisa dele: as canções, a ópera *Porgy & Bess*, *Rhapsody In Blue*...

Sua geração às vezes parece defensiva ao falar da influência de compositores norte-americanos, não acha? A que atribui isso?
Não sei se existe isso, mas se existe razão para falarem menos, talvez seja por certo preconceito. Cole Porter, Gershwin, todos os musicais e filmes... São muito ligados inclusive à bossa nova, não é só o jazz. A música do Tom, inclusive, tem muita influência de Cole Porter. E "The Shadow of Your Smile", do Johnny Mandel, quer canção mais bonita? Poderia muito bem ter sido feita pelo Tom... com letra do Vinicius, linda [risos]. Há aí um parentesco muito grande. O Caetano fala muito dessa questão, ele elogia muito a canção norte-americana, nunca teve esse preconceito de desprezar um tipo ou outro de música.

Eu considero que se destaca equivocadamente a influência do jazz sobre a bossa nova. Nesse sentido, a influência da canção norte-americana para teatro e cinema é muito maior do que a do jazz, propriamente. Para começo de conversa, na bossa nova não se costuma abrir espaço para improviso, o que é uma característica fundamental do jazz.
Talvez essa relação venha pelo fato de que os músicos de jazz adotaram a bossa nova como uma nova expressão de linguagem musical. Há

uma relação estreita entre a bossa nova, a canção norte-americana e os músicos de jazz. Fazer uma separação seria meio artificial. Os músicos de jazz adotaram a bossa nova, viram ali um material riquíssimo do ponto de vista harmônico para fazer os improvisos que são a característica do jazz.

Seu projeto seguinte foi de grande escala, a Sinfonia do Rio de Janeiro, *que passou por um longo processo até obtenção do patrocínio para execução, em 2000.*

Ela foi patrocinada pelo Governo do Estado. Foi uma ideia do Ricardo Cravo Albin, que teve essa ideia de fazer uma sinfonia em homenagem ao Rio na ocasião dos 500 anos do Brasil, retratando várias épocas diferentes da cidade, com gêneros musicais específicos correspondendo a diferentes épocas: Rio Colônia com o lundu, Rio Império com a modinha, Rio da Primeira República com o choro, Época de Ouro com o samba, e o Rio da bossa nova para cá, com aquilo que eu chamei de Canção Brasileira. Cada movimento teria um solista cantando. Convoquei Paulinho e Geraldinho para fazerem as letras, fiz as músicas antes. Desenhei toda a estrutura da sinfonia com largos instrumentais, desenvolvendo os temas, numa peça de cerca de cinquenta minutos. Pode-se dizer que é uma sinfonia, tem características típicas no sentido de que o básico numa sinfonia é a ideia do desenvolvimento. Há temas recorrentes que aparecem várias vezes de formas diferentes.

Há uma série melódica descendente que aparece nos movimentos "Lundu" e "Canção Brasileira". E ainda apareceria, ligeiramente modificada, em outras canções suas, como "Desacalanto".

Em "Desacalanto" tem mais a ver com contorno rítmico da melodia, com as quiálteras, não tanto propriamente com progressão harmônica. Mas a partir desse planejamento para a sinfonia, eu comecei a pesquisar. Quando eu estava procurando material sobre o lundu, foi o Maurício Carrilho que chegou para mim e disse: "Pô, mas você já compôs um lundu, 'Pivete' é um lundu". Aí eu comecei a desenvolver, né? A modinha e o choro têm um desenho cromático descendente também, se assemelham. Enfim...

Como você escolheu os cantores solistas?

Eu escolhi os cantores muito em função das músicas. Escolhi o samba para Olivia, embora ela diga que não gosta de cantar samba. Mas

Entrevista
265

achei que aquele samba tinha a cara dela... E eu gosto dela cantando sambas, "O Fio da Meada", "Coração do Brasil"... Bem, eu gosto dela cantando tudo! A Leila Pinheiro ficou com o choro, pela facilidade e desenvoltura que ela tem com as melodias. É uma melodia difícil de cantar, cheia de notinhas. E também pela nossa amizade. O Sérgio Santos o conheci alguns anos antes, admirava muito a música dele como compositor e como cantor, foram escolhas um pouco afetivas. O Lenine conheço há trinta anos, quando estava começando. Achei que o lundu tinha muito a ver com o trabalho dele, é um xaxado com umas coisas meio roqueiras... O Zé Renato, quase se pode dizer que eu compus diretamente para ele, por causa da melodia, o negócio da modinha, muito característico do Zé Renato...

E exige uma tessitura enorme...
Exatamente, ele vai até a palavra "Deus", que é um dó lá em cima, a nota que ele sustenta, a nota mais alta que geralmente os tenores conseguem dar. A orquestra vai mudando a harmonia com ele sustentando aquela nota. Foram escolhas musicais e afetivas.

E como é que foi a recepção a essa sinfonia?
Ah, foi maravilhosa, maravilhosa! Uma sinfonia tem uma produção muito cara para se apresentar. Fatalmente você tem... poucas oportunidades. Alguns anos depois da estreia, foi apresentada na praia, em Copacabana, 30 mil pessoas, o pessoal se esbaldava dançando e tal, foi uma beleza. Com o mesmo elenco, mesma orquestra, inclusive. Porque a gente não pegou uma orquestra já existente, a gente arregimentou uma orquestra especialmente para a sinfonia.

A formação instrumental tem tanto músicos de orquestra quanto de música popular.
É, tem violão, cavaquinho, baixo elétrico e um naipe de sete percussionistas, muitos da área popular. Tutti Moreno, o Bolão, o Wilson das Neves... Cavaquinho foi a Luciana Rabello, no violão foi o Zé Paulo Becker, baixo o André Santos. Uma turma boa. Ensaiamos durante praticamente um mês até juntar com a orquestra.

Você chegou a me falar que se fosse para ser lembrado por uma obra só, essa sinfonia seria uma candidata séria para a obra que você escolheria nesse sentido.

É, eu acho que sim, porque é uma obra que engloba vários aspectos do meu trabalho, da canção. Faz uma síntese do cruzamento entre erudito e popular.

Inclusive, os movimentos, isoladamente, poderiam ser rearranjados como canções.

O choro, inclusive, eu cheguei a cantar em shows, fazia uma parte do instrumental com piano. Mas, realmente, a *Sinfonia do Rio de Janeiro* talvez fosse aquela obra, assim, que sintetiza bastante meu trabalho.

O álbum Meus Caros Pianistas, de 2001, traz arranjos para piano solo de canções suas. Como veio a ideia desse projeto?

Nasceu da ideia de botar em disco o *Songbook* que eu tinha feito para o Almir Chediak, com arranjos para piano solo que, por sua vez, nasceram de uma demanda dos pianistas eruditos, que só tocam músicas por partitura. Muitos deles são meus amigos, Arnaldo Cohen, Miguel Proença: "Poxa, escreve, Francis, para a gente tocar...". Aí surgiu essa ideia de fazer um disco, em que eu chamei quinze pianistas, tanto da área popular como da erudita, para executar trinta arranjos meus, ficaram duas canções para cada um. Eu escolhi os pianistas e escolhi quais músicas cada um ia tocar, imaginando... Alguns pianistas eu não conhecia pessoalmente, mas a maior parte deles eu conhecia. Os pianistas populares eu conhecia todos, é claro; os eruditos, nem todos. Aí conheci na feitura do disco. E fizemos o lançamento lá na Sala Cecília Meireles, com quase todos indo tocar. Eu acho que eu cheguei a tocar "Passaredo", porque no disco eu não participo como intérprete, só escrevi os arranjos. Se fosse para eu mesmo tocar no disco, teria que dar uma estudadinha. Teria que ter uma técnica a mais e o hábito de tocar mais, mais frequentemente. Aquelas terças da introdução de "Passaredo", por exemplo, são muito difíceis de tocar, não executo ao vivo. Eu até conseguiria, mas depois de estudar bastante aquilo. Aquele dedilhado... Eu sei exatamente como é: escrever, tudo bem, mas para tocar direitinho... Tem que lembrar das aulas de Vilma Graça, né? E fazer! [risos] Lentamente e tal, ir fazendo. É o estudo que se espera de um pianista normal.

Só em O Tempo das Palavras... Imagem, de 2009, é que você fez um disco inteiro de piano solo para você mesmo tocar, um dos dois desse álbum duplo. Nesse caso, demandou muito estudo para você interpretar aqueles arranjos todos?

Entrevista   267

Francis Hime recebendo os aplausos após a apresentação de sua *Sinfonia do Rio de Janeiro de São Sebastião*, em 2000, com Leila Pinheiro, Lenine e Sérgio Santos, ao fundo, e Olivia Hime, à esquerda.

O *Songbook Francis Hime*, lançado em 2001, foi organizado por Almir Chediak e inspirou a produção do disco *Meus Caros Pianistas*.

O CD *Meus Caros Pianistas*, de 2001, com diversos solistas interpretando a obra de Francis Hime em arranjos do próprio compositor.

Não, não. Não são temas que têm uma escrita muito virtuosística, são músicas mais fáceis de tocar no piano solo. Não envolve muita técnica de execução.

Em Meus Caros Pianistas, *qual música você considera de especialmente difícil execução?*

Ah, coisas como "Pivete"... "Embarcação" é uma pedreira. Os sambas geralmente são mais difíceis de você solar e tocar, fazer com uma levada rítmica que não perca o balanço e que seja fiel à composição, à melodia ou à harmonia certinha. Não é uma adaptação. Quando eu escrevi os arranjos de piano solo para essas músicas, havia determinadas tonalidades que eu achava indicadas para cada uma delas. Se subisse um tom não daria, baixasse um tom já não daria também. Havia esse estudo de pesquisar e ver que tonalidade seria boa para cada canção.

Há outras canções suas, que não entraram em Meus Caros Pianistas, *que você acha que mereceriam arranjos para piano solo?*

Ah, muitas delas, muitas delas. As canções lentas são mais fáceis do que as músicas com ritmo. Porque com as músicas ritmadas é aquele negócio: você não pode perder o *swing*, mas também tem que seguir a melodia e a harmonia de maneira exata, como são na sua origem.

Eu consigo imaginar facilmente algumas dessas canções lentas em arranjos para piano solo. "Ave Maria", "À Meia Luz", "O Farol"...

"Ave Maria" tem uma levada muito confortável, é um pouco como a "Sonata ao Luar" do Beethoven. Seria um solo muito fácil de ser tocado sendo fiel à ideia original da música.

Meus Caros Pianistas *é seu primeiro álbum pela Biscoito Fino, gravadora da qual Olivia, sua esposa, é uma das fundadoras e proprietárias. Fale um pouco do papel da Biscoito Fino em sua carreira desde então.*

Ah, é importantíssimo. A Biscoito Fino possibilitou que vários artistas que atuavam num nicho mais específico, artistas que não são grandes vendedores de disco, pudessem fazer trabalhos com toda a liberdade, usando a criatividade. É uma gravadora muito importante para a música brasileira e para mim também, pessoalmente. E em vários discos que eu fiz lá, como o *Brasil Lua Cheia*, contamos com patrocínio para projetos ambiciosos. É meu disco mais grandioso, mais até do que aquele meu primeiro disco, da Odeon.

Mais?

Talvez. Porque eu tinha, pô, eu tinha dezoito violinos, seis violas, seis cellos, dobrados... Era uma formação... Não tinha limites ali!

Você fala que as circunstâncias econômicas desfavoráveis podem instigar a criatividade, mas você parece muito empolgado ao falar de projetos grandiosos.

É que aí me sinto com possibilidade de explorar detalhes e caminhos que, teoricamente, não têm limites. É muito instigante mesmo. E depois era um desafio também, porque eu contava com aquela orquestra toda, tinha de depois mixar aquilo e fazer soar, ao mesmo tempo, a voz num nível bom, ao lado daquela orquestra toda.

Presumo que, quando você faz um disco, além da elaboração individual das canções, você pensa em como juntá-las, tornar o álbum um todo coeso.

Exatamente. E quando você tem muitas possibilidades, você tem que fazer um planejamento mais rigoroso, ou você se perde. Pode tudo! E se pode tudo, o desafio é não perder o fio da meada. É interessante isso. É um pouco como escrever uma peça para uma orquestra sinfônica. Uma sinfonia com uma formação mahleriana, de duzentos músicos, cem músicos... Como é que eu vou usar isso de uma maneira criativa, eficiente, que se justifique? Porque você pode ter cem músicos e não saber aproveitá-los. Então, de certa forma, talvez, quando você tenha um limite em uma produção menor, seja até mais fácil, porque você já tem um plano por onde criar, a estrutura aponta algo. Mas quando se tem "tudo", entre aspas, às vezes é mais assustador.

O Brasil Lua Cheia, de 2003, abre com "Parangolé do Samba", parceria sua com Paulo César Pinheiro. A partir do Choro Rasgado, vejo que você repetidamente usou canções de características semelhantes para abrir álbuns. "Gente Carioca", "Parangolé do Samba" e "Adrenalina" são canções meio afins, eu acho.

"Parangolé do Samba" abre com aquele prefixo, parece um prefixo radiofônico, né? São canções mais próprias para abertura mesmo, mais ritmadas. Quando eu faço um disco, eu escolho o repertório também muito em função do roteiro que eu imagino que ele vá seguir. "Vou abrir com isto aqui, fechar com isso", e aí vou escolhendo as músicas, "ah, não, essa tá sobrando no disco". Antes de fechar o repertório, antes de escrever os arranjos, eu já tenho o roteiro.

O álbum segue com "Cinema Brasil", uma letra bem original da Joyce.
Uma música minha que eu mandei para ela, acho que foi a primeira parceria que fizemos. Depois vieram "Adrenalina" e "Rádio Cabeça".

Eu já vi o Chico Buarque falando em entrevistas que, ao contrário de outros parceiros dele, quando você passava as músicas, não vinha com nenhuma sugestão para a letra. O Tom, em contraste, costumava dizer coisas como "essa música podia falar disso...", mas você sempre deixava muito...
Deixo os parceiros muito livres para escrever.

Você não deixa indicações. Aí, em casos como os da Joyce, que sempre apareceu com temas de letra muito originais para suas músicas, você costuma receber com surpresa o trabalho do parceiro? No sentido de trazer nuances para sua criação que nem você mesmo havia percebido?
Sim, pois é. Realmente, porque a criação vira outra coisa, uma outra entidade. Às vezes eu levo surpresa. Geralmente, em 90% dos casos, surpresas boas [risos]. Eventualmente, um caso aqui ou ali, eu talvez não tenha gostado de uma letra ou não tenha achado ela tão adequada. Mas geralmente os parceiros que eu tive sempre souberam sentir muito bem o que a música pedia. Mas essa letra da Joyce, eu adoro, a louvação ao cinema nacional. Realmente.

Além de se adequar à música, a letra encaixa muito bem no seu universo, considerando toda sua ligação com o cinema brasileiro por meio das suas trilhas sonoras.
Exatamente. Inclusive, quando eu fiz [o álbum duplo] O *Tempo das Palavras* [em que um dos discos traz arranjos para piano solo das trilhas de Francis Hime para o cinema], eu fazia, no show, a ligação com a parte cantada através de "Cinema Brasil", justamente.

Em seus shows mais recentes, o seu arranjo mais constante é dividir o repertório, em proporções parecidas, entre canções do álbum que você está trabalhando no momento e canções compostas nesse período que podemos chamar de sua primeira fase, de 1985 para trás.

É... Quando eu monto um show, há certas músicas que a plateia quer ouvir... Músicas, assim... Sucessos, né? E ao mesmo tempo, eu quero mostrar as músicas supernovas, então, eu busco um roteiro com uma estrutura que se comunique bem com o público. Muitas vezes, nesse caso, não tem sentido eu botar músicas que são, além de antigas, pouco conhecidas. O que eu faço geralmente é procurar mesclar os sucessos com as novas, desconhecidas totalmente do público.

Eu entendo a ideia. Só lamento porque, nesse esquema, sua obra a partir da década de 1990 acaba sendo esquecida, tirando o álbum que está sendo trabalhado no momento. E eu acho que Choro Rasgado, Brasil Lua Cheia, Arquitetura da Flor, O Tempo das Palavras *e* Navega Ilumina *não deixam nada a dever para os discos dos anos 1970 e 1980.*

É verdade, é verdade. Mas se eu botar essas músicas, aí eu vou ter que sacrificar o número de músicas novas, novíssimas, né?

É, o álbum novo sempre deve ser trabalhado...

Tem preferência, né? Mas às vezes eu coloco algumas coisas... "Choro Rasgado" realmente há muito tempo que não toco!

Embora o disco que leve "choro" no nome seja o anterior, o Choro Rasgado, *no* Brasil Lua Cheia *há, eu contei, cinco choros, que aparecem em sequência no disco. É um disco em que esse gênero está muito presente.*

É verdade. Tem "Canção Transparente", que a Olivia letrou, faz parte desse grupo de canções que eu usei instrumentação de regional. Tem o "Disfarçando", também com letra dela, um samba, mas com instrumentação regional.

É que as linhas de violão fazendo o baixo lembram muito o choro.

E os improvisos de clarinete, que são todos escritos.

Improviso escrito! [risos]

Embora pareçam improvisos, eram escritos. A ideia era dar um sabor de liberdade para o Cristiano Alves, para quem, justamente, escrevi faz pouco tempo esse *Concerto para Clarinete e Orquestra*. Foi uma trabalheira... Porque é muita nota, muita nota!

Entrevista
273

Em "Disfarçando", a letra da Olivia tem essa preocupação com o transcendente, que depois apareceria em letras suas do Navega Ilumina, *"Mistério" e "Ilusão", acho que são canções meio...*

Afins, aparentadas, é verdade.

"Meu Coração" também é um choro...

"Meu Coração" é uma música que surgiu num processo curioso. Eu musiquei uma letra que Vinicius tinha feito para uma música minha antiga, inédita. Eu gostei da letra, mas achei que ela não se adequava tão bem à melodia. Então fiz uma nova música para a letra, fiz um choro.

E há ainda "Navios" que abre com uma passagem bem lírica, parece recitativo de ópera... E depois cai num choro, é um contraste muito interessante. Essa é uma que adoraria ver ao vivo!

Isso, começa com aquela parte camerística, aí deságua num choro...

A escolha do parceiro para essa música foi muito apropriada...

Tem bem a cara do Paulo César Pinheiro, né? É um poema musicado também.

Ah! É um poema musicado... Eu não imaginaria. Isso sempre é um sinal que a canção foi bem-feita, não dá para perceber...

É, é um poema musicado [risos].

E "Choro Incontido", que ganhou letra do Paulinho da Viola.

Essa era uma música bem antiga, bem antiga.

Eu vi o Paulinho da Viola falando, num show, que ele te deu um trabalhão! Que até devolver a música com a letra foram uns dez anos...

A gente sempre se encontrava: "Como é que é, vai sair aquele nosso samba?". E o Paulinho dizia: "Não sei... É... Vamos ver" e tal. Aí, de repente, chegou a inspiração e saiu essa letra, mas levou alguns anos [risos]! Mas super valeu a pena! Grande letra! Uma vez nós fomos fazer um show lá na Polônia, um show em torno de música escrita para cinema, tinha música do *Orfeu Negro*, de *O Cangaceiro*, uma banda de dez músicos. E para o cara lá, o contratante dono do festival, a minha música favorita dele era "Choro Incontido". "Pô, tem que ter o 'Choro Incontido'", e eu disse: "Como é que você conhece essa aqui, no meio da Polônia?", uma cidade chamada Kazimierz. E ele era fã do "Choro Incontido"! E ninguém a gravou depois que eu gravei. É uma música fácil, tem que ser mais divulgada em rodas de choro e tal.

"O Amor Passou" você já me descreveu como uma canção cinematográfica.
É, certas passagens instrumentais me lembram aquelas músicas do Michel Legrand. Foi um poema do Geraldo que eu musiquei. Mexi um pouco, para dar uma estrutura mais simétrica em alguns pontos.

A letra tem bastante regularidade, a maior parte dos versos são decassílabos. Só no finalzinho há uma quebra desse esquema métrico. Eu gosto muito do interlúdio instrumental, um acelerando com uma melodia no clarinete.
Exatamente. Aquilo é... bastante descritivo.

"Corpo Feliz"...
"Corpo Feliz" é um poema antigo do Cacaso que eu tinha guardado, com a letrinha dele, aquelas quadrinhas. Eu fiz essa música... Na realidade, já tinha ideias para essa música, retomei o tema, desenvolvo e modulo. Busquei fazer de uma forma que, acho, agradaria bastante ao Cacaso. Chamei o Lenine para cantar comigo na gravação, gostei bastante do resultado.

Há outra parceria com o Cacaso nesse disco, "Minas Goiás". São poemas dele a que você retornou depois da morte do seu parceiro...
"Minas Goiás" também, nessa eu mexi mais no poema para compor a canção, há uma orquestra bastante densa ali.

O Geraldo Carneiro vem sendo seu parceiro mais constante, e você diz que ele costuma mandar poemas para você musicar. Mas quando a música vem primeiro, como é que você escolhe o letrista para o qual vai mandar?
Fico olhando, assim, "Isto aqui tem cara de fulano, de beltrano" e tal... Faço uma lista, "Isto aqui tem cara do Gil, cara do Milton, cara do Chico"...

Com esses três faz tempo que você não trabalha!
É! No *Brasil Lua Cheia* eu mandei música para o Paulinho, para a Joyce... Para quem mais?

Entrevista

O CD *Brasil Lua Cheia*, de 2003.

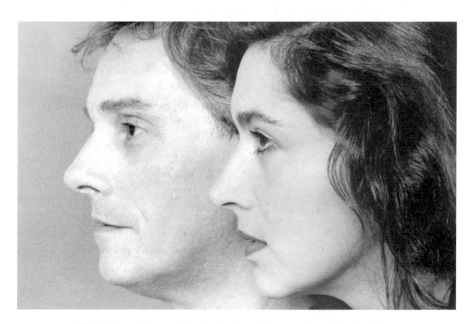

Olivia Hime foi uma das fundadoras da gravadora Biscoito Fino, que passou a editar os álbuns de Francis a partir de 2001.

Francis Hime com Paulinho da Viola, um dos convidados especiais do disco *Brasil Lua Cheia*, junto com Adriana Calcanhotto e Lenine.

Especializada em MPB, a gravadora Biscoito Fino (que tirou seu nome da expressão "biscoito fino para as massas", de Oswald de Andrade) tem em seu catálogo artistas como Chico Buarque, Maria Bethânia, Gilberto Gil, Gal Costa e muitos outros.

Para a Olivia?
Para Olivia não preciso mandar, ela pega [risos]!

E há ainda a parceria com o Lenine, "Pó de Granito".
Eu ficava naquele meu roteiro lá, marcava: "Essa aqui ainda não está pronta, será que vai ficar pronta a tempo?" e tal. Mas praticamente todo mundo para quem eu mandei música fez as letras. O "Pó de Granito" é um samba, um samba com aquela baixaria que me lembra um pouquinho o Baden, eu diria... "Canto de Ossanha", né? Aquela coisa...

Baden Powell te influenciou muito?
Sem dúvida. Talvez seja quem mais tenha me influenciado, talvez até mais que o Tom. Não sei... Os dois.

Apesar de ele ser um violonista, e você, um pianista.
Pois é. É engraçado, né? Mas o negócio do samba, os afro-sambas e muito mais. Estava ouvindo outro dia uma instrumental dele que não conhecia, "Xará".

E ainda há o fato de o Baden ser mais reconhecido como instrumentista virtuoso do que como compositor.
Ele não tem o reconhecimento que deveria ter como compositor, né? Era uma figura, o Badeco. Não o encontrei muitas vezes, mas o conheci através do Vinicius. Ele foi um compositor maravilhoso. Naquelas festinhas que o Vinicius organizava, o Baden tava sempre presente tocando um samba.

Nessas festas era famoso o consumo de uísque, consta que era algo industrial.
Bebia-se... Bebia-se industrialmente, exatamente.

Você acompanhava o ritmo deles? Ou nunca foi tão...
Acompanhava. Vixi... Acompanhava sim! Na época eu bebia bem [risos]!

E chegou a ser um problema para você isso?
Não, não chegou não. Não chegou não, mas... Todos tínhamos... Os "figueiredos" em boa forma.

Figueiredos em boa forma?
É, os fígados [risos]! Mas rolava muito álcool mesmo.

E também há duas parcerias com o Moraes Moreira no disco.
Moraes também era dessas figuras que eu encontro... "Como é que é, vamos fazer uma música?" "Vamos." Tem várias pessoas assim, o Moacyr Luz, o Erasmo Carlos, volta e meia eu encontro, é vascaíno como eu, encontro assim, em festas. "E a nossa música?" "Toma, anota aí o meu e-mail!" Como é que é o e-mail dele? Esqueci como é que é... Tem um negócio de gigante, é um e-mail engraçado [risos]! "Ah, vou te mandar a música..." Djavan... Tem vários! Caetano cheguei a mandar um samba que até hoje está inédito, um samba-canção que ele tocava lá na casa dele. Mas isso há milênios, né? Um samba meio bossa nova e tal.

Então, além dessas sessenta parcerias registradas suas, há outras tantas que você queria ter realizado?
Sem dúvida!

Com o Moraes Moreira, a parceria demorou a acontecer, mas vieram duas de uma vez só: "Brasil Lua Cheia", que batiza o disco, e "Menina".
O "Brasil Lua Cheia" é um poema musicado, que ele me trouxe aqui, e o "Menina" é um mambo que ele letrou. Periga de a gente ter feito no mesmo dia em que ele veio com a letra.

Uma parceria presencial, então?
Presencial, o que é raríssimo hoje em dia. Essa com o Lenine, por exemplo, ele me mandou a letra, eu fui adaptando, trocando ideias. Parceria presencial hoje em dia... Praticamente não existe.

Essa mudança do processo típico interfere no seu modo de composição?
Talvez, no sentido de que hoje em dia eu musico mais letras do que o contrário. Antigamente, quando eu musicava letras, também não havia parceria presencial, pegava a letra e ficava trabalhando nela sozinho. Mas com Vinicius, Chico, Cacaso, a música costumava vir antes, eu sempre ia para a casa deles... Nesse sentido, mudou.

Entrevista

Você tocava a música, e eles iam letrando na hora?

Iam letrando na hora. Ficava tocando repetidamente, e eles letrando. O que não excluía a ideia de deixar uma fita gravada, se eles precisassem de mais tempo, para só depois eu ver o resultado.

Mas aí você já chegava com a música pronta? Ou teve ocasião de ir criando na frente do parceiro?

Chegava com a música prontinha.

Exige muito esmero a criação de uma canção, ou varia? Houve alguma canção que você escreveu muito rapidamente?

Provavelmente, mas eu não me lembro... Geralmente não era muito rápido, não, eu ia para o piano, ficava lá... Naquela época, sobretudo, eu compunha muito com instrumento. Já hoje em dia, não preciso tanto, mas naquela época era sempre com o instrumento tocando, ligava o gravador às vezes. Aí vinha uma ideia, no dia seguinte ouvia... "Ah, isso é uma boa ideia"...

11. Livre e ampla produção na Biscoito Fino (2004-2010)

Escrevendo para tocar — Um álbum intimista — Dois álbuns distintos numa só embalagem — Relembrando Augusto Boal — O gosto pelos fados — O esperado *Concerto para Violão e Orquestra* — Reconfigurando temas

Em 2004, foi gravada sua Fantasia para Piano e Orquestra, *você aparecendo como solista.*

A *Fantasia para Piano e Orquestra* foi uma encomenda da Fiocruz. Tinha alguma coisa a ver com Carlos Chagas [1879-1934], que é contraparente meu, na comemoração do aniversário do tio Carlinhos — eu até o chamava de tio Carlinhos! Foi um evento em que a Fiocruz encomendou peças para quatro compositores brasileiros. E eu apresentei essa peça, que tem quinze, dezesseis minutos, num movimento só. Eu a toquei muito pelo Brasil afora, com diferentes orquestras. Não é uma peça difícil de tocar. Ela não foi gravada na versão para orquestra sinfônica, mas sim numa versão camerística que fiz. Gravei com o grupo do David Chew [Rio Strings], numa redução para cordas, com três sopros e uma percussão. Ficou muito bem gravada, na Biscoito Fino. Foi a primeira e única peça que escrevi para piano, fora aquelas trinta peças de piano solo, do *Meus Caros Pianistas*, que eu arranjei com base no que eram canções minhas que já existiam. Mas eu nunca tinha escrito nada diretamente para piano. Só que a escrita para o *Meus Caros Pianistas* exigiu muito mais, do ponto de vista do piano mesmo, do que a *Fantasia*, que não é uma peça difícil, não tem altos arroubos virtuosísticos. Eu escrevi uma peça também para que eu pudesse tocar [risos]!

Em 2005, foram lançadas duas canções suas em álbuns de outros intérpretes. "Descompaixão", parceria sua com Hermínio Bello de Carvalho, e "J'ai Grand Faiblesse Pour les Femmes", sua com o Georges Moustaki.

O Hermínio era um desses parceiros, "vamos fazer algo um dia". Saiu "Descompaixão", que a Zélia [Duncan] gravou num disco produzido pelo próprio Hermínio. É uma das canções que faz parte da série de sambas de morro. E o "J'ai Grand Faiblesse Pour les Femmes" foi uma letra do Moustaki que eu musiquei. Eu fiz um trabalho com o Moustaki, alguns anos antes ele veio aqui ao Brasil, gravou um disco e eu fiz arranjos. Depois disso, ele me convidou para fazer um outro disco que gravamos na Bélgica. E fui para lá, passei um mês num estúdio na Bélgica, o estúdio era... Tinha uma casinha, você dormia na própria casa, vários quartos, no andar de baixo era o estúdio. Nessa época, ficamos muito amigos. Ele foi, inclusive, à apresentação da *Sinfonia do Rio* em Paris. Ele era uma figura curiosa, morreu há alguns anos. Eu ficava andando com ele na rua, e o pessoal: "Ê, seu Moustaki!", popularíssimo, super conhecido.

Arquitetura da Flor, seu álbum seguinte, tem uma formação bem enxuta. Provavelmente é o disco mais intimista que você já gravou. Nesse ponto, há um grande contraste com o álbum anterior, Brasil Lua Cheia.

Exatamente, é um álbum só para quarteto. A ideia foi realmente fazer um disco que contrastasse, na forma, com o disco anterior. Ali, só usamos o quarteto — em uma ou outra faixa, há de repente um instrumento a mais, uma percussão... No "Sem Saudades", há vários trombones dobrados pelo Vittor Santos. O repertório foi escolhido muito em função dessa formação enxuta. Antes do repertório, veio a escolha dessa formação que a gente estabeleceu. Foi uma produção do Moogie, o mesmo técnico de som do *Brasil Lua Cheia*. Nós escolhemos o repertório juntos. Há algumas regravações, algumas músicas que já haviam sido lançadas por outros cantores, como "A Dor a Mais".

Por falar em "Sem Saudades", qual a história dessa canção, feita a partir de um poema deixado por Cartola?

O Cartola sempre foi um grande ídolo meu, sempre admirei a música dele. O Geraldinho Carneiro sugeriu que eu musicasse um poema do Cartola, falou que conversaria com a neta do Cartola, a Nilcemar. Numa feijoada na Mangueira — levaram piano de cauda para lá! —, ela me deu esse poema para eu musicar. Fiquei com essa responsabilidade. Nos poemas que eu musico, muitas vezes eu mexo um pouquinho, consulto o parceiro. Nesse caso não dava para consultar, ele já estava morto há muito tempo. E eu fiquei: "Gente, será que eu vou conseguir fazer uma música à altura da minha paixão pelo Cartola?". Tive uma primeira ideia musical que descartei, acabei optando por uma linha melódica mais tranquila, com notas mais alongadas. Inclusive, a minha primeira música, na realidade, não foi o "Sem Mais Adeus", foi um samba-canção que eu chamava de "Samba para Cartola", cheio de quiálteras, com aquela linguagem de antigamente; eu achava que tinha uma linguagem musical próxima aos sambas-canção do Cartola. E até hoje não tem letra. Quem sabe ele não entra no próximo disco, com um parceiro querido [risos]?

Arquitetura da Flor abre com "A Invenção da Rosa". É um disco muito marcado por parcerias com Geraldo Carneiro.
Exatamente. Foi uma época que representou o auge da nossa produção, no sentido de quantidade. Eu estava musicando muitos poemas do Geraldinho.

E abre com uma frase musical que remete ao refrão de outra canção do disco, "História de Amor", o que já mostra essa tradicional conversa entre suas canções.
Exatamente. Foi uma das primeiras dessa série que está no disco, "Gozos da Alma", "A Invenção da Rosa", "A Musa da TV", todas poemas musicados.

"Gozos da Alma" já havia sido gravada no ano anterior pela Leila Pinheiro. Gosto muito do poema, acho a letra muito forte. Mas confesso que me incomoda um pouco na música certa quebra de paralelismo no trecho "A ausência nos negar o olhar do amado — e então fizer...".
Sei, é mesmo um enxerto ali!

Ainda da sua parceria com o Geraldo, nesse disco, há "História de Amor", "Mais-que-Imperfeito" e "O Mar do Amor Total". São canções bem relaxadas, difícil acreditar que a letra veio antes, porque elas soam...
Elas fluem bem, né? "História de Amor" eu canto com a Nina Becker: não sei como é que surgiu a ideia, quem sugeriu de ela cantar, eu não a conhecia, eu vim a conhecer no estúdio mesmo, gostei muito do dueto; "Mais-que-Imperfeito" eu usei para abrir o show do disco, o Geraldinho adora esse samba, "é tudo o que eu queria..."; "Mar do Amor Total" é um samba em que usei no coro as mulheres da minha vida, minhas filhas e a Olivia!

Temos também no disco "Palavras Cruzadas", letra do Toquinho. Fazia anos que você não fazia algo com ele.
Depois o próprio Toquinho a gravou. Já tinha essa canção há bastante tempo quando o Toquinho fez a letra. Ela estava inédita, mas a res-

O álbum *Vagabond*, de Georges Moustaki (1934-2013), célebre cantor e compositor francês que fez alguns trabalhos com Francis Hime nos anos 2000, como "J'ai Grand Faiblesse Pour les Femmes", parceria registrada neste disco de 2005.

O CD *Fantasia Brasileira*, da Rio Strings, que incluiu a *Fantasia para Piano e Orquestra*, de Francis Hime. O disco foi finalista do Grammy Latino 2005, na categoria melhor álbum de música clássica.

Os CDs *Arquitetura da Flor* e *Francis Ao Vivo*, lançados em 2006 e 2007 pela Biscoito Fino.

gatei porque é perfeita para aquela formação de quarteto, com condução mais centrada no violão.

E há uma parceria com Simone Guimarães, "Cadê". É uma canção que se presta bem àquela teoria do Alec Wilder...

Sei. É verdade, o A é bem direto, e o B é mais enrolado.

Ainda no mesmo ano do Arquitetura da Flor, 2006, chama a minha atenção uma canção sua em parceria com a Cristina Saraiva, ela lançou em disco dela: "Recomeçar". É uma canção com duas vozes em contraponto, algo que acho que é único em sua carreira.

"Recomeçar" é um samba-canção. Essas duas vozes em contraponto são algo raro mesmo para mim. "Saudade de Amar" eu cantei com a Olivia em dueto, mas aí foi uma coisa de arranjo, a canção prescinde de dueto. Não me lembro de ter feito outra canção nesse modelo. Foi uma música minha que ela letrou, e já havia a previsão dessas duas partes. Gravamos aqui em casa mesmo.

Na mesma época, há outra parceria sua com Geraldo Carneiro, que não aparece no Arquitetura da Flor: "Claudia".

Aquilo foi uma encomenda que nós fizemos para a revista *Claudia*, aí lançamos num espetáculo lá em São Paulo, num evento fechado. Depois entrou numa coletânea da Biscoito Fino.

Do jeito que é dividido o nome "Claudia", o ditongo vira um hiato: Clau-di-a, assim como em "Lígia", do Tom Jobim. Fiquei pensando se era uma referência à canção do Tom.

Ah, é? Isso eu não tinha notado.

A melodia nesses trechos, "Clau-di-a" e "Lí-gi-a", também é bastante parecida. É uma divisão bem atípica.

Fui eu que musiquei um poema do Geraldinho. Ele deve ter dado uns retoques depois. Deve ter sido o meu inconsciente que falou mais alto nesse caso, eu não tinha percebido, mesmo.

Outra coisa que me chama a atenção nessa canção é que em certo ponto da melodia cantada ela tem um salto que soma uma oitava mais uma quinta justa. Até onde eu tenha percebido, é o maior salto melódico em uma canção popular sua.

É um salto grande mesmo, né? Não é usual na canção popular.

Um ano depois do lançamento do Arquitetura da Flor, *você lançou* Francis ao Vivo, *que é o registro da turnê do álbum. Isso iniciou uma tendência sua que se mantém até hoje: depois de lançar seus álbuns de estúdio, você grava depois uma versão ao vivo. Qual a ideia desse procedimento-padrão?*

Antigamente eu rejeitava um pouco a ideia de gravar ao vivo. Sei lá, eu achava que tecnicamente talvez não ficasse tão bom. Mas depois eu mudei de ideia, com *Francis ao Vivo* eu fiquei bastante satisfeito. Foi o projeto de um DVD do qual a gente extraiu o áudio para o disco, e eu acho que ficou com boa qualidade. Nos álbuns ao vivo há aquela espontaneidade que você muitas vezes não tem em discos de estúdio.

Seu próximo projeto, em 2008, foi o Álbum Musical 2, *desta vez com arranjos seus mesmo.*

Sim. Houve muitas canções que já eram para ter entrado no primeiro *songbook*, acresci algumas outras.

Gosto mais desse segundo álbum do projeto, em relação ao primeiro. Acho bem ilustrativo do quanto seu papel de arranjador é importante, e até se confunde com seu processo composicional. Acho que, com seus próprios arranjos, essas canções rendem o máximo. Já comentamos de "Grão de Milho" com Renato Braz, mas também destaco "Mariposa" com a Mônica Salmaso.

"Grão de Milho" ficou mesmo bonito, né? "Mariposa" eu mandei a base para São Paulo, e a Mônica gravou a voz de lá. Ela é maravilhosa.

Há uma canção inédita, "Viajante das Almas".

Essa eu musiquei a partir de um texto da Fernanda Montenegro sobre o ofício do artista, organizado em versos pelo Herbert Richers Júnior. Ele era muito amigo nosso, morava aqui no Rio na época; dirigiu alguns shows, alguns programas para o *Fantástico* que a Olivia fez, eu também. Ele pediu para eu musicar "Viajante das Almas", fiz um foxtrote. Acho que ficou bem teatral. Tem aquele *intermezzo* instrumental no meio, foi parte integrante da música [cantarola]. E aí eu tive a ideia de chamar outra dama do teatro para interpretar, Bibi Ferreira.

Entrevista
287

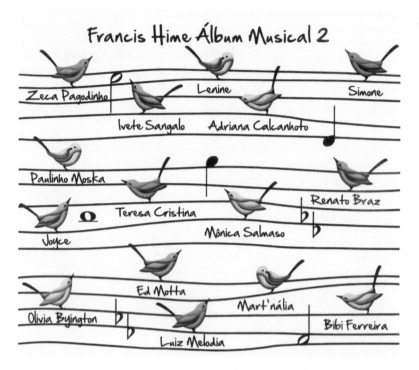

O disco *Álbum Musical 2*, de 2008 (à esquerda), contou com a colaboração da atriz Fernanda Montenegro, autora do texto de "Viajante das Almas".

Da *Fantasia para Piano e Orquestra* aos discos de MPB lançados pela Biscoito Fino, Francis Hime, aqui com Olivia, continua flertando com o clássico e o popular.

Ainda nesse ano apareceu "Natal", outro poema de Vinicius que você musicou, num álbum natalino.

Era um projeto da Biscoito Fino de músicas natalinas. Eu escolhi esse poema do Vinicius, fui procurar na antologia dele.

É engraçado que há a característica de o poema ter sido escrito em 1953, e há um verso que cita o ano. Mas você conseguiu fazer soar bem na música a citação por extenso de um ano, "mil novecentos e cinquenta e três", o que é uma proeza, fazendo com que a canção não pareça anacrônica.

Soa fluido, né?

É um procedimento muito peculiar seu: às vezes você cria uma música que tem frases de ritmo fixo; por outro lado, você também pega poemas com métrica regular, e altera o ritmo do poema, criando frases melódicas com vida própria. Nesse caso de "Natal", você destrinchou um soneto...

Sim, criei outras células rítmicas, que não eram as obviamente sugeridas pelos versos, pela métrica do poema.

No ano seguinte, veio o álbum duplo O Tempo das Palavras... Imagem. *Quando falamos das suas trilhas sonoras, tratamos também dos arranjos para piano dessas trilhas que compõem um dos discos do projeto. Mas há um outro disco integrante, com canções inéditas. Como veio a ideia de juntar esses dois projetos?*

São dois álbuns distintos. Provavelmente foi uma ideia de Olivia a junção. Eu me lembro que era uma época em que ela estava pensando em organizar uma caixa com meus discos, e um dos discos seria justamente com trilhas de filmes. A partir daí veio essa ideia de fazer um disco com arranjos para piano das trilhas. Ao mesmo tempo, eu queria fazer um disco mostrando minhas canções novas e inéditas. Aí eu disse: "bom, então vamos fazer um disco duplo".

É um álbum na praia do Arquitetura da Flor, *com uma formação menor. Por contingências econômicas?*

É, aí nós não tínhamos patrocínio, como na época do *Brasil Lua Cheia.*

Em comparação com sua primeira fase, até 1985, em que seus álbuns sempre tiveram grande produção, hoje em dia parece que são as circunstâncias externas que determinam a cara do álbum. No Navega Ilumina, *houve o apoio do Sesc.*

Sem dúvida, é em função disso, realmente. No caso do *Navega Ilumina*, eu retornei o contato do Sesc, a gente sempre faz shows com eles, e aí eu propus: "olha, vamos fazer um disco comemorativo dos meus cinquenta anos de carreira, a Biscoito Fino não pode bancar esse álbum, eu pretendo fazer uma coisa mais ambiciosa, reunindo música popular e música erudita". Em O *Tempo das Palavras* estivemos por nossa conta mesmo, o que muda a cara do disco.

O disco de canções de O Tempo das Palavras *começa com "Adrenalina". As letras da Joyce para suas músicas sempre são com temas não óbvios. "Cinema Brasil", uma ode ao cinema, "Rádio Cabeça", com a ideia da música que não sai da memória...*

É ótima. A parceria rendeu bem, né? A Joyce sempre tem ideias muito boas para as letras, e ela é excelente musicista também. Nossas parcerias são com músicas que mando para ela letrar. Em meu último disco, eu tinha mandado a música de "Mistério" para ela, mas aí tive uma ideia... "Joyce, para!", e ela, "pode deixar, ainda não comecei a fazer".

É engraçado porque em "Rádio Cabeça" a letra fala de uma música que não sai da cabeça... E a própria melodia é bem grudenta!

E fica aquela música martelando [cantarolando]. A Joyce soube encontrar uma letra que estava quase implícita na música.

Sobre "Adrenalina", eu vi em um comentário do DVD do álbum que a letra é uma ode a uma blogueira, que escrevia sobre meio ambiente... Uma ideia original também, uma louvação à mulher, mas não de um ponto de vista romântico.

É, tinha um negócio de uma blogueira, já não lembro bem o que que era. Ela tinha essa coisa engajada forte, mas também exaltava o samba, ficava enlouquecendo na avenida.

Musicalmente, é um tema circular...

É de uma linha que trabalho desde o início de minha carreira, meio badeniana, do Baden Powell.

Entrevista

A letra retoma a questão feminina, que a Joyce trabalha com muita habilidade. Há um álbum dela que se chama Feminina.

Ela também tem uma editora que se chama "Feminina"!

O disco segue com "Existe um Céu", de que já falamos um pouco...

É minha versão para a canção que a Simone já havia lançado na novela. O João Gilberto acabou não gravando mesmo, embora adorasse a música. "Existe um Céu" e "Último Canto", minhas duas canções que o João Gilberto quase gravou [risos].

Depois vem "Maré", um tema instrumental lá da década de 1970, que ficou belíssimo no formato canção. É uma música que ilustra muito bem como podem ser intercambiados, na sua obra, as facetas erudita e popular.

"Maré" veio da trilha do *Homem Célebre*. É aquela peça que o [personagem] Pestana estava compondo e não conseguia terminar. Aí a Olivia fez essa letra, tantos anos depois.

Ficou muito bem com a Mônica Salmaso, foi a escolha certa para cantar contigo.

Bonito, né? É uma música difícil de cantar [cantarola]. Uma música mais com cara de instrumental mesmo.

As notas em cromatismo, é difícil de cantar mesmo. "O Sim pelo Não" é outra canção antiga, você já havia gravado no Se Porém Fosse Portanto. *Confesso que gosto mais da versão original, com cordas, ritmo menos marcado... Havia alguma insatisfação sua com a primeira gravação? Por que escolheu regravar?*

Não, eu gosto daquela gravação. Não sei por que exatamente escolhi para regravar, é só uma releitura mesmo. A Olivia também a gravou.

O disco segue com "Pra Baden e Vinicius", canção em que a melodia serve como contraponto para "Consolação". Aliás, é seu segundo álbum seguido em que há citação a "Consolação"...

Exatamente. No *Arquitetura da Flor*, eu coloquei em "Do Amor Alheio", samba-canção meu com Abel Silva, um lance que remete a "Consolação". Não é só coincidência, é mesmo dos sambas que eu mais gosto de Baden e Vinicius. Samba maravilhoso [cantarola].

"Amor Perdido" é uma canção da qual você me disse gostar particularmente.

É um poema do Geraldo que musiquei. Dei umas mexidas no poema, mas mexidas que funcionaram bem. Nesses anos compus muita coisa para o Geraldinho. Praticamente todas as canções são poemas musicados, com exceção de "O Tempo e a Rosa", um samba meu em que ele pôs letra.

Gosto muito da introdução de "Amor Perdido". Parece música de câmara, descolada do resto da canção. Dessa parceria muito prolífica, ainda entraram no disco "Estrela da Manhã", que tem bem cara de poema musicado, solene, e "Eterno Retorno", uma canção sem percussão...

Mais para o clássico, com uma harpa. Mas o disco fecha com "O Tempo das Palavras", também da nossa parceria, que se aproxima da guarânia.

Eu ia justamente perguntar sobre essa, não estava conseguindo identificar o ritmo.

É uma espécie de guarânia [cantarola e batuca a célula rítmica]. E a introdução fica como parte integrante da música, não é?

Muito inusitado você combinar uma adaptação de Shakespeare, feita pelo Geraldo Carneiro, com uma guarânia, e casar tão bem! Na gravação do disco, você apresenta o tema e depois há uma jam session, ou algo assim, que se estende por uma duração maior do que a própria canção, o que é algo bem atípico na sua discografia. Eu não sei o quanto foi improviso e o quanto foi escrito...

Tudo escrito, tudo escrito! Mais um daqueles casos planejados de improviso escrito! [risos]

Em 2010, depois de muitos anos afastado da música para cinema, você fez a trilha de Augusto Boal e o Teatro do Oprimido. *Essa oportunidade veio por causa da canção "Meu Caro Amigo", que era um recado para o exilado Boal?*

Sim, sim, sem dúvida por essa ligação nossa por causa do "Meu Caro Amigo". E é a canção que pontua a trilha toda, é o tema do documentário, tocado de várias formas, mas sempre em piano solo.

Entrevista

Você conheceu bem Augusto Boal?

Teve uma época em que a gente conviveu bastante. Inclusive planejamos muito fazer um musical juntos, mas que acabou não saindo do papel. Mas volta e meia nos encontrávamos, conversávamos.

Logo depois saíram dois fados seus com letra do Tiago Torres da Silva: "Eu Hei de Amar uma Onda" e "E Se Não For Fado".

Ele pediu, foi uma encomenda, musiquei para fadistas portuguesas. Em "Eu Hei de Amar uma Onda", gravei uma demo aqui, e ele acabou incorporando na gravação. Era para ser só uma demo, mas ele gostou tanto... "Não, eu vou usar isto aqui!". Tem um vocalise meu lá nas alturas, muito agudo, mas aí ele gostou, eu gostei também... O tom não foi bem escolhido, mas...

"E Se Não For Fado", sendo de um gênero que não é usual para você, e não tendo piano no arranjo... Nunca iria identificar como sua se ouvisse sem saber. Suas canções estão muito identificadas com a linguagem do piano.

Fica mais distante, mesmo.

Mas é uma canção muito bonita. Você gosta de fados?

Gosto, gosto muito. Sempre que vou a Portugal, eu me enfio naquelas casas de fado, fico ouvindo. Embora eu não tenha, na minha música, muita influência do fado, eu gosto. Aquelas frases arrebatadas, gosto da maneira que eles cantam.

Em 2011, finalmente saiu em disco o Concerto para Violão e Orquestra, com a OSESP e com o Fabio Zanon como solista. Nessa época, o projeto já tinha quase vinte anos...

Quando o Raphael [Rabello] morreu, eu engavetei o concerto. Cheguei a mostrar para alguns violonistas, mas... Mostrei para o Duo Assad, eles adoraram o concerto. Sérgio Assad me disse: "Francis, você escreveu o concerto que o Tom ia escrever", foi a frase que ele falou, que o Tom disse que ia escrever um concerto para violão para eles. Aí eles queriam fazer uma versão de dois violões do meu concerto, eu disse, "façam sim, claro". Mas acabou não rolando, sei lá, por questões de produção. Depois de muito tempo, reencontrei John Neschling, e ele me sugeriu: "olha, tem um cara que vai tocar esse concerto como ninguém, vou te apresentar, Fabio Zanon". E aí, pô, Zanon foi e arrasou, realmente.

O Raphael chegou a tocar para você o concerto?

Chegou a tocar em casa. Ele pegava certas passagens, experimentava para ver se estava bom. Compus pensando especificamente no violão, as posições já dedilhadas.

De todas as suas peças de música erudita que ouvi, é a que exige mais virtuosismo do intérprete. Há muitas notas rápidas, o que não é uma coisa muito típica da sua composição.

Eu ficava escrevendo pensando no Raphael [risos]. Ele dizia: "pode escrever que eu garanto". Aí eu escrevia, e ele fazia umas passagens: "ah, isso funciona". Eu levei uns seis anos escrevendo esse concerto, quer dizer, não todo o tempo, parava e retomava. Eu morava perto do Raphael nessa época, a uma quadra dele, no Alto Leblon, de 1988 a 1994, quando terminei o concerto. Ia lá para a casa dele, ou ele em casa.

Após a morte do Raphael, meio natural ter havido um engavetamento do concerto. É muito exigente, não é qualquer violonista que encara.

Não só isso. Como eu tinha escrito pensando muito no Raphael, não tinha vontade de mostrar para outros violonistas. Eu não fazia esse movimento. Mas quando enfim saiu, fiquei muito satisfeito com a interpretação do Zanon, foi um espetáculo. E também no que diz respeito à parte técnica, à engenharia de som, tudo com muito apuro, fiquei muito muito contente mesmo.

No segundo movimento do concerto, há uma passagem que lembra o movimento "Canção Brasileira" da Sinfonia do Rio de Janeiro.

Exatamente, mas esse tema do *Concerto para Violão* veio antes da *Sinfonia do Rio*. Quando eu fiz a *Sinfonia do Rio*, me voltou esse tema, que eu desenvolvi no "Lundu", desenvolvi na "Canção Brasileira"... Mas a origem dele está no *Concerto para Violão*. E esse tema especificamente, essa passagem, eu chamava de "Um Abraço no Raphael". Era um dos temas pelos quais ele tinha predileção.

A reconfiguração de temas análogos na sua carreira é mesmo uma constante.

Surge muito, nas peças eruditas e nos temas populares. Uso e reelaboro.

O CD duplo *O Tempo das Palavras... Imagem*, de 2009.

Francis Hime começou a compor seu *Concerto para Violão e Orquestra* pensando em Raphael Rabello (acima) como solista. Com a morte precoce de Raphael em 1995, o concerto só ganhou uma gravação em 2011, com o violonista Fabio Zanon e a OSESP.

12. A harmonia prevalece (2011-2018)

Com algumas décadas de atraso, o primeiro álbum com Olivia — Diversidade de influências — O namoro com Guinga frutifica — *Navega Ilumina*: painel amplo da carreira — Ainda experimentando — A busca por patrocínio — A marca da harmonia — O futuro

Em 2011, você veio com o projeto Almamúsica...

Por incrível que pareça, foi o primeiro disco que eu e a Olivia gravamos, com quase cinquenta anos juntos. Pensamos em fazer uma viagem afetiva pela música brasileira, com direito a alguns pulos na música francesa, remetendo às nossas vivências. Há algumas canções, como "Du Soleil Plein la Tête", que eu tocava muito na época da Suíça, o repertório de Yves Montand... Enfim, é um disco que pretende isso mesmo, uma viagem pelas composições de vários autores que nos emocionaram em diferentes tempos. É um disco só de piano e voz.

Além de ser o primeiro com a Olivia, acho que é o primeiro álbum seu em que você se dedica sistematicamente a gravar canções de outros autores.

É verdade. O foco não eram minhas canções. Música minha, inédita, na verdade, só tem "Almamúsica" mesmo... Ah, e "Balada de um Café Triste". Tem músicas como "Risque", que eu gostava de tocar muito na minha juventude.

É curioso porque "Risque" se opõe ao resto do repertório, mais identificado com a bossa nova, em que a temática lírica tende a ser contida, enquanto "Risque" tem aquela letra muito dramática.

Eu tocava muito naquele período antes da bossa nova. Tocava os sambas-canção do Herivelto, do Ary Barroso, Lupicínio. Eram músicas de que eu gostava muito. Gostava muito de cantar "Que será da minha vida sem o teu amor", coisas assim.

Você já falou que particularmente não é ligado aos Beatles, mas também não se opõe ao uso de guitarra elétrica, não é dado a radicalismos. Na época da bossa nova, muito compositores tinham certo...

Mostravam rejeição em relação ao samba-canção.

Algumas músicas... Não todas, porque o próprio João Gilberto gravava Ary Barroso, autor de "Risque", mas particularmente em relação às canções mais dramáticas havia essa rejeição.

"Só vingança, vingança"... Eu cantava isso, adorava. "Errei sim, manchei o teu nome", aqueles sambas de carnaval.

Em algum momento da carreira, você tinha a preocupação de criar obras com apelo radiofônico? Havia uma ânsia por tentar criar um sucesso? Porque num álbum como Almamúsica, de faixas longas com muitas canções emendadas, que você trata como suítes, fica evidente que isso já não é uma preocupação.

Havia a preocupação de fazer uma música que não durasse mais de três minutos, escolher uma música de trabalho para tocar na rádio... Havia essa preocupação, não quando eu compunha, mas quando eu estruturava o disco, de que aquilo agradasse às pessoas, que aquilo fizesse sucesso. Até mesmo porque, se fizesse sucesso, a gravadora teria interesse em fazer outro disco comigo. Por mim, eu fazia disco todos os anos, mas nem sempre isso era possível. Então, pensava no balanço do disco, não colocar muitas músicas lentas juntas, com orquestração pesada. A comunicação sempre fez parte, nunca tive vontade de fazer uma coisa hermética. Ao mesmo tempo, nunca persegui um sucesso fácil, no sentido de "vou fazer isso, porque isso vai agradar". Mas eu pensava no público, não vou tocar uma música de quinze minutos para encher o saco das pessoas, só para satisfazer meu ego. Quero comunicar, quero que as pessoas gostem da música, se possível cantem no show comigo. O artista cria, mas não é só para si... Quer dizer, alguns fazem só para si mesmos. Mas eu faço para mim e para chegar aos outros.

Saiu também nessa época "Bantu-Tupi", uma parceria sua, única, com o Celso Viáfora.

Fizemos uma turnê também. Foi no Projeto Pixinguinha, em que a gente se conheceu mais de perto. Fizemos uns cinco ou seis shows pelo Brasil, e aí compusemos essa canção, bem pra cima.

No ano seguinte, em 2013, estreou na OSESP o Concerto para Violino. Eu estava lá na audiência. E é engraçado porque, apesar de ainda estar inédito em disco, temos o "Baiãozão" do álbum Choro Rasgado, que é derivado desse concerto, e a "Fantasia para Violino e Orquestra", do Navega Ilumina, também retirada desse concerto.

Entrevista 299

Exatamente, foi saindo em pílulas. A "Fantasia para Violino e Orquestra" é baseada no segundo movimento do concerto, é uma redução em tamanho e em orquestração. Mas é muito mais próxima do original em comparação ao "Baiãozão", que tem uma instrumentação completamente diferente.

Há alguma expectativa para esse concerto ganhar gravação?
Por enquanto não. O Claudio Cruz, que foi o solista, queria muito gravar isso, mas temos que esperar um pouquinho agora, porque essa época de crise... Tá difícil, precisa dum patrocínio, né? Foi uma pena a OSESP não ter gravado, na época, por causa de questões econômicas. Eles gravavam automaticamente antigamente, na época do concerto de violão havia o Uli [Schneider] como engenheiro de som contratado, tudo o que tocassem eles gravariam, mas agora já não é assim. Mas quem sabe seja gravado com outra orquestra, o próprio Claudio tem uma orquestra em São Paulo...

No mesmo ano saiu Francis e Guinga...
Sou muito fã do Guinga, é um compositor extraordinário, das melhores coisas da música brasileira nos últimos anos. A gente ficava se namorando, "como é que é, vamos fazer um trabalho juntos?". E um dia, foi uma ponte aérea, nos encontramos: "Vamos fazer? Então semana que vem! Tá marcado!". Nós dois somos vascaínos, ficamos conversando sobre futebol e, de vez em quando, ensaiando um pouquinho. Aí fizemos um disco muito simples. A produção foi do Paulo Aragão, que conhece como poucos a obra do Guinga, fez inclusive um *songbook* dele. A proposta básica foi não misturar violão e piano, eles vão se alternando. Aí tivemos a ideia de fazer várias duplas de canções que tivessem relação.

Eu fiquei tentando interpretar: "Cambono" e "Anoiteceu" formam um bloco meio afro; "Nem Mais um Pio" e "Passaredo" têm a questão da natureza; "A Noiva da Cidade" e "Senhorinha" vêm com um toque interiorano, algo assim...
É, de senhorinha mesmo, né?

"Saci" e "Parintintin" trazem o tema folclórico; e "Porto de Araújo" e "Desacalanto" têm em comum o assunto da despedida.
"Porto de Araújo" fala da mãe, "Desacalanto" fala do pai. Fomos aos poucos fazendo essas ligações.

Passamos pelo álbum Arquitetura da Flor *e não comentamos mais detidamente o "Desacalanto", mas é uma canção de que gosto muito e que mudou completamente de feição nesse disco seu com o Guinga... Havia um quê de blues bem marcado na versão original, que se perde aqui.*

Nesse disco ficou mais como um acalanto mesmo. Algo adaptado ao tipo de interpretação que o Guinga daria.

"Noturna" e "Minha" formam o bloco seresteiro, muito bonito. Li na Folha de S. Paulo *uma crítica dizendo que o repertório desse álbum merecia melhores cantores...*

É... Quer dizer, eu acho que eu canto razoavelmente bem, mas outro dia eu estava ouvindo, algumas músicas eu fico imaginando... Porque são andamentos às vezes muito difíceis de segurar, notas sustentadas... Então eu não faço feio, mas eu acho que com esse andamento, com as pausas, as fermatas, acho que se tivesse um cantor com mais tônus... Talvez fosse melhor mesmo.

É que é um álbum tão intimista, tem uma coisa de reunião em sala de estar, é gostoso de ouvir. O Guinga também não é considerado um grande cantor, mas...

Mas tem uma emoção na voz dele, assim, que é... Quando ele canta "Minha", a própria "A Noiva da Cidade"...

Gosto muito da performance dele em "Saudade de Amar". As notas mais agudas, em que geralmente se esperaria mais potência, ele as ataca com muito esforço, sai algo bem rarefeito. Tecnicamente, isso é considerado uma falha, mas transmite uma fragilidade que combina muito com a canção.

É verdade, passa um sentido emocional muito intenso. Pode ser que não fosse um resultado melhor, com outros cantores, não. Aquela música dele, "Mar de Maracanã", é dificílima [cantarola uma nota aguda].

"Saudade de Amar" e "Mar de Maracanã" foram justamente as duas canções que ficaram soltas, vocês não as juntaram em pares. Além disso, há as duas inéditas que vocês compuseram juntos, "A Ver Navios" e "Doentia". Entrevistando o Guinga, ele disse, e eu concordo, que é curioso como nessas canções fica muito evidente quem compôs suas respectivas partes, mas ao mesmo tempo elas se integram perfeitamente.

É verdade. Nos dois casos, o Guinga fez a primeira parte, eu desenvolvi. E ele faz as músicas naquele tom determinado; para ter o acompanhamento do violão dele, tem que ser naquele tom, ou não funciona.

Em 2014 saiu o Navega Ilumina, *um novo disco de inéditas. Acho raro encontrar um caso como o seu: nessa altura, cinquenta anos de carreira, 75 anos de idade, toda essa trajetória... E longe de se acomodar. Na minha avaliação, é um álbum que corre o "sério risco" de ser o melhor de sua carreira. É muito representativo de toda a sua obra, um pouco de cada coisa... O erudito se mesclando às canções populares, várias formações instrumentais...*

Traça um painel bastante amplo da minha carreira. Sem patrocínio, eu teria de fazer um disco com uma produção menor. Teria de trabalhar feito Stravinsky em *A História do Soldado*: "É o que temos, sete músicos, então pronto".

O disco abre com "Amorosa", uma valsa. Acho que ela tem certo sabor francês, lembra um pouco algumas das coisas que vocês trabalharam no Almamúsica.

É, né? Uma valsa que, acho, foi a primeira que a Olivia letrou para o disco [cantarola]. Ela me lembra um pouquinho o "Qualquer Amor" [cantarola], não é?

Mas "Qualquer Amor" não era em compasso de valsa...

Sim, mas o desenho... [começa a cantarolar e para]. Mas "Amorosa" é uma seresta mesmo. Tem essa característica da letra de, no começo, dar a entender que se trata de uma declaração romântica a uma pessoa, mas depois se percebe que fala da cidade do Rio de Janeiro.

"Ilusão" e "Mistério" são duas canções, dois sambas, em que você mesmo fez a letra. Você levou trinta anos de carreira para começar a fazer letras, no Choro Rasgado, *e depois foram mais vinte para voltar a fazer no* Navega Ilumina *[risos]!*

As duas eu havia mandado antes para outras pessoas fazerem. "Ilusão", para o Geraldinho, que reclamou que a melodia pedia muitas oxítonas. Aí, acrescentei umas notinhas, e fiquei me perguntando, que letra pediria aquela melodia? Aí acabou saindo por mim mesmo... "Mistério", eu tenho a vaga lembrança de que mandei primeiro para o Gil, ele não fez a letra. Depois mandei para a Joyce, como disse, e a interrompi enquanto era tempo quando tive a ideia. "Para, para!" [risos].

Curioso que nessas duas letras suas, "Ilusão" e "Mistério", há certa preocupação com o transcendente, reflexões sobre a vida e a morte.

São as reflexões que me vieram em relação ao que aquelas músicas estariam querendo dizer. São letras com um teor filosófico, não é? Inclusive a minha primeira ideia era abrir o disco com "Mistério". Mas aí eu achei que, pô, começar um disco falando de morte talvez não seja o caso [risos].

"Maria da Luz" é uma retomada de um poema do Vinicius de Moraes...

Descobri no meu baú. Seria um poema para o balé *Polichinelo*, lá dos anos 1970, que acabou não sendo realizado, o Gabi Albicocco queria fazer, o Vinicius chegou a mandar letras para vários compositores brasileiros. Eu redescobri esse papel, com o Vinicius dizendo que era para o Francis escrever a música. E quando fui ao piano, a música saiu na hora.

"Navega Ilumina", a canção-título, é um samba-enredo.

Geraldinho me deu a letra e eu musiquei, depois ele deu uma mudada na versão original.

É um gênero que você já havia trabalhado em "Vai Passar".

No "Vai Passar" e alguns outros sambas. Tem um samba-enredo que eu fiz para o Terra Encantada, mas ficou inédito. "Brasil Lua Cheia" tem também um pouco desse clima de samba-enredo. "Adrenalina", talvez...

Depois vem o primeiro instrumental do álbum, "Cecília — Fantasia para Harpa e Orquestra". Mesmo dentro desse tema de caráter acentuadamente erudito, há células que remetem a ritmos populares brasileiros. Então a mistura do álbum não se dá apenas por contraste entre as faixas, mas também dentro delas.

É verdade. O nome é uma homenagem a uma das minhas netas. A fantasia é derivada do segundo movimento do meu concerto para harpa. Ele foi escrito especialmente para a Cristina Braga, e ela mesma tocou a fantasia no disco.

"Canção Noturna".

É outra parceria com Olivia, usei só voz e piano.

Entrevista

O CD em parceria com o violonista Guinga, lançado em 2013 pela Biscoito Fino.

Navega Ilumina, álbum de canções inéditas lançado em 2014 pelo Sesc, com destaque para duas faixas com música e letra de Francis: "Ilusão" e "Mistério".

Então se abrem mais variantes no álbum. Há peças eruditas, ainda que apresentando ritmos populares, há canções com grande orquestração, como "Mistério", e aí aparece "Canção Noturna", bem singela, intimista.

E depois segue com "Choro Seresta", que é também uma peça para piano solo que vai modulando em vários tons, de uma forma rotativa. Começa em mi bemol, vai para sol, si maior e acaba em mi bemol.

É um choro instrumental que você escreveu para outra neta sua, a Beatriz. Você escreveu no release do álbum que ela estava estudando piano na época da gravação.

É, mas não levou adiante os estudos [risos]. Mas não é difícil de tocar, não. Ela conseguiria. Aliás, não tem partitura para ele, eu tenho que escrever. Talvez alguém queira tocar, né?

"Sessão da Tarde" é mais uma parceria sua em família, com a sua filha Joana.

Foi um poema que pincei do primeiro livro dela. Comecei a experimentar umas melodias, até que me veio essa ideia do... "O meu olhar faz cinema nela", para uma bossa nova. Eu tive essa primeira ideia melódica e fui desenvolvendo harmonicamente, muito numa progressão harmônica que lembra os primeiros sambas da bossa nova. "Esse teu olhar, quando encontra o meu"... Um pouco aquela progressão ascendente, né.

Sobre "Breu e Graal", já falamos sobre a parceria com o Thiago Amud, mas queria que você comentasse o aspecto rítmico dessa canção, que me parece muito interessante.

"Breu e Graal" era um tema que eu já tinha há algum tempo, estava no baú. É um misto, é ao mesmo tempo um samba-canção e algo com um ritmo aparentado do *Bolero* de Ravel. Tem essa característica rítmica indefinida. Na gravação, me veio a ideia de um contracanto de sax e trompete em uníssono, ficou quase como parte integrante da música. O Danilo Caymmi me disse que é o que ele mais gosta da música.

Você falou em mistura de samba-canção com a célula rítmica do Bolero de Ravel, mas eu ouço uma divisão em três tempos... Então acho que também tem algo de valsa...

É por causa das quiálteras... Se você pensa em termos de quatro por quatro, são quiálteras; mas se você pensa em três por quatro, são três semínimas. É esse aspecto rítmico misto que eu exploro de vez em quando. A primeira vez foi em "Valsa Rancho", mas mais recentemente, em "Amor Perdido"... Quando o Dori fez o arranjo agora para o disco da Olivia [*Espelho de Maria*], ele achou que era uma canção em quatro por quatro. Porque no final de cada frase há prolongamentos, certa fermata... Eu disse que era três por quatro. Acabou que ele fez um arranjo misturando três por quatro e quatro por quatro! Às vezes eu faço essas misturas até sem me dar conta!

"Canção Apaixonada" é mais uma das canções de verso com ritmo fixo que identifiquei. E essa tem uma célula rítmica particularmente simples, que você consegue trabalhar sem ficar tedioso.

É, uma célula só. É um exemplo clássico de um desenvolvimento de uma canção a partir de uma célula. Esse tipo de composição, para mim, com o tempo, foi se mostrando como uma forma de desenvolvimento muito natural. É algo que não acontece quando eu musico um poema, porque aí estou preso a uma forma prévia, mas tento também estabelecer uma ligação temática, mesmo quando estou musicando um poema.

E o álbum fecha com a "Isabel — Fantasia para Violino e Orquestra", uma redução de um movimento de seu Concerto para Violino, e uma homenagem a mais uma neta sua. Percebe-se muito claramente que, quando você escreve algo para determinado instrumento, compõe com nuances que valorizam esse instrumento. No Concerto para Violão e Orquestra, há todas aquelas notas rápidas que parecem pensadas para o Raphael Rabello tocar. Aqui nesta fantasia para violino, há essa exploração da extensão da tessitura do instrumento, parece que você quer se entregar ao desafio de quão agudo se pode chegar...

Quando eu vou escrever uma peça para um solista, eu penso primeiro num tema, mas logo depois eu vejo se esse tema se adequa ao solista mesmo, e até transformo o tema em função do solista. Então às vezes aparecem umas ideias que, quando eu vou trabalhar, desenvolver para o instrumento solista, elas se mostram inteiramente inadequadas. Aí eu ponho lá no baú. Quem sabe para outra obra, outro concerto, sei lá.

Com a queda da vendagem de discos, como divulgar um projeto de grande porte como esse?

Não fiz muitos shows, não. Acho que foram dois shows em São Paulo e dois aqui no Rio de Janeiro, incluindo a gravação do DVD, na Sala

Entrevista
307

Tom Jobim. Tinha um projeto de fazer uma turnê pelo interior de São Paulo, pelo Sesc, mas não foi adiante. Com um disco de grande formação, é praticamente impossível fazer uma turnê grande. É necessária uma versão menor, mais enxuta. Com o *Navega Ilumina*, talvez eu pudesse enxugar um pouquinho: em vez de doze músicos no palco, botar oito, sei lá... Mas é um disco em que a participação instrumental é fundamental, não é?

Em 2016 saíram duas novas canções gravadas suas. É interessante como, depois de tanto tempo de carreira, você ainda experimenta com formas novas. Para um compositor muito identificado com a sofisticação harmônica, "Daqui, de Lá e de Acolá!" é surpreendente, em poucas passagens se identificam acordes.

Eu fiz a música, Olivia letrou uma parte, e aí eu mandei para o Martinho [da Vila] letrar a segunda parte. Mas ele não só letrou a segunda parte como fez uma terceira parte na música. Então é uma música com tríplice parceria. É uma canção que fica numa melodia sobre batucada, é mais rítmica mesma, com uma variação pequena harmônica. Fizemos para o Projeto Kalunga, em Angola, depois o Martinho gravou no álbum dele [*De Bem com a Vida*].

"Enternecer" saiu num álbum de tributo ao Abel Silva, gravada pela Leila Pinheiro. É uma canção totalmente contrastante com "Daqui, de Lá e de Acolá!", mas da mesma maneira é atípica em sua obra, por ter o formato AABA em 32 compassos, a fórmula mais usada nos standards norte-americanos.

"Enternecer" já é mais sofisticada, é um poema do Abel que musiquei, ele me pediu para esse disco.

Em 2017, saiu Sem Mais Adeus, álbum seu com a Olivia que me parece continuação do Almamúsica, de certa maneira.

O projeto surgiu em 2013, no centenário de Vinicius, quando houve a ideia de homenageá-lo. Eu e Olivia propusemos ao Itamaraty fazer uma turnê por embaixadas, já que o Vinicius foi diplomata. Fizemos então alguns shows, financiados pelo Itamaraty, na Noruega, na Alemanha, na Finlândia, depois na China... Um espetáculo com canções de Vinicius, com diversos parceiros dele. Fizemos também algumas apresentações aqui no Brasil, esporádicas, e sempre as pessoas nos perguntavam: "e aí, quando é que vão fazer o disco?". O pessoal vinha assistir ao show e queria ter o disco. Aí resolvemos gravar... Piano e voz, fácil, entramos no estúdio, em três dias gravamos.

Eu acho legal que mesmo canções já muito repetidas em sua obra ganham um tempero novo a cada interpretação. Lembra o João Gilberto, essa coisa de ficar burilando pequenos detalhes de cada canção. Em "Saudade de Amar", nessa interpretação mais recente, vocês cortaram a interjeição "oh" do verso "oh, volta aqui nos braços meus".
Sim, esse "volta"... O ouvinte atento percebe. É uma delícia esse trabalho. À medida que a gente vai fazendo os shows, muda uma coisinha aqui, uma coisinha ali, pequenas mudanças, mas que dão frescor, dão uma vontade de continuar fazendo o show.

No fim de 2017, você estreou seu Concerto para Clarinete e Orquestra. *Como foi?*
Fizemos a primeira apresentação em Barra Mansa; depois, tocamos no Municipal do Rio de Janeiro, com a mesma orquestra de Barra Mansa. Foi muito bonito. Pretendemos gravar esse concerto junto com obras de outros compositores brasileiros, num disco do Cristiano Alves, o clarinetista que foi o solista. Ainda não retomamos os planos, mas assim que puder, faremos. Não estão sendo tempos muito fáceis. Mas fiquei muito satisfeito com a obra. O Cristiano deu uma interpretação muito bonita, é um músico excepcional, não só com uma técnica especial, mas com uma sonoridade muito bonita. É um dos meus instrumentistas favoritos, sempre que posso trabalho com ele.

Quais os planos para o futuro imediato?
Já estou quebrando a cabeça, escrevendo um concerto para dois cellos e orquestra. Queria escrever algo para cello, o Hugo Pilger me incentivou, e por sugestão da Olivia resolvi criar algo para dois cellos, com três movimentos, cerca de meia hora, orquestra sinfônica completa. Os solistas serão Jaques Morelenbaum e o próprio Hugo Pilger. Costumo escrever já pensando nos solistas, e o legal aqui é que os dois têm estilos muito distintos. Existe pouca literatura sobre concerto para dois cellos, nem sei se existe, ainda estou pesquisando, procurando orquestras interessadas, há várias possibilidades. Eventualmente, quero estreá-lo ainda este ano [2019], dentro das comemorações do meu aniversário de 80 anos. Para essa ocasião, também havia pensado em preparar um disco de canções populares inéditas, isso ainda não está descartado, gosto de tran-

sitar entre as duas áreas. Mas depende do tempo. Tenho um monte de canções sem letra prontas, devo chamar os parceiros com quem tenho trabalhado mais: Olivia, Geraldinho... Ruy Guerra, tenho me encontrado com ele... O próprio Paulinho Pinheiro... Thiago Amud... O Hermínio, acabei de fazer um choro, estou encantado com ele, acho que vou mandar para o Hermínio fazer a letra... A Joyce, possivelmente... Há muitas músicas sem letra, recentes ou do baú. Shows eu tenho feito, menos do que gostaria [risos]. Agora, sobretudo, venho trabalhando no show da Olivia [relativo ao álbum *Espelho de Maria*, de 2018], um trabalho muito rico, trabalhoso, intenso. Tomou bastante tempo. Você chegou a ouvir o disco?

Ouvi, sim, achei muito bonito. Gostei particularmente da reinterpretação de "Vermelha", parceria sua com ela. Mudou muito em relação à gravação original, que era mais pop, aquela linguagem do grupo Roupa Nova, que participou da gravação. Agora ficou mais densa...
Mudou completamente, a Olivia deu outra interpretação. Ela fez reinvenções em cima de muitas canções, entre as minhas, as de Dori e as do Edu Lobo [os três compositores dos quais Olivia interpreta canções no álbum em questão].

Você nunca para de compor?
Não paro, não paro. Quer dizer, tem épocas que componho mais ou menos, enfim...

Mas você não compõe especificamente para um disco, não é? É mais uma questão de ir compondo livremente, e quando surge a oportunidade de gravar um álbum...
É, aí eu vou: "O que que eu tenho, que tipo de disco eu vou fazer?".

E como você sempre saca de um baú grande, há muitas possibilidades.
Um baú muito grande [risos]! Inclusive, às vezes, alguns temas eu "roubo" para outras coisas que estou compondo, como no caso do *Concerto para Clarinete e Orquestra*. "Ah, este tema aqui vai bem para esse solo", coisas assim.

E quando aparece a hora de fazer o disco também pesa o orçamento, o que vai dar para ter, influenciando na seleção de repertório.

Normalmente, nestes dias, os orçamentos são muito apertados. Dependendo de que tipo de disco eu queira e possa fazer, eventualmente vou atrás de um patrocínio. No *Navega Ilumina*, foi o Sesc que me contatou inicialmente. Aí eu disse, "vamos fazer umas três ou quatro faixas com cordas, que tal?". E comecei a pensar as músicas em função disso. Vai que podia fazer doze faixas com cordas, né [risos]? Aí talvez eu escolhesse outro repertório, mas não sei! É o tal negócio, às vezes você tem muita possibilidade e se perde.

É legal seu depoimento, porque muitos jovens se deprimem com a falta de chances de exibir seu trabalho, mas mesmo compositores consagrados, com cinquenta anos de carreira, têm dificuldades com isso...

Claro, sem dúvida. E comparando com gerações passadas, já estamos num panorama muito mais favorável. Fico pensando, compositores de gerações passadas às vezes escreviam suas peças e nem ouviam em vida. Mas atualmente, nessa recessão em que a gente está, as coisas são mais difíceis.

Como você vê o acesso musical por meio das plataformas digitais, com música em streaming? *Você sabe por que alguns discos seus ainda não estão acessíveis por esses meios?*

Acho um recurso super válido. Por mim, disponibilizaria tudo o que faço, é importante passar para as pessoas. Que adianta compor e levar para o túmulo? Inclusive é algo que estava fazendo, pretendo retomar, o processo de passar para o meu site uma música por dia, a partitura de piano com acordes. Já tenho umas cem, mas quero mais, inclusive as peças clássicas. Quero botar os filhos no mundo! Alguns discos meus não estão disponíveis, outros estão. Eu gostaria que estivesse tudo, é falta de interesse das gravadoras.

Você vê influência sua em compositores que se seguiram, consegue avaliar isso?

Eventualmente, eu posso encontrar uma música ou outra, mas nada muito localizado, só coisas pontuais. Até chegam para mim e falam "poxa, eu sofri muito a tua influência, eu ouvi muito o 'Passaredo', ouvi muito o 'Minha'", coisas assim. Acho que a influência é menos minha do que de toda uma geração... E de gerações anteriores. Tom tem uma influência sempre marcante.

Entrevista

Você se preocupa com a questão de deixar um legado?

Eu me preocupo em fazer o máximo que eu puder em vida, para aproveitar esse dom que a vida me deu. Porque a vida é curta, embora seja muito longa [risos]. Mas... Tem que fazer, tem que trabalhar. A vida é trabalhar, senão não tem graça.

Lembra de algum elogio na carreira que o tenha deixado particularmente envaidecido? E de alguma crítica que o tenha arrasado?

Críticas aconteciam mais no começo da minha carreira. Estava lembrando outro dia com a Olivia, no show do *Passaredo*... A Barbara Heliodora estava na plateia, disse que o show era muito ruim, que eu era um bom pianista mas cantava muito mal... Na época, devo ter ficado triste com aquilo... No começo, você fica meio abalado, perde a confiança. E eu realmente cantava mal, tinha uma timidez, ficava muito inseguro no palco. Mas aos poucos fui me desenvolvendo, não me lembro de uma crítica que tenha me abalado mais. Elogios eu tenho alguns, mas prefiro não comentar, não acho que fica bem, parece que fico me autoelogiando [risos]. Mas sobretudo, o público. Outro dia, fiz um show com Olivia, as pessoas depois vêm conversar... O carinho delas, o agradecimento. Contam histórias, "casei ouvindo tua música". O público anônimo me dá muita felicidade. Agradeço de poder ter escolhido esse caminho e feito música. Talvez seja isso o que mais me toca, os elogios de pessoas que não conheço.

Por que aspecto da sua obra você gostaria de ser lembrado? Você consegue identificar um traço de seu trabalho que se distingue no panorama musical brasileiro?

Eu gostaria que minha obra fosse lembrada na sua totalidade, porque praticamente tudo o que eu fiz me deu prazer. Se fosse fazer hoje, talvez fizesse um pouco diferente, mas... O que se sobressai mais na minha música talvez seja a melodia, mas eu acho que o ponto básico da minha obra está na harmonia, na progressão harmônica. Eu penso muito harmonicamente, antes de mais nada vem a harmonia. A melodia brota um pouco intuitivamente, um pouco pelo ouvido da variedade da música brasileira, mas a base de tudo, realmente o que me intriga, o que me move mesmo é a harmonia, o deslocamento, a progressão. Se uma nota está fora do lugar, aquilo já me incomoda um pouquinho. Uma nota fora do lugar numa melodia, eu não sei se é realmente fora do lugar: de repente é uma escolha que um compositor fez por um motivo ou outro. Mas uma sequência harmônica que eu acho que está resolvida de uma maneira que não me toca...

Acho que o seu trabalho com orquestra na canção popular é muito característico. E você conseguiu grandes sucessos populares alçando voos muito altos na orquestração.

É buscar elevar o patamar. A sofisticação harmônica não impediu a popularização. Às vezes você tem uma harmonia que, teoricamente, pode te afastar um pouquinho da valorização popular, mas aí também entra o intuitivo dentro da técnica. A harmonia é uma coisa que realmente chama a atenção. A harmonia... O que eu quero da música é isso, a harmonia.

13. *Hoje* (2019)

Um novo disco de canções inéditas — A idade e o tempo — Novas tecnologias — A relação com o público

Na última vez em que conversamos, no começo do ano [2019], seu foco parecia ser escrever um concerto para dois violoncelos. E de repente um novo disco de canções inéditas foi idealizado, composto, gravado e lançado ainda em 2019, tudo muito rapidamente...

Um disco de inéditas não estava mesmo no meu radar. Tinha a ideia de eventualmente gravar um álbum de canções para celebrar meus 80 anos, mas meu prazo era largo, porque considero a comemoração dos 80 desde 31 de agosto [de 2019], meu aniversário, até agosto do outro ano [risos]... Mas quando aconteceu aquele episódio da canção com o Tiago Torres da Silva, que eu conto no encarte do disco [*Hoje*]... Eu sonhei com uma música, acordei, gravei no celular cantarolando, depois voltei a dormir. Alguns dias depois, recebi um poema do Tiago, aí trabalhamos para encaixar na música com que eu havia sonhado. Aí achei, "isso aí é um sinal para eu gravar logo". Isso foi em abril. Aí falei com o pessoal da Biscoito Fino; para lançar o disco ainda este ano, precisava começar a gravar em julho. Comecei a mandar músicas para meus parceiros, e eles devolveram as letras mais rapidamente do que de hábito. Foi tudo muito rápido! Nunca havia feito um disco assim! Geralmente, as letras demoram... Os deuses conspiraram a favor!

Engraçado, um disco feito para comemorar seus 80 anos feito com essa velocidade, geralmente algo que é mais associado à juventude. Esse ímpeto...

Como já disse em outra entrevista, agora tem de acelerar... Porque você chega aos 80 e pensa: "Vou ficar só até uns 100, talvez um pouco mais" [risos]. A sensação que tenho é que não tenho tempo a perder, não. A única coisa que pode atrapalhar um pouco é a falta de saúde. Às vezes você faz planos, e a saúde não deixa.

No que diz respeito a sua atuação como pianista e cantor, você acha que os anos prejudicaram sua agilidade, sua extensão vocal?

Olha, como cantor eu acho que melhorei bastante, rapaz. A Olivia também acha que eu tenho uma saúde vocal impressionante. Sinto-me até com a voz mais firme, com mais confiança. E também tem a ver com o número de shows que faço, antigamente eu fazia menos shows. Então hoje me sinto mais à vontade para cantar. No piano não teve muita modificação, de vez em quando eu pratico meus exercícios em casa. Não muito [risos]. Quando tem uma peça que eu preciso tocar, como minha *Fantasia para Piano e Orquestra*, aí eu pratico.

E com o Hoje tendo sido lançado neste ano, o projeto do concerto para dois violoncelos ficou em standby?
Está em banho-maria. Tenho muitas ideias na cabeça, mas não botei nada no papel. Vou começar em breve. Nesses últimos tempos, estive muito ocupado com os arranjos para a estreia do show do *Hoje*, arrumando um monte de papéis no estúdio. O Paulo Aragão diz que, quando pensa em mim, a primeira imagem que vem à cabeça é "papel" [risos]. Mas os planos para o concerto continuam de pé. A ideia não morreu de jeito nenhum.

Você ainda não se rendeu aos programas de edição de partituras?
Comprei um desses uns tempos atrás, mas eu nunca mexi nele. Parece que tem um programa mais fácil agora. Quem sabe eu ainda me renda! Tem a vantagem de facilitar na rapidez, já que eu me proponho a acelerar agora...

Combina com o momento! Já que com 80 anos você fez o disco mais rápido da carreira, não seria extraordinário aprender a mexer num programa de computador.
É uma ideia, quem sabe.

Quais as expectativas hoje em dia, a essa altura da carreira, e nesse momento em que o formato disco parece obsoleto, ao lançar mais um álbum de canções?
Fiquei muito gratificado com a reação das pessoas. Não sei te dizer quantitativamente quantas pessoas pode alcançar, mas a reação dos ouvintes em geral tem sido muito, muito positiva, me animou muito. Quando fiz o *Navega Ilumina*, fiquei pensando, "dificilmente vou conseguir repetir um disco tão bom". Mas quando fiz este disco, não olhei muito para o passado, não. Fiquei com vontade de botar o bloco na rua. A ex-

Entrevista

315

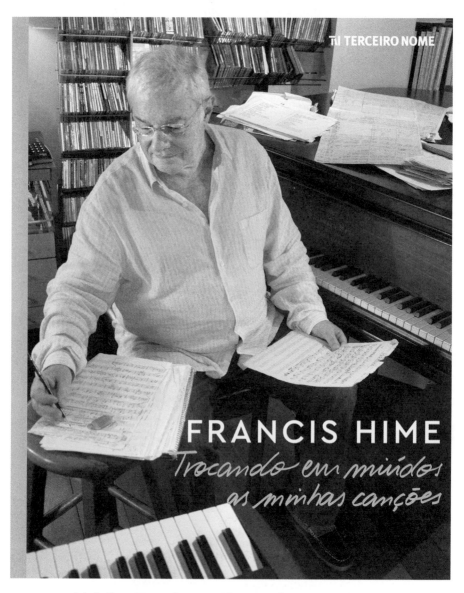

O belo livro *Trocando em miúdos as minhas canções*, de 2017,
em que o próprio Francis Hime comenta as suas criações musicais,
exemplificando com gravações acessíveis por QR-Code.

Convite para o show virtual com Francis e Olivia da série *Em Casa com Sesc*, em 2020, durante a pandemia da Covid-19, baseado no livro *Trocando em miúdos*.

As mulheres de Francis: Olivia com as filhas e netas do artista. Agachadas, um pouco atrás, a neta Beatriz e as filhas Maria e Joana; à frente, as netas Cecília e Laura (no colo de Cecília), a filha Luiza e a neta Isabel.

pectativa de você compartilhar isso com as pessoas te dá uma animação muito boa. E fiquei muito satisfeito com o resultado. O Paulo Aragão teve um grande papel. Sem ele, não teria conseguido metade do resultado deste disco, é realmente um parceiraço como produtor musical. E aí há também os músicos sensacionais que fizeram este disco comigo... Não deu nem tempo de ter expectativas pelo disco, foi tão rápido...

O título Hoje *transmite essa sensação de imediatismo.*

Exatamente. Foi um título que surgiu das conversas com o pessoal da Biscoito Fino, foi um *brainstorm*. Houve uma grande participação coletiva neste disco. Eu, inclusive, depois de já haver uma masterização pronta, fui convencido a trocar a ordem das faixas, o que para mim não é pouco, não [risos]... Quando eu encasqueto com uma ideia, é difícil me fazer mudar. Mas gostaram tanto de "Sofrência", que estava um pouco escondida no meio do disco, que me convenceram a colocá-la como segunda faixa. E eu também gosto tanto dela... Só não coloquei como faixa de abertura porque tinha mesmo de ser o "Desdenhosa", senão o Hermínio morre do coração, não quero perder um parceiro [risos]... E originalmente o disco terminava com o "Samba Dolente", mas realmente me fizeram ver que depois de "Jogo da Vida" não cabia mais nada, "ninguém vai ouvir o 'Samba Dolente' se ficar aí".

É curiosa essa sua preocupação com a ordem das faixas de um álbum num tempo muito ligado ao streaming, *em que as pessoas tendem a ouvir canções isoladas, e na ordem que o computador sugere...*

Pois é. Mas para mim é fundamental. Inclusive eu bolo os arranjos de acordo com a disposição das faixas. E a troca de ordem das canções, no final, acabou criando algo inusitado: o "Samba Dolente" acaba com uma frase de trompete que termina em dó, e "O Tempo e a Vida", a faixa seguinte, começa com uma frase de trompete com a primeira nota em dó. Eu jamais faria isso voluntariamente, mas até que acabou ficando interessante. Eu bolo a instrumentação procurando trabalhar contrastes. Para mim, o roteiro é fundamental. Depois, se as pessoas quiserem ouvir separadamente, isso é com elas, mas para mim o disco só faz sentido naquela ordem determinada. Nesse sentido, ainda estou lá no passado. Vejo o álbum como uma unidade. Parti de uma pré-seleção de trinta músicas para fazer o álbum, e algumas delas poderiam perfeitamente entrar, são tão boas quanto as outras. Mas aí, de repente, você vê que não faz parte daquele conjunto que está se formando. Feito aquela frase do Cazuza, tem de fazer parte do show.

Quanto ao seu público, você vê jovens se interessando por sua música?

Olha, vejo... Mas não tenho muito como medir isso. Quando faço shows, as pessoas vêm conversar, às vezes vejo jovens. Mas não tenho muito o *feedback* de em que grau os jovens se interessam. Tenho o *feedback* de que os jovens músicos se interessam muito. Mas talvez os jovens que não são músicos não tenham muito acesso à minha música. Nos meus shows, não aparecem muitos jovens. Geralmente, calculamos a bilheteria sempre para meia-entrada, 90% é meia-entrada... [risos]

Embora haja essa decadência do formato álbum, vejo, depois dos seus shows, que ainda há uma venda relevante de discos físicos. Você tem noção de quanto vende, hoje em dia, um álbum seu?

Olha, deve vender coisa de 3 mil discos, algo assim, é a tiragem inicial. Na medida em que se fazem shows, pode aumentar, pode haver um interesse maior. Na época em que se vendiam discos, meu álbum que mais vendeu, o *Passaredo*, passou de 50 mil cópias.

Mas 3 mil discos ainda é uma tiragem relevante para o estado atual das coisas.

Claro, claro.

Há relatos de pessoas que compram CDs para ter um objeto relacionado a artistas de que gostam, mas nem têm aparelho em casa em que seja possível reproduzir o disco. Os maiores vendedores de disco da Biscoito Fino, Chico Buarque, Maria Bethânia, você sabe quanto vendem hoje em dia?

O Chico... O Chico, hoje em dia, deve vender uns 100 mil discos, talvez... Não sei se ainda chega a isso. A Bethânia acho que um pouco menos. Martinho ainda vende bem, Mart'nália, Alcione... Todos da Biscoito. São, na verdade, *distribuídos* pela Biscoito. Hoje em dia ela praticamente não produz discos, não banca os artistas, com poucas exceções: banca justamente Chico, Bethânia, banca meu disco... Se bem que eu banquei algumas coisas também, banquei a masterização, por exemplo. Há um orçamento limitado.

Entrevista

Você mencionou há pouco que a escolha da primeira faixa do disco tem peso para você. "Desdenhosa" então seria algo como a música de trabalho do álbum?

Acho que o pessoal da Biscoito Fino escolheu "Samba Dolente", é a faixa que eles estão trabalhando mais.

Se fosse para eu dar um palpite, penso que "Samba Funk" tem um grande potencial de replicação.

"Samba Funk", é. Eu lembro que o pessoal mais jovem da Biscoito gostou muito quando mostrei essa naquela pré-seleção de trinta músicas. Eu já havia musicado o poema do Geraldinho. Já sabia que ficaria.

A letra de "Desdenhosa" tem certo charme antiquado, com uso da segunda pessoa, que combina com o gênero do choro-canção.

Achei essa letra um espetáculo. O Hermínio captou a essência dessa música, ligada ao choro antigo, certas sequências harmônicas... Quando entreguei a música a ele, com aquela quantidade enorme de notas para pôr letra, ele chegou a falar, "será que, no lugar, eu não podia enviar um poema para você pôr música?". Mas eu insisti, "ah, vai, coloca letra nessa aí" [risos]. E ele entregou esse primor.

Você fala de buscar contrastes musicais entre as faixas de um disco, mas no Hoje, logo entre as duas canções de abertura, há um contraste em que você talvez não tenha reparado. O disco abre com "Desdenhosa", letra do Hermínio Bello de Carvalho, que tem mais de 80 anos, e com essa linguagem mais antiga... E segue com "Sofrência", letra do Thiago Amud, provavelmente um dos seus parceiros mais jovens, e a letra tem essa coisa de destacar um termo do momento, em voga na música popularesca.

Formou esse contraste de gerações, é verdade, não havia me dado conta. Há uma canção voltada para o passado, e outra para a contemporaneidade.

Eu li uma entrevista sua em que você dizia que nem sabia do termo "sofrência" como algo da moda.

Não sabia, não. Quando o Thiago me mandou a letra com esse título, eu pensei, "ué, que é isso?". Aí, ele me explicou [risos]. "Sofrência pelos *cantos* do Brasil", para mim, era só no sentido de "lugares", mas também há o "cantos" de "cantar".

Entra essa ambiguidade que enriquece a letra. Gosto também de como ele trabalhou essas cenas bem contemporâneas dentro da velha temática do amor atribulado. Além de "sofrência", há "incêndio no museu", que remete a um episódio recente [o incêndio que destruiu o Museu Nacional, em 2/9/2018].

Exatamente, a letra é muito bem-feita, ele arrasou. É um cara de muitos talentos.

Você não pensou em chamar o Thiago Amud para cantar a parceria de vocês? Ele também canta muito bem...

Não, não pensei... Esse negócio de outros cantores no álbum foi acontecendo meio por acaso. O Chico veio cantar no "Laura" porque ele é padrinho da Luiza, que é a madrinha da Laura, nossa neta a quem a Olivia dedica a letra. Então achei que tinha tudo a ver. Além disso, esse tipo de música, puxada para beguine, bolero, é algo de que ele sempre gostou muito: lembrei de "Você Vai me Seguir", "Vida"... A Adriana Calcanhotto veio por causa da parceria em "Flores pra Ficar". Inicialmente, por causa da extensão muito grande da música, pensei em chamar o Zé Renato. Mas aí mudei de ideia, pensei, "será que a gente consegue dividir as vozes, eu e a Adriana?". Eu canto numa região, ela noutra. O Lenine, realmente... Quando fiz "O Tempo e a Vida", pensei, "tem de ser o Lenine". O Tiago Torres da Silva, meu parceiro na canção, incialmente havia pensado na Simone. Ela, de fato, arrasaria. Mas o Lenine, para mim, é um dos grandes intérpretes do Brasil. E nas duas canções que vieram da *Ópera do Futebol*, "Pietá" e "Jogo da Vida", como são árias, havia a necessidade de cantores que tivessem a extensão adequada. Mas não era a ideia inicial fazer um álbum repleto de participações. As canções acabaram pedindo isso.

Na introdução de "Sofrência", há nova citação a "Consolação", pela qual você parece ter certa obsessão! E outra citação a "Lamento no Morro", de Tom e Vinicius.

Sou realmente fascinado por "Consolação". Está sempre presente.

"Sofrência" entra naquela classificação que você chama de sambão do morro, em tom menor?

Sim, como "Anoiteceu", "O Rei de Ramos", nessa linha.

Passemos a "Laura".

Eu tinha essa música há algum tempo. E a cantarolava como "Laura, lá lá lá lá, lá lá lá lá". Só tinha um título provisório, "Laura", sem nenhuma razão de ser. E mais nada de letra. Aí, quando tivemos uma neta que veio a se chamar Laura, a Olivia desencavou esse tema. E fez a letra de maneira rapidíssima, ela geralmente leva no mínimo seis meses para fazer uma letra. Depois ela fez retoques, deu uma de Chico Buarque [risos], sempre mexendo aqui e ali na letra. Mas 90% da letra ela fez numa tarde, quando fomos comemorar o aniversário da Laura e ficamos cantando no playground da festa. E a Olivia cita todas as nossas netas na canção.

Ficou muito comovente. Gosto particularmente da parte em que a melodia tem uma quebra de padrão rítmico, para depois retomá-lo, e a Olivia faz isso casar com "Finge que cai/ Trapaceia e não cai".

Exatamente, a sacada da Olivia ali... Você vê ela fazendo estripulias, é uma letra cinematográfica.

E o Chico aceitou de pronto o convite para cantar?

De pronto! Mandei e-mail para ele já com uma gravação, e ele respondeu, "conte comigo, parceiro, linda a música, linda a letra!". A gente se corresponde por e-mail, geralmente fala de política... Outro dia, o Celso Woltzenlogel, flautista, me mandou um vídeo, uma montagem muito bonita com vários arranjos meus, e havia muita coisa minha com o Chico. Aí encaminhei para ele. E ele me respondeu, "puxa vida, que alívio receber isso neste dia!". Havia sido um dia, de repente, um pouco duro na política, alguma coisa assim.

Está havendo vários desses ultimamente...
Pois é... [risos]

E o reencontro em estúdio não deu vontade de reengatar uma parceriazinha, Francis?

Olha, deu vontade mais de jogar um futebol. Eu falei, "Chico, vou ver se consigo voltar a jogar aquelas peladas...". Não falamos de reengatar parceria, falamos em jogar futebol [risos]! E ele, "vai lá, Francis!". Eu disse, "pois é, vamos ver se consigo, tenho de perder uns quilinhos...". Mas ficou nisso, as intenções não foram adiante! Quem sabe no ano que vem... Mas foi muito bonito o nosso reencontro. Em estúdio, não nos encontrávamos há 22 anos, desde quando ele gravou "Sem Mais Adeus" para o *Álbum Musical*, de 1997.

Em "Samba Dolente", que é a próxima faixa do disco, eu noto mais uma vez essa atenção da Olivia para vir com uma letra que se ajuste à situação musical. A letra está num tom triste, falando em partida, silêncio, vazio, e justamente quando há uma modulação, e a melodia passa para uma região mais aguda, a letra também muda de tom, "Como o inverso da partida/ Tu me chegaste lentamente". O efeito é muito bonito.

É verdade. Minha primeira ideia era abrir o disco com o "Samba Dolente". Mas a Olivia falou que eu não podia abrir o disco com um samba que diz "Ah! Como é breve a partida", enquanto a chegada é longa. A letra só tem um respiro de otimismo a partir do meio, justamente com aquela modulação, que é a parte da música de que eu mais gosto. É a mesma frase musical do início, mas a colocação dela traz um frescor. Aí, já que eu não podia abrir o disco com ela, pensei em fechar, mas o pessoal acabou me convencendo que o final tinha de ser com "Jogo da Vida". Consegui colocar em quarto lugar! [risos]

Eu gosto muito também do verso "Noites de sol, dias de lua", esse oxímoro que a Olivia usou. Soa como um título de obra. A Mônica Salmaso, inclusive, usou um título, para o disco dela cobrindo a obra do Chico Buarque, que lembra esse verso: Noites de Gala, Samba na Rua, extraído do "Quem Te Viu, Quem Te Vê". Mas esse contraste de "Noites de sol, dias de lua", acho que soaria bem... Quando você for fazer um DVD do disco...

Pode chamar *Noites de Sol, Dias de Lua*... Se bem que hoje em dia ninguém faz DVD, né...

Mas CDs ao vivo você ainda lança...

Vamos ver se o Sesc topa fazer, estou propondo a eles.

De "O Tempo e a Vida" você já falou um bocado... Ela abre com outra citação musical de uma canção sua, "Cinzas". Você tem uma coisa de citações e autocitações muito presente na sua obra.

Roubei a introdução de "Cinzas", que adoro, é o Márcio Montarroyos que fazia aquilo. Acho que essas citações fazem parte do meu estilo mesmo. Também usei "Pivete", a introdução do arranjo que fiz para o Chico, na abertura do "Samba Funk". Inclusive, no show do disco,

Francis e Olivia Hime, a mútua admiração de dois artistas
que completaram mais de cinquenta anos de casamento.

O arquivo de Francis Hime em sua casa no bairro
do Jardim Botânico, no Rio de Janeiro.

O CD *Hoje*, lançado em 2019.

juntei "Samba Funk" e "Pivete". A gente está sempre se citando. De uma certa forma, a gente está fazendo coisa nova, mas sem abrir mão de usar referências antigas. No concerto de clarinete, que fiz ano passado, tem muito de "Atrás da Porta".

No encarte do Hoje, *você discriminou os gêneros das canções, como era feito muito antigamente nos selos dos discos. Você chama "O Tempo e a Vida" de blues.*

Virou um blues na interpretação do Lenine e na execução instrumental. Eu pedi ao Kiko Freitas, baterista, para fazer uma levada de blues, com a marcação bem forte no segundo tempo. Lá atrás, talvez eu e o Tiago, o letrista da canção, tivéssemos pensado num arranjo de fado. Ele queria muito que a Simone cantasse. Mas a escolha do Lenine como cantor encaminhou a coisa para o blues.

Mas é um blues bem sofisticado... Muito mais próximo da Broadway do que de, sei lá, Robert Johnson.

É um blues cheio de aranhas, como diria Dori Caymmi.

Aquela escala ascendente final do refrão me parece muito difícil de cantar.

E no último show em que o Lenine cantou comigo ele fez mais ralentando ainda. Eu pensei, "Ih, caceta! O Lenine vai perder o fôlego e não vai conseguir chegar ao final da frase" [risos]. E você vê que ele canta com o corpo todo, é impressionante.

Tem uma presença de palco muito forte.

Mas no estúdio também. Ele foi lá cantar, e o corpo inteiro se mexendo. Acho que as meninas até fizeram um clipe dele gravando.

"Mais Sagrado" inaugura uma parceria nova, com Ana Terra. Como foi que vocês se encontraram?

Ela me mandou esse poema há uns tempos... A gente já tinha algumas coisas juntos, mas acabaram não sendo gravadas. "Mais Sagrado" me sugeriu algo romântico, me veio alguma coisa ligada ao Bituca. Coloquei aquela levada no meio que remete a "Maria Maria". Pensei em fazer uma instrumentação lembrando meu primeiro disco, solos de clarinete, flauta... Uma coisa camerística, de cada um solando um trechinho. Foi uma canção que ganhou muito com o arranjo.

Das canções do Hoje, *três letras são da Olivia Hime, duas da Silvana Gontijo, uma da Ana Terra e uma da Adriana Calcanhotto. É a primeira vez na sua carreira que um disco seu tem a maioria das letras escrita por mulheres — sete das doze canções do álbum. Isso acontecendo com você, que vive cercado de mulheres: só teve filhas e só teve netas...*

As mulheres estão dominando o mundo, provavelmente vão melhorá-lo bastante!

No "Mais Sagrado", como há um tema musical facilmente identificável, é difícil descobrir que se trata de um poema que foi musicado.

É, parece que a música veio antes, realmente. Aqueles versos finais, eu acho que estava bastante inspirado quando fiz a música para eles. Há algumas letras que de repente te batem tão forte... Um pouco o inverso daquela coisa que a Olivia sempre fala: uma música já contém uma letra, cabe ao letrista desvendá-la. Tem certas letras também que já contêm uma música, cabe ao músico descobri-la. Acho que foi o caso do "Mais Sagrado".

A única coisa que me soa confusa, por uma questão de dicção, é quando se canta o verso "Entregues à crença de serem imortais".

Porque "serem imortais" parece "serem mortais". É, talvez eu devesse ter acrescentado uma notinha ali... Há um defeito parecido em "Laura", eu já corriji no show, coloquei uma notinha a mais e fica mais clara a frase.

Mas talvez não precisasse mudar a música... Poderia ser usado o infinitivo não flexionado, "ser imortais".

Talvez, pode ser.

Talvez ainda ficasse confuso... Depende muito da entonação do cantor. Musicar letra tem dessas dificuldades.

Talvez eu não tenha querido mexer na letra, não tenho muita intimidade com ela. Com o Geraldinho, eu mexo à vontade. Foi engraçado, no "Samba Funk" eu musiquei o poema e mandei para ele. Ele disse: "Ô, Francis, tá um espetáculo, mas tem um verso aqui que eu acho horrível, como é que eu escrevi isso?". Fui ver, no original, eu é que tinha mudado o verso! "Pô, Geraldinho, me perdoe, eu que mudei esse verso", e ele: "Ah, não, muito ruim, muda!". Eu acho que já tinha até gravado e mixado, aí eu mudei. Com o Geraldinho, eu costumo mexer muito na le-

Entrevista   327

tra. Com a Ana, eu poderia ter mudado uma nota da música para deixar claro.

Já na canção seguinte, "Soneto de Ausência", também um poema musicado, do Paulo César Pinheiro, me parece que você fez algumas modificações nos versos. Porque todos têm treze sílabas poéticas, com exceção de dois: "Fica a sala de visita sem luz acesa" e "Um perfume vago acende uma lembrança". Para a métrica ficar uniforme, teria de ser algo como "Fica a sala de visita sem ter luz acesa" e "Um perfume vago acende então uma lembrança".

Será que eu mexi? Não me lembro não... Essa música eu estava passando a voz, sem pretensão, na técnica, para o Paulo Aragão, que estava na sala de gravação com o violão. Mas ficou tão bom que acabou entrando no disco. Dá uma respirada no álbum, uma faixa só voz e violão.

É raro uma canção, em disco seu, sem piano. Eu me lembro de "Flor do Mal", só com o Danilo Caymmi na flauta e o Dori no violão.

Que eu me lembre é só essa mesmo. Sempre tem um piano! No "Menino de Mar", o piano também só entra no meio da faixa.

Em "Flores pra Ficar", algumas notas ficaram bem graves para a Adriana Calcanhotto, não? Ficou uma coisa meio sussurrada, joãogilbertiana...

Exatamente. A gente teve de trabalhar um pouco a voz dela, a música tem uma extensão de duas oitavas. Tem uma coisa, não sei se você percebeu: a primeira parte da melodia é a mesma de "Jardim Botânico".

Não tinha percebido! É sempre assim: depois de falar, parece tão óbvio!

São as mesmas notas, sem tirar nem pôr. É engraçado isso. Mas para cantar é um desafio, pela extensão da música.

Ficou claramente no limite da extensão da Adriana Calcanhotto, mas acho que acabou soando bem, essa coisa sussurrada.

Soou bem. A gente deu uma trabalhadinha com as máquinas, o Pro Tools.

Para cantar ao vivo seria complicado.

Seria bem mais difícil.

A letra é muito original, tem uma coisa meio surrealista.

É a cara da Adriana! Aquelas sacadas... Quando ela me mandou a primeira letra que fez para mim, eu lembro a minha surpresa. "Como assim a letra chama 'Um Sequestrador', Adriana?" Ela é muito original, adoro a Adriana!

De "Samba Funk" já falamos bastante. Como você notou, me parece uma faixa com bastante apelo para a juventude. Acho legal, o Geraldo, que agora é da Academia Brasileira de Letras, com toda a solenidade que isso evoca, fazer uma letra tão descontraída.

Ele não se leva muito a sério, não! [risos]

Quando ouvi pela primeira vez "Menino de Mar", a música não me soou estranha. Mas não soube reconhecer de onde vinha essa familiaridade.

É uma marchinha que eu já tinha há algum tempo. Quando a fiz, se chamava "Um Abraço pro Guinga". Acho que até mandei para alguém antes da Olivia, para o Nelsinho Motta, talvez, para fazer a letra, mas acabou não saindo. Estava na gaveta. Nessa, a Olivia realmente trabalhou muito, mudou e tal. Foi um tempão mesmo. E até depois de mixada ela mexeu num verso. Mas ficou uma beleza!

E fechando o disco, duas árias da Ópera do Futebol: *"Pietá" e "Jogo da Vida". Fazia tempo que você tinha vontade de colocar pelo menos uma parte dessa ópera no mundo, né, Francis?*

Pois é... Pensei, "um disco de inéditas, não sei se um dia essa ópera vai sair mesmo". Antes eu pensava que não era o caso de mostrar essas músicas, "vamos conservar o ineditismo", mas depois achei besteira. Pode ser que ainda a gente faça essa ópera em versão *in concert*, sem cenário. Vamos soltando, porque nem sempre a gente consegue apresentar como gostaria. Então resolvi colocar essas duas músicas no disco, fazer um arranjo especial para elas.

Ficou um final apoteótico para o disco.

Um final apoteótico, é o encerramento da própria ópera. Uma cena de tiroteio, morre namorada, morre filho. Tem a cena da mãe com o filho morto nos braços. E desemboca num cortejo fúnebre que se transforma numa grande comemoração da conquista da Copa do Mundo.

Entrevista

Como foi o processo de composição? Os versos da Silvana Gontijo vieram antes?

Eu musiquei tudo. Tinha muita coisa que eu musicava, aí ela mexia na letra. Uma ou outra coisa, uns hinos de clube, uns frevos, eu fiz a música para ela letrar. Mas em 99% dos casos, a letra veio antes.

É, eu percebi porque você foi habilidoso ao criar um motivo melódico e rítmico muito bem definido para o "Jogo da Vida", mesmo com versos sem métrica e ritmo fixos. Você acaba tendo de dar uma "cavoucada" para criar um tema.

Sim, os versos são diálogos mesmo. Em uma última revisão, quando a ópera esteve prestes a ser encenada, em 2014, com o John Neschling, no Teatro Municipal de São Paulo, trabalhei muito, cortamos muita coisa do texto, muitas cenas, submetendo à Silvana. Antes, a ópera tinha três horas, passou para duas.

Uma pena mesmo que não esteja encenada. Mas acho que você fez bem em colocar alguma coisa no Hoje. Deu mais vontade de ouvir o conjunto inteiro.

Pois é... Mas um dia sai. Espero que eu ainda esteja vivo, esteja aqui para ouvir. Além desse formato *in concert*, já demonstraram interesse em encená-la em formato de teatro musical, com orquestração reduzida. No começo, eu resistia, mas agora... Se der, vamos fazer! Eu pensava que conservar o ineditismo pudesse atrair mais interesse dos patrocinadores para a realização da ópera completa, mas é bobagem, não pode planejar muito. O Tom Jobim que ria: "Olha, eles fazem planos!". Como se os planos fossem realizáveis forçosamente. Tem de deixar um pouco a vida levar, como diz o Zeca Pagodinho.

Em "Pietá", a Olivia está num registro bem agudo. Fiquei impressionado com quão jovial ela soa.

Hoje em dia, ela tem uma voz mais para o grave, mas nos agudos vai bem, faz voz de cabeça. E de uns anos para cá, ela estuda muito com o Felipe Abreu, um professor de voz maravilhoso, um cara realmente sensacional, ajudou muito a ela e a outras cantoras. Toda semana ela tem uma aula com ele, vem estudando muito, trabalhando muito a voz.

Ficou muito tocante, muito maternal...

É, muito bonita a interpretação que ela faz.

E como veio a ideia de chamar o Sérgio Santos para cantar em "Jogo da Vida"?

Ele já havia feito comigo a *Sinfonia do Rio*, pensei que para cantar essa música seria perfeito. Os vocalises ele fez na hora. Mandei uma demo da base e falei para ele inventar o que ele quisesse, porque ficaria em primeiro plano. Ficou sensacional.

É difícil pensar nessas duas faixas sem ser na posição de encerramento. É uma coisa tão grande que a gente pensa: o que poderia vir depois?

Exatamente! Foi o que o pessoal da Biscoito Fino disse, era um final óbvio. Depois disso, fecha a cortina.

14. *Estuário das Canções* (2020-2022)

Novo álbum com composições instrumentais inéditas — O piano Steinway da Biscoito Fino — Projetos em vista

Você classificaria o novo álbum [Estuário das Canções, *lançado em novembro de 2022] como um disco de pandemia?*

Sim e não. Ele foi sendo matutado na minha cabeça, começou há algum tempo. Muito por causa do piano da Biscoito Fino, que realmente é uma maravilha. Dá vontade de compor coisas novas, de tocar. Costumava ir para a Biscoito e ficar tocando de madrugada, sem compromisso. A pandemia também ajudou, pelo fato de não haver shows, haver mais disponibilidade de tempo. Tudo isso concorreu para que eu concretizasse o disco. Eu gravei muito, cerca de trinta músicas. Mas como o trabalho foi realizado por meio de um projeto para a Lei Rouanet que previa só músicas inéditas, acabei usando só doze temas, de uns quinze ou dezesseis inéditos que fiz, todos instrumentais para piano solo.

Ao longo de quanto tempo se deram as gravações?

Ao longo de um ano, mais ou menos, todo 2022, gravar e editar. Foi um processo muito tranquilo. Eu mesmo fiz o trabalho de edição. Num disco de piano solo, é praxe pegar os compassos de um take e juntar com os compassos de outro take. Às vezes você grava cinco ou seis takes de uma faixa e ainda precisa regravar um trecho que não ficou bom. Mas não havia preocupação com tempo ou com erros, só com o sentimento da música. Andamentos muito variáveis, as dinâmicas também, muito trabalhadas na medida em que eu gravava. Foi um disco que só seria possível fazer sem pressa.

Achei o som do piano particularmente bonito, mesmo em relação a outros álbuns gravados com esse Steinway [fabricante de pianos tradicional e de reputada excelência] da Biscoito Fino.

O processo de captação evoluiu. E também há a experiência minha de tocar nesse piano. É um piano difícil de tocar, não é pra qualquer um. Mas gravei estes anos todos lá, e também ia à Biscoito pra me divertir tocando fora dos horários habituais, quando o estúdio estava vago. Hoje me sinto muito à vontade com esse Steinway, com domínio da técnica necessária para tocá-lo. Você sabe que o Nelson Freire queria alugar esse piano, dizia que era o melhor do Brasil? Mas as paredes do estúdio foram construídas em torno do piano, de modo que ele não pode sair de lá. Está encarcerado dentro do estúdio [risos]. Só sai se derrubarem as paredes, é uma joia mesmo. Esse piano foi encontrado na Filarmônica de Berlim pelo Arnaldo Cohen. Estava abandonado, cheio de goteiras em cima. Perguntou a Olivia, que estava começando a Biscoito Fino, se ela precisava de um piano. Aí o Steinway foi comprado, na época acho que custou 100 mil dólares, reformaram todo e ficou essa joia. O Arnaldo trouxe dois pianos: um ficou para concertos dele, e o outro foi adquirido pela Biscoito Fino para gravações. Depois ele quis recomprar também nosso piano, mas dissemos: "Ah, agora não dá mais" [risos]. Se não fosse esse piano e a Biscoito Fino, não haveria como existir o disco.

Essa tranquilidade relatada na feitura do álbum faz par com os títulos das músicas, muitas tendendo ao bucólico. "Um Rio", "Tarde Macia", depois um dos temas chama justamente "Bucólica", e ainda "Alvorada", "Alameda", "Riachinho", "Manguezal", "Estuário"...
Exatamente. Os títulos vieram depois, numa adequação ao espírito do álbum. Houve uma mistura de temas que fui criando já no estúdio com outros que vieram de esboços que existiam há tempos. Às vezes eu componho algo, quando vou ver no dia seguinte acho uma porcaria. Aí vai pro baú. Mas tempos depois, quando reviro o baú, aquilo que era uma porcaria acaba se mostrando uma ideia promissora [risos].

E você acha que esses temas do Estuário *podem vir a ganhar letras para se tornarem canções populares?*
Eu não havia pensado nisso, não. Quando faço músicas que possam vir a ter letra, me preocupo com a extensão, tessitura, estrutura... No *Estuário*, há várias músicas com modulações que não caberiam em temas para canção popular, com letra. Modulações de quatro ou cinco tons acima. Mas pode ser que eu retome alguns desses temas adaptados para a linguagem da canção, sem essas modulações.

Digo porque apesar de haver essa questão tonal mencionada por você, achei que as melodias das músicas do Estuário, *executadas com a mão direita, são bem cantáveis. Não há muitas notas, os temas são bem definidos...*

Entrevista

É verdade. Sob esse aspecto não haveria problema. Há músicas minhas, como "Meu Caro Amigo" e "Desdenhosa", teoricamente muito mais difíceis de letrar e cantar. Neste álbum houve muita influência de Tom, por suas composições, e Luiz Eça, talvez a influência maior neste disco. Ele fazia muito essa coisa de pegar um tema, explorar, fazendo modulações... Usando a técnica maravilhosa que ele tinha, e eu não tenho, claro, mas o espírito dele, de certa forma, sua genialidade está fazendo sombra neste disco. Aí surgiram temas como "Um Rio", "Estuário", "Canção para Raphael", a própria "Canção para Luiz Eça" — minhas favoritas, eu acho.

Pode-se notar muito facilmente no álbum essa técnica que você menciona constantemente, de pegar determinado excerto melódico e desenvolvê-lo. Em "Canção para Raphael Rabello", há uma célula central de quatro notas que se repete com modificações; em "Riachinho", uma célula bem marcada de dez notas, e por aí vai... E mesmo um tema como "Alvorada", que você afirma ter composto ainda na década de 1960, antes de partir para seus estudos nos Estados Unidos, já apresenta um motivo bem definido para ser trabalhado em alterações de altura, modulações... Os ritmos brasileiros apareceram com menos frequência do que costumam aparecer em discos seus.

Há mesmo muito da música clássica no desenvolvimento nos temas. Fica novamente numa zona de fronteira com o popular. E é verdade, não há tantos ritmos mais agitados. Talvez até pela maneira como foram gravados, com muita calma, tranquilidade...

Notei também que aparece muita coisa em compasso ternário no disco: "Bucólica", "Itaipava", "Para Olivia"... Você estava num clima bem valseiro!

Sim, inclusive uma ideia minha é fazer um álbum só de valsas. No clima de "Amorosa" [faixa de abertura do álbum *Navega Ilumina*, de 2014]. Usando minhas lembranças de infância e adolescência, ouvindo muitas serestas na casa do meu tio. Família mineira, sabe como é... [risos]. Tinha samba, mas também tinha muita seresta.

Em "Tarde Macia" também me parece que há um começo em seis por oito, para depois mudar para quatro por quatro, é isso mesmo?

Não, "Tarde Macia" está mais para o jeito de canção americana, "azulada", como a Olivia diz... [cantarola] É... Mas a levada é um pouco seis por oito... Tem essas quiálteras no acompanhamento, na segunda parte eu abandono e vou para um quatro por quatro mais inequívoco.

E o próximo álbum de canções, você já está encaminhando?

Havia até agendado para começar a gravar em fevereiro [de 2023], mas desisti. É muita coisa ao mesmo tempo, este disco instrumental acabou de sair... Devo deixar para o fim do ano, o material está todo pronto. Até lá pode ser que o repertório mude, possivelmente outras coisas vão surgir. Mas já tenho parcerias com Pedrinho Amorim, Zé Renato, Moacyr Luz, Sérgio Santos, Zélia Duncan...

ÍNDICE ONOMÁSTICO

Abreu, Alberto, 84, 170, 217
Abreu, Felipe, 330
Abreu, Nelita de, 121
Aderne, Pierre, 108
Albéniz, Isaac, 211
Albicocco, Gabi, 48, 303
Albin, Ricardo Cravo, 97, 265
Albuquerque, Célio, 47
Alcione, 319
Alf, Johnny, 35
Alves, Castro, 170, 174
Alves, Cristiano, 273, 309
Alves, Márcio Moreira, 102
Amado, Jorge, 216
Amorim, Pedro, 335
Amud, Thiago, 14, 104, 105, 171, 306, 310, 320, 321
Andrade, Carlos Drummond de, 143
Andrade, Oswald de, 57, 90, 96, 277
Angelo, Nelson, 83, 225
Antonina, Dália, 15, 84, 119, 140, 142, 143, 227
Aquino, João de, 52
Aragão, Paulo, 205, 300, 315, 318, 328
Armandinho, 84, 228, 229
Assad, Odair, 294
Assad, Sérgio, 294
Assis, Machado de, 173
Bandeira, Manuel, 77, 245
Barreto, Bruno, 59, 62, 145, 161, 173, 189
Barroso, Ary, 298, 299
Bartók, Béla, 253
Bastos, Cristóvão, 100, 108, 257
Bastos, Vânia, 254
Beatles, The, 203, 208, 229, 298
Becker, Nina, 283
Becker, Zé Paulo, 266

Beethoven, Ludwig van, 19, 115, 118, 209, 270
Belchior, 217
Belém, Fafá de, 207
Bennett, Tony, 43, 136, 139
Berlin, Irving, 82
Bertazzi, Paulo, 45
Berú, Mauricio, 181
Bethânia, Maria, 100, 277, 319
Blanc, Aldir, 170, 171
Boal, Augusto, 166, 168, 179, 281, 293, 294
Boca Livre, 225
Bolão, Oscar, 266
Boldrin, Rolando, 197
Borges, Miguel, 180
Bosco, João, 100
Bôscoli, Ronaldo, 19, 23, 24, 25, 43, 45, 57, 124, 169
Braga, Cristina, 252, 303
Braga, Kati de Almeida, 73
Braga, Rubem, 167
Brahms, Johannes, 115, 136
Brant, Fernando, 72, 139, 186, 195
Braz, Renato, 219, 222, 287
Brecht, Bertolt, 244
Buarque, Chico, 9, 14, 24, 25, 26, 30, 31, 35, 42, 46, 49, 50, 56, 57, 58, 59, 60, 62, 63, 64, 66, 67, 68, 69, 70, 71, 72, 73, 78, 82, 83, 84, 85, 88, 100, 108, 113, 114, 121, 124, 125, 135, 145, 149, 150, 151, 152, 153, 154, 155, 156, 158, 159, 161, 164, 165, 166, 168, 169, 170, 171, 173, 177, 178, 179, 180, 181, 182, 184, 185, 186, 191, 193, 196, 198, 199, 202, 203, 205, 206, 207, 210, 211, 213, 214, 215, 216, 218, 221, 228, 229, 231,

235, 239, 240, 242, 243, 244, 272, 275, 277, 279, 319, 321, 322, 323

Byington, Elisa, 247

Cabral, Sérgio, 106

Cacaso (Antônio Carlos de Brito), 14, 78, 82, 83, 84, 88, 89, 91, 92, 102, 176, 203, 206, 207, 215, 217, 218, 219, 225, 228, 230, 231, 238, 275, 279

Cafi (Carlos da Silva Assunção Filho), 163

Calcanhotto, Adriana, 102, 105, 106, 242, 277, 321, 327, 328

Camões, Luís Vaz de, 14, 170, 174

Campos, Paulo Mendes, 176, 223

Canázio, Moogie, 85, 219, 234, 238, 282

Cantuária, Vinicius, 171, 242

Capinan, José Carlos, 35, 84, 238

Caram, Ana, 260

Cardoso, Elizeth, 129, 155, 157

Carlos, Erasmo, 279

Carlos, Roberto, 19, 34, 36, 132, 133, 134, 135

Carneiro, Geraldo, 7, 14, 56, 84, 85, 90, 93, 95, 96, 100, 102, 103, 104, 105, 130, 171, 172, 175, 177, 187, 210, 229, 239, 249, 265, 275, 282, 283, 286, 293, 302, 303, 310, 320, 327, 329

Carrilho, Altamiro, 178, 179, 186

Carrilho, Maurício, 265

Cartola (Angenor de Oliveira), 27, 50, 103, 260, 282, 283

Carvalho, Beth, 100, 198

Carvalho, Eleazar de, 95, 96, 252

Carvalho, Hermínio Bello de, 105, 281, 310, 318, 320

Carvalho, Sérgio, 217

Castro, Eugénia Melo e, 245

Castro, Tarso de, 166

Caymmi, Danilo, 82, 221, 222, 306, 328

Caymmi, Dori, 19, 21, 30, 38, 41, 74, 82, 129, 148, 154, 178, 205, 208, 222, 247, 307, 310, 326, 328

Caymmi, Dorival, 43, 90, 114, 125, 136, 219, 236, 253

Caymmi, Stella, 43

Cazuza (Agenor de Miranda Araújo Neto), 319

Chagas, Carlos, 281

Chediak, Almir, 35, 63, 140, 267, 268

Chew, David, 281

Chiquinho do Acordeom, 196

Cláudia, 34, 140

Clodovil, 95

Cohen, Arnaldo, 267, 333

Coral USP, 249

Cortázar, Julio, 46

Costa, Gal, 39, 85, 100, 238, 240, 277

Costa, José Marques da, 32

Costa, Marcelo, 103

Costa, Sueli, 247

Coutinho, Eduardo, 39, 145, 149

Creuza, Maria, 197, 201

Cruz, Claudio, 252, 300

Cumarão, Carlos Alberto, 23

Cybele, 174, 196

Davis, Miles, 43

Debussy, Claude, 225, 253

Deep Purple, 182

Deodato, Eumir, 121, 126

Diegues, Cacá, 199

Dino Sete Cordas, 179

Djavan, 100, 170, 279

Duncan, Zélia, 100, 103, 108, 216, 281, 335

Duo Assad, 294

Duvivier, Edgar, 247

Dylan, Bob, 90

Eça, Luiz, 118, 127, 148, 155, 157, 334

Elke Maravilha, 64

Emerson, Lake & Palmer, 85, 234

Escorel, Eduardo, 59, 173

Evans, Bill, 43, 136, 139

Evans, Ray, 43

Eversong, Leny, 34, 36

Faria Jr., Miguel, 59, 62, 168, 173, 215

Faria, Betty, 59, 189

Fernando, Jorge, 108

Ferrari, Eugenio, 117

Ferreira, Bibi, 287

Freire, Lula, 126

Freire, Nelson, 333

Freitas, Kiko, 103, 326

Gavin, Charles, 47, 160
Gaya, Lindolfo, 127, 150
Genesis, 85
Gershwin, George, 9, 27, 264
Gil, Flora, 238
Gil, Gilberto, 35, 39, 84, 85, 100, 125, 191, 208, 235, 238, 239, 240, 275, 277, 302
Gilberto, João, 26, 113, 121, 130, 131, 133, 292, 299, 309, 328
Glass, Paul, 20, 95, 152, 158, 176, 208, 248, 250, 253
Gnattali, Radamés, 165
Gomes, Dias, 62, 215, 221, 226
Gomes, Laís, 108
Gontijo, Silvana, 96, 105, 255, 327, 330
Gonzaga, Chiquinha, 77
Gonzaguinha, 49
Goulart, Luiz Fernando, 38, 59, 175
Gouveia, Larissa, 7
Graça, Vilma, 267
Guedes, Fátima, 84, 239
Guerra, Ruy, 14, 19, 24, 30, 42, 44, 45, 46, 47, 49, 50, 51, 77, 78, 82, 89, 91, 94, 127, 130, 133, 136, 138, 139, 148, 151, 152, 161, 165, 167, 177, 184, 185, 186, 187, 189, 191, 194, 199, 203, 209, 210, 310
Guimarães, Simone, 103, 286
Guinga (Carlos Althier de Sousa Lemos Escobar), 104, 232, 242, 298, 300, 301, 304, 329
Halegua, León, 249
Harris, Albert, 20, 152
Helder, Jorge, 103
Heliodora, Barbara, 312
Hime, Beatriz, 306, 317
Hime, Cecília, 97, 303, 317
Hime, Francis Walter, 15, 114, 120
Hime, Frank Owen Walter, 20, 115, 117, 118, 120, 125, 141, 144, 151, 153
Hime, Isabel, 97, 307, 317
Hime, Joana, 14, 86, 87, 108, 194, 199, 211, 214, 306, 317
Hime, Laura, 76, 108, 187, 190, 317, 321, 322, 327
Hime, Luiz, 17

Hime, Luiza, 67, 68, 78, 87, 100, 145, 191, 193, 198, 205, 317, 321
Hime, Maria, 77, 84, 86, 87, 153, 194, 214, 224, 225, 317
Hime, Olivia, 10, 14, 30, 43, 45, 46, 50, 51, 57, 59, 67, 72, 73, 74, 75, 76, 77, 78, 79, 83, 84, 85, 86, 87, 92, 97, 100, 101, 102, 103, 104, 105, 106, 108, 121, 124, 125, 126, 132, 136, 137, 142, 159, 161, 164, 165, 166, 167, 169, 171, 174, 177, 184, 185, 187, 188, 190, 191, 192, 194, 195, 197, 203, 204, 205, 209, 210, 211, 212, 214, 215, 216, 218, 221, 222, 223, 224, 225, 229, 230, 231, 232, 233, 234, 236, 239, 240, 241, 242, 244, 245, 247, 255, 260, 261, 265, 268, 270, 273, 274, 276, 278, 283, 286, 287, 289, 290, 292, 298, 302, 303, 307, 308, 309, 310, 312, 315, 317, 321, 322, 323, 324, 327, 329, 330, 333, 334
Hime, Vera, 17
Holanda, Luiz Buarque de, 48
Horta, Toninho, 72, 195, 212
Imperial, Carlos, 133
Jessé, 216
Jobim, Tom, 19, 21, 23, 24, 26, 27, 56, 66, 67, 82, 119, 124, 129, 137, 149, 150, 156, 205, 238, 247, 251, 254, 256, 261, 263, 264, 272, 278, 286, 294, 308, 311, 321, 330, 334
Johnson, Robert, 326
Joyce, 34, 102, 191, 272, 275, 291, 292, 302, 310
Juarez, Benito, 95, 248, 251
Karabtchevsky, Isaac, 249
Karajan, Herbert von, 19, 118
Kassu, Ivone, 49
Kern, Jerome, 224
Kéti, Zé, 129
Kfouri, Maria Luiza, 42
Klevtsova, Liuba, 252
Leão, Nara, 34, 174, 199
Legrand, Michel, 275
Lemos, Fafá, 114
Lemos, Sonia, 129

339

Lemos, Tite de, 82, 222
Lenine, 100, 102, 106, 108, 239, 266, 268, 275, 277, 278, 279, 321, 326
Leoni, Carlos, 108
Leuenroth, Cícero, 20, 121, 142, 144, 148, 151, 152, 153, 154, 155
Leuenroth, Elza, 142, 154
Lins, Ivan, 48, 84, 100, 242
Lins, Lucinha, 48
Livingston, Jay, 43
Lobo, Edu, 19, 21, 30, 31, 33, 35, 38, 42, 44, 67, 79, 81, 121, 125, 126, 127, 129, 130, 137, 140, 148, 150, 151, 154, 167, 203, 204, 205, 206, 247, 254, 310
Lobo, Ercilia, 7
Lobo, Fernando, 125
Lopes, Leme, 74
Lula da Silva, Luiz Inácio, 102
Luz, Moacyr, 108, 170, 279, 335
Lyra, Carlos, 24, 66, 124, 126
Machado, Maria Clara, 62, 215
Maciel, João Vitório, 25, 121, 124
Magalhães, Oberdan, 211
Malta, Paulo, 7
Mandel, Johnny, 79, 204, 264
Márcia, 167
Marcondes, João, 7, 47
Maria, Angela, 129
Mariano, César Camargo, 57, 58, 154, 158, 238
Mart'nália, 319
Martinho da Vila, 308, 319
Martins, Herivelto, 114, 298
Martins, Vitor, 84, 242
Mauro, Humberto, 180
Maya, Wolf, 217, 234
Mazzola, Marco, 243
Meireles, Cecília, 211, 224
Mello, Zuza Homem de, 7, 30, 35
Mendes, Sérgio, 124, 154
Mendonça, Newton, 82
Mendonça, Paulo, 108
Menescal, Roberto, 24, 25, 124, 126, 158, 159
Mercury, Daniela, 100
Miele, Luís Carlos, 49, 133

Migliaccio, Flávio, 145
Millarch, Aramis, 233
Miller, Sidney, 129
Miranda, Stella, 197
Miriam Batucada, 49
Miúcha (Heloísa Buarque de Holanda), 100
Montand, Yves, 298
Montarroyos, Márcio, 211, 323
Monteiro, Doris, 129
Montenegro, Fernanda, 287, 289
Moraes, Suzana de, 32, 146
Moraes, Vinicius de, 14, 15, 19, 21, 24, 25, 26, 27, 28, 29, 30, 32, 34, 35, 36, 37, 38, 42, 44, 46, 51, 53, 58, 66, 78, 82, 89, 102, 103, 104, 113, 118, 119, 120, 121, 124, 125, 126, 127, 129, 132, 134, 136, 137, 140, 141, 143, 144, 146, 147, 155, 166, 167, 171, 174, 175, 176, 192, 197, 198, 199, 201, 203, 210, 223, 228, 242, 264, 274, 278, 279, 290, 292, 303, 308, 321
Moreira, Moraes, 82, 102, 279
Morelenbaum, Jaques, 110, 309
Moreno, Tutti, 266
Moska, Paulinho, 104, 211
Motta, Nelson, 21, 23, 30, 141, 329
Moustaki, Georges, 281, 282, 284
Mozart, Wolfgang Amadeus, 203, 208
MPB-4, 37, 78, 177
Nanini, Marco, 245
Nascimento, Joel, 179
Nascimento, Milton (Bituca), 42, 49, 63, 82, 83, 84, 85, 100, 139, 149, 165, 177, 182, 205, 211, 212, 223, 224, 235, 239, 240, 247, 275, 326
Nelson Cavaquinho, 260
Neschling, John, 255, 294, 330
Neto, Torquato, 121
Neves, Oscar Castro, 154
Neves, Wilson das, 266
Nicodemo, Thaís, 7
Nogueira, João, 240
Nogueira, Nilcemar, 103, 282
Novelli (Djair de Barros e Silva), 212, 222

Nunes, Clara, 85, 100, 206, 244
Ogerman, Claus, 183
Oliveira, Aloysio de, 48, 49
Oliveira, Dalva de, 114
Orquestra de Câmara Rio Strings, 97, 281, 284
Orquestra Filarmônica de Berlim, 19, 118, 333
Orquestra Jazz Sinfônica, 252
Orquestra Sinfônica Brasileira (OSB), 249
Orquestra Sinfônica do Estado de São Paulo (OSESP), 97, 252, 294, 297, 299, 300
Orquestra Sinfônica Municipal de São Paulo, 47, 146
Pacheco, Diogo, 146
Pallottini, Renata, 79, 170, 203, 207
Paulinho da Viola, 100, 240, 274, 275, 277
Pedreiro, Ranulfo, 7
Pedro, Antônio, 244
Pedroso, Marilda, 223
Pellegrino, Hélio, 223
Pêra, Marília, 62, 215, 245
Pereira, Marco, 100, 257
Pessoa, Fernando, 14, 77, 245, 247
Piazzolla, Astor, 222, 236
Pilger, Hugo, 110, 309
Pinheiro, José Amálio, 94
Pinheiro, Leila, 76, 100, 266, 268, 283, 308
Pinheiro, Paulo César, 14, 19, 31, 52, 53, 54, 55, 56, 62, 64, 91, 100, 101, 102, 105, 140, 148, 155, 157, 158, 167, 183, 186, 191, 218, 232, 255, 260, 265, 271, 274, 310, 328
Pixinguinha (Alfredo da Rocha Vianna Filho), 222, 236
Porter, Cole, 264
Powell, Baden (Badeco), 19, 26, 27, 29, 52, 53, 124, 132, 137, 148, 256, 278, 291, 292
Prazeres, Heitor dos, 125
Proença, Maria Lúcia (Lucinha), 126
Proença, Miguel, 267
Quarteto em Cy, 126, 155, 157, 190

Rabello, Luciana, 266
Rabello, Raphael, 97, 229, 231, 294, 295, 297, 307, 334
Rachmaninoff, Serguei, 118, 148
Raksin, David, 20, 145, 152
Ramalho, Elba, 85, 239, 240, 241
Rangel, Flávio, 226
Rangel, Maria Lúcia, 166, 194
Ratto, Gianni, 39
Ravel, Maurice, 253, 306
Regina, Elis, 19, 30, 39, 42, 43, 44, 45, 56, 57, 58, 59, 60, 127, 130, 133, 140, 154, 156, 158, 159, 164, 178, 179, 205, 238
Renato, Zé, 83, 100, 108, 232, 266, 321, 335
Resende, Otto Lara, 223
Richers Júnior, Herbert, 287
Ripke, Juliana, 7
Rocha, Glauber, 148
Rodin, Auguste, 73, 192
Rodrigues, Augusto, 128, 157
Rodrigues, Caetano, 47
Rodrigues, Jair, 19, 35
Rodrigues, Lupicínio, 177
Rodrigues, Virgínia, 35
Rosa Emília, 92
Rosa, Noel, 114
Rosário, Maria do, 59, 175
Roupa Nova, 234, 310
Sá, Carlos Eduardo Sadock de, 23
Sá, Wanda, 25, 28, 121, 126
Sabino, Fernando, 223
Salmaso, Mônica, 104, 233, 287, 292, 323
Sangalo, Ivete, 196
Sangirardi, Sílvia, 228
Santos, Agostinho dos, 42, 118, 130
Santos, André, 266
Santos, Moacir, 124
Santos, Sérgio, 100, 108, 242, 266, 268, 331, 335
Santos, Vittor, 282
Saraiva, Cristina, 286
Schifrin, Lalo, 20, 145, 152
Schneider, Uli, 300
Schönberg, Arnold, 253

Seis em Ponto, Os, 21, 23, 24, 25, 113, 124, 126
Severo, Marieta, 67, 158, 198
Shakespeare, William, 293
Silva, Abel, 84, 103, 239, 292, 308
Silva, Aníbal, 148
Silva, Eden, 148
Silva, Tiago Torres da, 105, 294, 314, 321
Silveira, Ricardo, 103
Simonal, Wilson, 19, 34, 37, 132, 133
Simone, 63, 85, 131, 202, 217, 237, 239, 240, 292, 321, 326
Soares, Claudette, 50, 177
Somlo, Carlos, 115
Sorrah, Renata, 41
Souza, Tárik de, 47
Star, Edy, 49
Stein, Gertrude, 90, 229
Stravinsky, Igor, 19, 118, 253, 257, 302
Taiguara, 19, 31, 149, 150
Tamba Trio, 43, 133
Tapa, Grupo, 243
Tata, 136
Tatit, Luiz, 9, 91, 136, 254
Tavares, Alberto Hekel, 23
Tchaikovsky, Piotr Ilitch, 25, 164
Telles, Carlos Queiroz, 72, 79, 144, 170, 190, 195, 203, 208
Terra, Ana, 105, 326, 327
Tinhorão, José Ramos, 208
Tiso, Wagner, 83, 235

Toquinho (Antonio Pecci Filho), 66, 82, 83, 84, 85, 100, 103, 191, 197, 200, 201, 211, 214, 218, 225, 235, 283
Trio Surdina, 114
Tunai (José Antônio de Freitas Mucci), 83
Valle, Marcos, 19, 21, 27, 30, 33, 38
Valle, Paulo Sérgio, 19, 21, 27, 30, 33, 39
Vandré, Geraldo, 135, 150
Vargas, Getúlio, 120
Vargas, João Jorge, 23, 126
Veloso, Caetano, 35, 39, 100, 170, 208, 264, 279
Vergueiro, Carlinhos, 85, 244
Viáfora, Celso, 299
Viana, Zelito, 148
Vianna Filho, Oduvaldo (Vianinha), 39, 78, 145, 148, 191
Viany, Alex, 59, 180
Villa-Lobos, Heitor, 264
Villeroy, Totonho, 108
Vinhas, Luiz Carlos, 45, 115
Waismann, Sidney, 41
Wilder, Alec, 242, 286
Woltzenlogel, Celso, 322
Yes, 85, 234
Zanon, Fabio, 97, 229, 294, 295, 297
Zé, Tom, 31
Zeca Pagodinho, 153, 330
Zimbo Trio, 36
Ziraldo, 149, 226, 234

DISCOGRAFIA

Os Seis em Ponto (RGE, 1964)[1]

Samba do Carioca (Carlos Lyra/Vinicius de Moraes)
Inútil Paisagem (Tom Jobim/Aloysio de Oliveira)
Mar Azul (Francis Hime/João Vitório Maciel)
Luciana (Tom Jobim/Vinicius de Moraes)
Borandá (Edu Lobo)
Amor a Esmo (Francis Hime/João Vitório Maciel)
A Paz de Um Homem Só (Francis Hime/João Vitório Maciel)
Sem Mais Adeus (Francis Hime/Vinicius de Moraes)
Se Você Pensar (Francis Hime/João Vitório Maciel)
Canção da Liberdade (Oscar Castro Neves/Luvercy Fiorini)
Só Tinha de Ser Com Você (Tom Jobim/Aloysio de Oliveira)
O Menino das Laranjas (Theo de Barros)

Francis Hime (Odeon, 1973)[2]

Atrás da Porta (Francis Hime/Chico Buarque)
À Meia Luz (Francis Hime/Ruy Guerra)
Olivia (Francis Hime)
Sem Mais Adeus (Francis Hime/Vinicius de Moraes)
Ave Maria (Francis Hime/Ruy Guerra)
Valsa Rancho (Francis Hime/Chico Buarque)
Minha (Francis Hime/Ruy Guerra)
Último Canto (Francis Hime/Ruy Guerra)
Réquiem (Francis Hime/Ruy Guerra)

---

[1] Álbum do conjunto instrumental Os Seis em Ponto, liderado por Francis Hime (piano e arranjos). O grupo também contava com Alberto Hekel Tavares (flauta), Carlos Alberto Cumarão (trombone), Nelson Motta (violão), Carlos Eduardo Sadock de Sá (contrabaixo) e João Jorge Vargas (bateria).

[2] Primeiro álbum solo de Francis Hime.

Passaredo (Som Livre, 1977)

Passaredo (Francis Hime/Chico Buarque)
Máscara (Francis Hime/Ruy Guerra)
Trocando em Miúdos (Francis Hime/Chico Buarque)
Meu Homem (Francis Hime/Ruy Guerra), *com Olivia Hime*
Lindalva (Francis Hime/Paulo César Pinheiro)
Último Retrato (Francis Hime/Ruy Guerra)
Pouco Me Importa (Francis Hime/Ruy Guerra)
Carta (Francis Hime/Ruy Guerra), *com Olivia Hime*
Maravilha (Francis Hime/Chico Buarque), *com Chico Buarque*
Ave-Maria (Francis Hime/Oduvaldo Vianna Filho)
Anoiteceu (Francis Hime/Vinicius de Moraes)
Meu Melhor Amigo (Francis Hime/Olivia Hime), *com Olivia Hime*
Luiza (Francis Hime/Chico Buarque), *com Chico Buarque*

Se Porém Fosse Portanto (Som Livre, 1978)

Pivete (Francis Hime/Chico Buarque)
Santa Tereza (Francis Hime/Olivia Hime)
Se Porém Fosse Portanto (Francis Hime/Cacaso)
Demolição (Francis Hime/Carlos Queiroz Telles)
Ode Marítima (Francis Hime/Ruy Guerra)
A Noite (Francis Hime/Renata Pallottini)
Saudade de Amar (Francis Hime/Vinicius de Moraes), *com Olivia Hime*
Ieramá (Francis Hime/Ruy Guerra)
Três Marias (Francis Hime/Olivia Hime)
Desembolada (Francis Hime/Chico Buarque), *com Olivia Hime*
Maria (Francis Hime/Vinicius de Moraes)
Joana (Francis Hime)
O Sim pelo Não (Francis Hime/Edu Lobo)
Terceiro Amor (Francis Hime/Cacaso)

Francis (Som Livre, 1980)

E Se (Francis Hime/Chico Buarque)
Cabelo Pixaim (Francis Hime/Cacaso)
Pássara (Francis Hime/Chico Buarque), *com Chico Buarque*
Navio Fantasma (Francis Hime/Paulo César Pinheiro)
Baião do Jeito (Francis Hime/Cacaso)
Cinzas (Francis Hime/Olivia Hime)
Parintintin (Francis Hime/Olivia Hime)
Elas Por Elas (Francis Hime/Cacaso)

Meio Demais (Francis Hime/Cacaso)
O Rei de Ramos (Francis Hime/Chico Buarque/Dias Gomes)
Flor do Mal (Francis Hime/Tite de Lemos)
Marina Morena (Francis Hime/Cacaso)
Grão de Milho (Francis Hime/Cacaso)

Sonho de Moço (Som Livre, 1981)

A Tarde (Francis Hime/Olivia Hime)
Lua de Cetim (Francis Hime/Olivia Hime), *com Maria Hime*
Patuscada (Francis Hime/Cacaso), *com Boca Livre*
Luar (Francis Hime/Olivia Hime)
Hora e Lugar (Francis Hime/Cacaso)
Luz (Francis Hime/Nelson Angelo)
Homem Feito (Francis Hime/Milton Nascimento), *com Milton Nascimento*
Amor Barato (Francis Hime/Chico Buarque)
Doce Vida (Francis Hime/Toquinho)
O Farol (Francis Hime/Milton Nascimento)
Cachoeira (Francis Hime)
Sonho de Moço (Francis Hime/Milton Nascimento)

Pau Brasil (Som Livre, 1982)

Pau Brasil (Francis Hime/Geraldo Carneiro)
Cada Canção (Francis Hime/Olivia Hime)
Falcão (Francis Hime)
Língua de Trapo (Francis Hime/Cacaso)
Ribeirinho (Francis Hime/Cacaso)
Rio Vermelho (Francis Hime/Cacaso)
Embarcação (Francis Hime/Chico Buarque)
O Tempo da Flor (Francis Hime/Vinicius de Moraes)
Luar do Japão (Francis Hime/Cacaso)
A Grande Ausente (Francis Hime/Paulo César Pinheiro)
Mente (Francis Hime/Olivia Hime)
Rio Negro (Francis Hime)

Essas Parcerias (Som Livre/Elenco, 1984)

Parceiros (Francis Hime/Milton Nascimento), *com Milton Nascimento e Chico Buarque*
Um Carro de Boi Dourado (Francis Hime/Gilberto Gil), *com Gilberto Gil*
Um Dueto (Francis Hime/Capinan), *com Gal Costa*

Flor de Laranjeira (Francis Hime/Cacaso)
Laços de Serpentina (Francis Hime/Toquinho)
Movimento da Vida (Francis Hime/Fátima Guedes)
Cara Bonita (Francis Hime/Olivia Hime), *com Elba Ramalho*
Perdición (Francis Hime/Geraldo Carneiro)
Promessas, Promessas (Francis Hime/Abel Silva)
O Sinal (Francis Hime/Alberto Abreu), *com Simone*
Qualquer Amor (Francis Hime/Chico Buarque), *com Olivia Hime*
Mariana (Francis Hime/Ivan Lins/Vitor Martins)

Clareando (Som Livre, 1985)

Clara (Francis Hime/Geraldo Carneiro)
Trocando em Miúdos (Francis Hime/Chico Buarque)
E Se (Francis Hime/Chico Buarque)
Lua de Cetim (Francis Hime/Olivia Hime), *com Maria Hime*
Atrás da Porta (Francis Hime/Chico Buarque)
Vai Passar (Francis Hime/Chico Buarque)
Por Tudo Que Eu Te Amo (Francis Hime/Carlinhos Vergueiro)
Parceiros (Francis Hime/Milton Nascimento), *com Milton Nascimento e Chico*
    Buarque
Pivete (Francis Hime/Chico Buarque)
Pau Brasil (Francis Hime/Geraldo Carneiro)
Embarcação (Francis Hime/Chico Buarque)
Meu Caro Amigo (Francis Hime/Chico Buarque)

Álbum Musical (WEA, 1997)

Anoiteceu (Francis Hime/Vinicius de Moraes), *com Milton Nascimento*
Pivete (Francis Hime/Chico Buarque), *com Caetano Veloso*
Sem Mais Adeus (Francis Hime/Vinicius de Moraes), *com Chico Buarque*
Meu Caro Amigo (Francis Hime/Chico Buarque), *com Paulinho da Viola*
Embarcação (Francis Hime/Chico Buarque), *com Olivia Hime*
A Noiva da Cidade (Francis Hime/Chico Buarque), *com Djavan*
Pássara (Francis Hime/Chico Buarque), *com Maria Bethânia*
Minha (Francis Hime/Ruy Guerra), *com Ivan Lins*
Atrás da Porta (Francis Hime/Chico Buarque), *com Zélia Duncan*
Passaredo (Francis Hime/Chico Buarque), *com Miúcha*
Luiza (Francis Hime/Chico Buarque), *com Toquinho*
Tereza Sabe Sambar (Francis Hime/Vinicius de Moraes), *com Gilberto Gil*
E Se (Francis Hime/Chico Buarque), *com Daniela Mercury*
A Tarde (Francis Hime/Olivia Hime), *com Leila Pinheiro*
A Grande Ausente (Francis Hime/Paulo César Pinheiro), *com Zé Renato*
Trocando em Miúdos (Francis Hime/Chico Buarque), *com Gal Costa*

Clara (Francis Hime/Geraldo Carneiro), *com Beth Carvalho*
Vai Passar (Francis Hime/Chico Buarque), *com João Bosco*

Choro Rasgado (Universal, 1997)

Gente Carioca (Francis Hime)
Choro Rasgado (Francis Hime/Olivia Hime)
Luz da Manhã (Francis Hime/Paulo César Pinheiro)
Velho Moinho (Francis Hime/Olivia Hime)
Duas Faces (Francis Hime)
Alta Madrugada (Francis Hime/Olivia Hime)
Toadinha (Francis Hime)
Jardim Botânico (Francis Hime)
Uma Canção Perdida (Francis Hime/Olivia Hime)
Baiãozão (Francis Hime)
Flor no Lago (Francis Hime/Paulo César Pinheiro)
Maracanã (Francis Hime/Paulo César Pinheiro)
Soneto a Quatro Mãos (Francis Hime/Vinicius de Moraes/Paulo Mendes Campos),
    com Mariana de Moraes — faixa bônus da edição de 2001 do álbum
Gente Carioca (Francis Hime) — *faixa bônus da edição de 2001 do álbum*

Meus Caros Pianistas (Biscoito Fino, 2001)

Disco 1
Pivete (Francis Hime/Chico Buarque), *com Sonia Maria Vieira*
Embarcação (Francis Hime/Chico Buarque), *com Leandro Braga*
Meu Caro Amigo (Francis Hime/Chico Buarque), *com Miguel Proença*
Minha (Francis Hime/Ruy Guerra), *com Linda Bustani*
Pássara (Francis Hime/Chico Buarque), *com João Carlos Assis Brasil*
Passaredo (Francis Hime/Chico Buarque), *com Rosana Diniz*
O Sim pelo Não (Francis Hime/Edu Lobo), *com Clara Sverner*
A Grande Ausente (Francis Hime/Paulo César Pinheiro), *com Gilda Oswaldo
    Cruz*
Vai Passar (Francis Hime/Chico Buarque), *com Cristóvão Bastos*
Tereza Sabe Sambar (Francis Hime/Vinicius de Moraes), *com Antonio Adolfo*
Valsa Rancho (Francis Hime/Chico Buarque), *com Gilson Peranzzetta*
Último Retrato (Francis Hime/Ruy Guerra), *com Helvius Vilella*
Cabelo Pixaim (Francis Hime/Cacaso), *com Fernanda Chaves Canaud*
Atrás da Porta (Francis Hime/Chico Buarque), *com Wagner Tiso*
Mariposa (Francis Hime/Olivia Hime), *com Maria Teresa Madeira*

Disco 2
Parintintin (Francis Hime/Olivia Hime), *com Rosana Diniz*

Trocando em Miúdos (Francis Hime/Chico Buarque), *com Miguel Proença*
Parceiros (Francis Hime/Milton Nascimento), *com João Carlos Assis Brasil*
Sem Mais Adeus (Francis Hime/Vinicius de Moraes), *com Maria Teresa Madeira*
Anoiteceu (Francis Hime/Vinicius de Moraes), *com Sonia Maria Vieira*
Coração do Brasil (Francis Hime/Olivia Hime), *com Leandro Braga*
Cartão Postal (Francis Hime/Olivia Hime), *com Linda Bustani*
A Tarde (Francis Hime/Olivia Hime), *com Gilda Oswaldo Cruz*
Último Canto (Francis Hime/Ruy Guerra), *com Wagner Tiso*
E Se (Francis Hime/Chico Buarque), *com Gilson Peranzzetta*
Luiza (Francis Hime/Chico Buarque), *com Helvius Vilella*
Amor Barato (Francis Hime/Chico Buarque), *com Cristóvão Bastos*
Clara (Francis Hime/Geraldo Carneiro), *com Antonio Adolfo*
Maria (Francis Hime/Vinicius de Moraes), *com Fernanda Chaves Canaud*
A Noiva da Cidade (Francis Hime/Chico Buarque), *com Clara Sverner*

Sinfonia do Rio de Janeiro de São Sebastião (Biscoito Fino, 2001)

Abertura (Francis Hime/Geraldo Carneiro/Paulo César Pinheiro), *com Lenine,
    Zé Renato, Leila Pinheiro, Olivia Hime e Sérgio Santos*
Lundu (Francis Hime/Geraldo Carneiro), *com Lenine*
Modinha (Francis Hime/Geraldo Carneiro), *com Zé Renato*
Choro (Francis Hime/Paulo César Pinheiro), *com Leila Pinheiro*
Samba (Francis Hime/Paulo César Pinheiro), *com Olivia Hime*
Canção Brasileira (Francis Hime/Paulo César Pinheiro), *com Sérgio Santos e
    Zé Renato*
Final (Francis Hime/Geraldo Carneiro/Paulo César Pinheiro), *com Lenine,
    Zé Renato, Leila Pinheiro, Olivia Hime e Sérgio Santos*

Brasil Lua Cheia (Biscoito Fino, 2003)

No Parangolé do Samba (Francis Hime/Paulo César Pinheiro)
Cinema Brasil (Francis Hime/Joyce Moreno)
Um Sequestrador (Francis Hime/Vinicius de Moraes/Adriana Calcanhotto), *com
    Adriana Calcanhotto*
O Amor Passou (Francis Hime/Geraldo Carneiro)
Corpo Feliz (Francis Hime/Cacaso), *com Lenine*
Canção Transparente (Francis Hime/Olivia Hime)
Meu Coração (Francis Hime/Vinicius de Moraes)
Disfarçando (Francis Hime/Olivia Hime)
Choro Incontido (Francis Hime/Paulinho da Viola), *com Paulinho da Viola*
Navios (Francis Hime/Paulo César Pinheiro)
Minas Goiás (Francis Hime/Cacaso)
Pó de Granito (Francis Hime/Lenine)

Menina (Francis Hime/Moraes Moreira)
Brasil Lua Cheia (Francis Hime/Moraes Moreira)

Arquitetura da Flor (Biscoito Fino, 2006)

A Invenção da Rosa (Francis Hime/Geraldo Carneiro)
Gozos da Alma (Francis Hime/Geraldo Carneiro)
Sem Saudades (Francis Hime/Cartola), *com Zélia Duncan*
Palavras Cruzadas (Francis Hime/Toquinho)
A Musa da TV (Francis Hime/Geraldo Carneiro)
Desacalanto (Francis Hime/Olivia Hime)
Do Amor Alheio (Francis Hime/Abel Silva)
A Dor a Mais (Francis Hime/Vinicius de Moraes)
Mais-que-Imperfeito (Francis Hime/Geraldo Carneiro)
Cadê (Francis Hime/Simone Guimarães)
História de Amor (Francis Hime/Geraldo Carneiro), *com Nina Becker*
O Mar do Amor Total (Francis Hime/Geraldo Carneiro)

Francis Ao Vivo (Biscoito Fino, 2007)

Mais-que-Imperfeito (Francis Hime/Geraldo Carneiro)
Sem Saudades (Francis Hime/Cartola)
A Dor a Mais (Francis Hime/Vinicius de Moraes)
Tereza Sabe Sambar (Francis.Hime/Vinicius de Moraes)
Pivete (Francis Hime/Chico Buarque)
A Noiva da Cidade (Francis Hime/Chico Buarque)
Pau Brasil (Francis Hime/Geraldo Carneiro)
A Invenção da Rosa (Francis Hime/Geraldo Carneiro)
Gozos da Alma (Francis Hime/Geraldo Carneiro)
Desacalanto (Francis Hime/Olivia Hime)
Embarcação (Francis Hime/Chico Buarque)
Trocando em Miúdos (Francis Hime/Chico Buarque)
Cadê (Francis Hime/Simone Guimarães)
Amor Barato (Francis Hime/Chico Buarque)
Atrás da Porta (Francis Hime/Chico Buarque)
Palavras Cruzadas (Francis Hime/Toquinho)
E Se (Francis Hime/Chico Buarque)
Quadrilha (Francis Hime/Chico Buarque)

Álbum Musical 2 (Biscoito Fino, 2008)

Amor Barato (Francis Hime/Chico Buarque), *com Zeca Pagodinho*

Quadrilha (Francis Hime/Chico Buarque), *com Ivete Sangalo*
Um Carro de Boi Dourado (Francis Hime/Gilberto Gil), *com Lenine*
Saudade de Amar (Francis Hime/Vinicius de Moraes), *com Adriana Calcanhotto*
Maravilha (Francis Hime/Chico Buarque), *com Simone*
Coração do Brasil (Francis Hime/Olivia Hime), *com Joyce*
Lindalva (Francis Hime/Paulo César Pinheiro), *com Paulinho Moska*
Promessas, Promessas (Francis Hime/Abel Silva), *com Teresa Cristina*
Mariposa (Francis Hime/Olivia Hime), *com Mônica Salmaso*
Grão de Milho (Francis Hime/Cacaso), *com Renato Braz*
O Tempo da Flor (Francis Hime/Vinicius de Moraes), *com Olivia Byington*
À Meia Luz (Francis Hime/Ruy Guerra), *com Ed Motta*
O Rei de Ramos (Francis Hime/Chico Buarque), *com Luiz Melodia*
Pau Brasil (Francis Hime/Geraldo Carneiro), *com Mart'nália*
Viajante das Almas (Francis Hime/Fernanda Montenegro/Herbert Richers
  Júnior), *com Adriana Calcanhotto, Ed Motta, Ivete Sangalo, Joyce, Lenine,
  Luiz Melodia, Mart'nália, Mônica Salmaso, Olivia Byington, Paulinho
  Moska, Renato Braz, Simone, Teresa Cristina, Zeca Pagodinho e Bibi
  Ferreira*

O Tempo das Palavras... Imagem (Biscoito Fino, 2009)

Disco 1
Adrenalina (Francis Hime/Joyce Moreno)
Existe Um Céu (Francis Hime/Geraldo Carneiro)
Maré (Francis Hime/Olivia Hime), *com Mônica Salmaso*
O Sim pelo Não (Francis Hime/Edu Lobo)
Pra Baden e Vinicius (Francis Hime/Paulo César Pinheiro)
Rádio Cabeça (Francis Hime/Joyce Moreno)
O Amor Perdido (Francis Hime/Geraldo Carneiro)
O Tempo e a Rosa (Francis Hime/Geraldo Carneiro)
Há Controvérsias (Francis Hime/Paulinho Moska)
Estrela da Manhã (Francis Hime/Geraldo Carneiro)
Eterno Retorno (Francis Hime/Geraldo Carneiro)
O Tempo das Palavras (Francis Hime/Geraldo Carneiro)

Disco 2
Choro de Vadinho (Francis Hime)
Variação n° 1 de Dona Flor (Francis Hime)
Namoro de Vadinho e Dona Flor (Francis Hime)
Variação n° 2 de Dona Flor (Francis Hime)
Canção de Teodoro n° 1 (Francis Hime)
Canção de Teodoro n° 2 (Francis Hime)
Tema Hindu (Francis Hime)
Valsinha (Francis Hime)

Rosinha (Francis Hime)
A Estrela Sobe (Último Retrato) (Francis Hime/Ruy Guerra)
Tema da Parteira (Francis Hime)
Capricho/Sonho de Boêmia (Francis Hime/Castro Alves)
Choro nº 2 (Francis Hime)
Senhora (Francis Hime/Luís de Camões)
Choro nº 3 (Francis Hime)
Choro nº 1 (Meu Caro Amigo) (Francis Hime/Chico Buarque)
Temas Clássicos (Maré) (Francis Hime/Olivia Hime)
Passaredo (Francis Hime/Chico Buarque)
Lindalva (Francis Hime/Paulo César Pinheiro)
A Noiva da Cidade (Francis Hime/Chico Buarque)
Canção do Vento (Francis Hime)
Lição de Amor (Tema de Abertura) (Francis Hime)
Lição de Amor (Tema Central) (Francis Hime)
Marcados para Viver (Francis Hime)
Marília e Marina (Francis Hime/Vinicius de Moraes)

O Tempo das Palavras Ao Vivo (Biscoito Fino, 2010)

Cinema Brasil (Francis Hime/Joyce Moreno)
Existe Um Céu (Francis Hime/Geraldo Carneiro)
Há Controvérsias (Francis Hime/Paulinho Moska)
Adrenalina (Francis Hime/Joyce Moreno)
Jardim Botânico (Francis Hime)
Anoiteceu (Francis Hime/Vinicius de Moraes)
O Tempo das Palavras (Francis Hime/Geraldo Carneiro)
Trocando em Miúdos (Francis Hime/Chico Buarque)
Amor Barato (Francis Hime/Chico Buarque)
Maré (Francis Hime/Olivia Hime)
O Sim pelo Não (Francis Hime/Edu Lobo)
Embarcação (Francis Hime/Chico Buarque)
Pra Baden e Vinicius (Francis Hime/Paulo César Pinheiro)
O Amor Perdido (Francis Hime/Geraldo Carneiro)
Rádio Cabeça (Francis Hime/Joyce Moreno)

Concerto para Violão e Orquestra (OSESP, 2011) — com Fabio Zanon e
Orquestra Sinfônica do Estado de São Paulo (o álbum também traz o
Concertino para Percussão e Orquestra, de Nelson Ayres)

Modinha (Francis Hime)
Ibéria (Francis Hime)
Ponteio (Francis Hime)

Almamúsica (Biscoito Fino, 2011) — com Olivia Hime

Quadro 1:
   Alma Música (Francis Hime/Olivia Hime)
   Minas Gerais (Novelli/Ronaldo Bastos)
Quadro 2:
   Valsa de Eurídice (Vinicius de Moraes)
   Saudade de Amar (Francis Hime/Vinicius de Moraes)
   O Grande Amor (Tom Jobim/Vinicius de Moraes)
   Tristeza e Solidão (Baden Powell/Vinicius de Moraes)
   Lamento no Morro (Tom Jobim/Vinicius de Moraes)
   A Felicidade (Tom Jobim/Vinicius de Moraes)
   Desde Que o Samba É Samba (Caetano Veloso)
   Smile (Charles Chaplin/Geoffrey Parsons/John Turner)
   Minas Gerais (Novelli/Ronaldo Bastos)
   Paciência (Dudu Falcão/Lenine)
   Morro Velho (Milton Nascimento)
Quadro 3:
   A Ostra e o Vento (Chico Buarque)
   Senhorinha (Guinga/Paulo César Pinheiro)
   História Antiga (Dori Caymmi/Paulo César Pinheiro)
   Canta Maria (Ary Barroso)
   Olha Maria (Tom Jobim/Chico Buarque/Vinicius de Moraes)
   Valsa Dueto (Carlos Lyra/Vinicius de Moraes)
   Valsa de Eurídice (Vinicius de Moraes)
Quadro 4:
   Du Soleil Plein La Tête (Henri Crolla/André Hornez)
   Canção de Pedroca (Francis Hime/Chico Buarque)
   Chiens Perdu Sans Collier (Paul Marie Misrachi)
Quadro 5:
   Tristão e Isolda (Richard Wagner)
   O Que Será (À Flor da Pele) (Chico Buarque)
   Balada de Um Café Triste (Francis Hime/Geraldo Carneiro)
   Minas Gerais (Novelli/Ronaldo Bastos)
   Alma Música (Francis Hime/Olivia Hime)
Quadro 6:
   Canta Maria (Ary Barroso)

Almamúsica Ao Vivo (Biscoito Fino, 2012) — com Olivia Hime

Valsa de Eurídice (Vinicius de Moraes)
Canta Maria (Ary Barroso)
Minas Gerais (Novelli/Ronaldo Bastos)
Saudade de Amar (Francis Hime/Vinicius de Moraes)

O Grande Amor (Tom Jobim/Vinicius de Moraes)
A Felicidade (Tom Jobim/Vinicius de Moraes)
Desde Que o Samba É Samba (Caetano Veloso)
Smile (Charles Chaplin/Geoffrey Parsons/John Turner)
Paciência (Dudu Falcão/Lenine)
Morro Velho (Milton Nascimento)
O Mar (Dorival Caymmi)
Morena do Mar (Dorival Caymmi)
João Valentão (Dorival Caymmi)
Camélia Quântica (Citação) (Francis Hime/Geraldo Carneiro)
A Ostra e o Vento (Chico Buarque)
Chiens Perdus Sans Collier (Paul Marie Misrachi)
A Minha Valsa (Michel Legrand/Versão: Ronaldo Bastos)
La Valse de Lilas (Michel Legrand)
Canção Transparente (Francis Hime/Olivia Hime)
Du Soleil Plein La Tête (Henri Crolla/André Hornez)
Canção de Pedroca (Francis Hime/Chico Buarque)
Trocando em Miúdos (Francis Hime/Chico Buarque)
Risque (Ary Barroso)
Pra Machucar Meu Coração (Ary Barroso)
Existe Um Céu (Francis Hime/Geraldo Carneiro)
Tristão e Isolda (Richard Wagner)
O Que Será (À Flor da Pele) (Chico Buarque)
Alma Música (Francis Hime/Olivia Hime)
Canta Maria (Ary Barroso)
Desde Que o Samba É Samba (Caetano Veloso)
Suíte Carioca:
Samba do Avião (Tom Jobim)
Corcovado (Tom Jobim)
Copacabana (João de Barro/Alberto Ribeiro)
Lígia (Tom Jobim)
Garota de Ipanema (Tom Jobim/Vinicius de Moraes)
Aquele Abraço (Gilberto Gil)
Exaltação à Mangueira (Aloísio Costa/Eneas Brites da Silva)
Piano na Mangueira (Tom Jobim/Chico Buarque)
Pivete (Francis Hime/Chico Buarque)
Vai Passar (Francis Hime/Chico Buarque)
Eu Não Existo Sem Você (Tom Jobim/Vinicius de Moraes)
Insensatez/How Insensitive (Tom Jobim/Vinicius de Moraes/Norman Gimbel)
— *faixa bônus da versão digital do álbum*

Francis e Guinga (Biscoito Fino, 2013)

A Ver Navios (Francis Hime/Guinga/Olivia Hime)

Cambono (Guinga/Thiago Amud) / Anoiteceu (Francis Hime/Vinicius de Moraes)

Nem Mais um Pio (Guinga/Sérgio Natureza) / Passaredo (Francis Hime/Chico Buarque)

A Noiva da Cidade (Francis Hime/Chico Buarque) / Senhorinha (Guinga/Paulo César Pinheiro)

Saudade de Amar (Francis Hime/Vinicius de Moraes)

Mar de Maracanã (Guinga/Edu Kneip)

Saci (Guinga/Paulo César Pinheiro) / Parintintin (Francis Hime/Olivia Hime)

Porto de Araújo (Guinga/Paulo César Pinheiro) / Desacalanto (Francis Hime/ Olivia Hime)

Noturna (Francis Hime/Paulo César Pinheiro) / Minha (Francis Hime/Ruy Guerra)

Doentia (Francis Hime/Guinga/Thiago Amud)

Mariposa (Francis Hime/Olivia Hime) — *faixa bônus da versão digital do álbum*

Navega Ilumina (Sesc SP, 2014)

Amorosa (Francis Hime/Olivia Hime)

Ilusão (Francis Hime)

Maria da Luz (Francis Hime/Vinicius de Moraes)

Mistério (Francis Hime)

Navega Ilumina (Francis Hime/Geraldo Carneiro)

Cecília — Fantasia para Harpa e Orquestra (Francis Hime), *com Cristina Braga*

Canção Noturna (Francis Hime/Olivia Hime)

Beatriz — Choro Seresta (Francis Hime)

Sessão da Tarde (Francis Hime/Joana Hime)

Breu e Graal (Francis Hime/Thiago Amud)

Canção Apaixonada (Francis Hime/Olivia Hime)

Isabel — Fantasia para Violino e Orquestra (Francis Hime), *com Claudio Cruz*

50 Anos de Música (Biscoito Fino, 2015)

Ilusão (Francis Hime)

Amor Barato (Francis Hime/Chico Buarque)

Sem Mais Adeus (Francis Hime/Vinicius de Moraes)

Maria da Luz (Francis Hime/Vinicius de Moraes)

Fantasia para Harpa e Orquestra (Francis Hime), *com Cristina Braga*

Minha (Francis Hime/Ruy Guerra)

Amorosa (Francis Hime/Olivia Hime)

Sessão da Tarde (Francis Hime/Joana Hime)

Fantasia para Violino e Orquestra (Francis Hime), *com Claudio Cruz*

Passaredo (Francis Hime/Chico Buarque)

Atrás da Porta (Francis Hime/Chico Buarque)

Breu e Graal (Francis Hime/Thiago Amud)
Mistério (Francis Hime)
Canção Apaixonada (Francis Hime/Olivia Hime)
Trocando em Miúdos (Francis Hime/Chico Buarque), *com Olivia Hime*
Navega Ilumina (Francis Hime/Geraldo Carneiro)

Sem Mais Adeus (Biscoito Fino, 2017) — com Olivia Hime

Valsa de Eurídice (Vinicius de Moraes)
Pela Luz dos Olhos Teus (Vinicius de Moraes)
Saudade de Amar (Francis Hime/Vinicius de Moraes)
O Grande Amor (Tom Jobim/Vinicius de Moraes)
A Felicidade (Tom Jobim/Vinicius de Moraes)
Samba da Bênção (Baden Powell/Vinicius de Moraes)
Nature Boy (Eden Abhez)
Serenata do Adeus (Vinicius de Moraes)
Sem Mais Adeus (Francis Hime/Vinicius de Moraes)
Anoiteceu (Francis Hime/Vinicius de Moraes)
Canto de Ossanha (Baden Powell/Vinicius de Moraes)
Monólogo de Orfeu (Vinicius de Moraes) / Minha Desventura (Carlos Lyra/
    Vinicius de Moraes)
Se Todos Fossem Iguais a Você (Tom Jobim/Vinicius de Moraes)
Eu Sei que Vou te Amar (Tom Jobim/Vinicius de Moraes)
Insensatez (Tom Jobim/Vinicius de Moraes)
Pobre Menina Rica (Carlos Lyra/Vinicius de Moraes)
Coisa Mais Linda (Carlos Lyra/Vinicius de Moraes)
Primavera (Carlos Lyra/Vinicius de Moraes)
Valsa Dueto (Carlos Lyra/Vinicius de Moraes)
Água de Beber (Tom Jobim/Vinicius de Moraes)
Berimbau (Baden Powell/Vinicius de Moraes)
Labareda (Baden Powell/Vinicius de Moraes)
Chega de Saudade (Tom Jobim/Vinicius de Moraes)
Samba Pra Vinicius (Toquinho/Chico Buarque)
Eu Não Existo Sem Você (Tom Jobim/Vinicius de Moraes)
Samba de Maria (Francis Hime/Vinicius de Moraes), *com Adriana Calcanhotto*
Um Sequestrador (Francis Hime/Vinicius de Moraes/Adriana Calcanhotto), *com*
    Adriana Calcanhotto

Hoje (Biscoito Fino, 2019)

Desdenhosa (Francis Hime/Hermínio Bello de Carvalho)
Sofrência (Francis Hime/Thiago Amud)
Laura (Francis Hime/Olivia Hime), *com Chico Buarque*

Samba Dolente (Francis Hime/Olivia Hime)
O Tempo e a Vida (Francis Hime/Tiago Torres da Silva), *com Lenine*
Mais Sagrado (Francis Hime/Ana Terra), *com Olivia Hime*
Soneto de Ausência (Francis Hime/Paulo César Pinheiro)
Flores pra Ficar (Francis Hime/Adriana Calcanhotto), *com Adriana Calcanhotto*
Samba Funk (Francis Hime/Geraldo Carneiro)
Menino de Mar (Francis Hime/Olivia Hime)
Pietá (Francis Hime/Silvana Gontijo), *com Olivia Hime*
Jogo da Vida (Francis Hime/Silvana Gontijo), *com Olivia Hime e Sérgio Santos*

Estuário das Canções (Biscoito Fino, 2022)

Canção para Raphael Rabello (Francis Hime)
Um Rio (Francis Hime)
Tarde Macia (Francis Hime)
Bucólica (Francis Hime)
Alvorada (Francis Hime)
Itaipava (Francis Hime)
Alameda (Francis Hime)
Riachinho (Francis Hime)
Para Olivia (Francis Hime)
Manguezal (Francis Hime)
Estuário (Francis Hime)
Canção para Luiz Eça (Francis Hime)

CANCIONEIRO POR ORDEM CRONOLÓGICA

* Canções inéditas em fonograma comercial, mas apresentadas em trilhas para teatro, trilhas para cinema, concertos ou projetos especiais.

1964
Amor a Esmo[1] (Francis Hime/João Vitório Maciel)
Mar Azul (Francis Hime/João Vitório Maciel)
Se Você Pensar (Francis Hime/João Vitório Maciel)
Sem Mais Adeus (Francis Hime/Vinicius de Moraes)

1965
Por um Amor Maior (Francis Hime/Ruy Guerra)
Último Canto (Francis Hime/Ruy Guerra)

1966
Anoiteceu (Francis Hime/Vinicius de Moraes)
Maria (Francis Hime/Vinicius de Moraes)
Minha (Francis Hime/Ruy Guerra)
Saudade de Amar (Francis Hime/Vinicius de Moraes)
Tereza Sabe Sambar (Francis Hime/Vinicius de Moraes)

1967
Eu Te Amo, Amor (Francis Hime/Vinicius de Moraes)
Felicidade (Francis Hime/Vinicius de Moraes/Dália Antonina)
O Tempo da Flor (Francis Hime/Vinicius de Moraes)
Samba de Maria (Francis Hime/Vinicius de Moraes)

1968
A Grande Ausente (Francis Hime/Paulo César Pinheiro)
Anunciação (Francis Hime/Paulo César Pinheiro)
Ave-Maria (Francis Hime/Oduvaldo Vianna Filho)
Discurso* (Francis Hime/Oduvaldo Vianna Filho)

---

[1] Lançada em versão instrumental. A letra de João Vitório Maciel permanece inédita. Francis Hime e Chico Buarque aproveitariam a melodia de "Amor a Esmo" para compor uma nova canção, "A Noiva da Cidade", lançada em 1976.

Frevo* (Francis Hime/Oduvaldo Vianna Filho)
O Homem que Virou Dinheiro* (Francis Hime/Luiz Carlos Maciel)

1972
Atrás da Porta (Francis Hime/Chico Buarque)
Herança (Francis Hime/Paulo César Pinheiro)
Talvez (Francis Hime/Paulo César Pinheiro)

1973
À Meia Luz (Francis Hime/Ruy Guerra)
Ave Maria (Francis Hime/Ruy Guerra)
Minhas Mãos (Francis Hime/Paulo César Pinheiro)
Réquiem (Francis Hime/Ruy Guerra)
Valsa Rancho (Francis Hime/Chico Buarque)

1974
A Dor a Mais (Francis Hime/Vinicius de Moraes)
Capricho (Francis Hime/Castro Alves)
Senhora* (Francis Hime/Camões)

1975
Corpo e Alma (Francis Hime/Ruy Guerra)
Passaredo (Francis Hime/Chico Buarque)

1976
A Noiva da Cidade (Francis Hime/Chico Buarque)
Amor Sem Medo (Francis Hime/Paulo César Pinheiro)
Marília e Marina* (Francis Hime/Vinicius de Moraes)
Meu Caro Amigo (Choro nº 1) (Francis Hime/Chico Buarque)

1977
A Bela Adormecida (Francis Hime/Carlos Queiroz Telles)
Carta (Francis Hime/Ruy Guerra)
Lindalva (Francis Hime/Paulo César Pinheiro)
Luiza (Francis Hime/Chico Buarque)
Maravilha (Francis Hime/Chico Buarque)
Máscara (Francis Hime/Ruy Guerra)
Meu Homem (Francis Hime/Ruy Guerra)
Meu Melhor Amigo (Francis Hime/Olivia Hime)
Pouco Me Importa (Francis Hime/Ruy Guerra)
Quadrilha (Francis Hime/Chico Buarque)
Trocando em Miúdos (Francis Hime/Chico Buarque)
Último Retrato (A Estrela Sobe) (Francis Hime/Ruy Guerra)

1978

A Noite (Francis Hime/Renata Pallottini)
Demolição (Francis Hime/Carlos Queiroz Telles)
Desembolada (Francis Hime/Chico Buarque)
Ieramá (Francis Hime/Ruy Guerra)
O Sim pelo Não (Francis Hime/Edu Lobo)
Ode Marítima (Francis Hime/Ruy Guerra)
Pivete (Francis Hime/Chico Buarque)
Santa Tereza (Francis Hime/Olivia Hime)
Se Porém Fosse Portanto (Francis Hime/Cacaso)
Terceiro Amor (Francis Hime/Cacaso)
Três Marias (Francis Hime/Olivia Hime)

1979

A Menina e o Vento* (Francis Hime/Olivia Hime)
A Zooteca* (Francis Hime/Chico Buarque)
Bolero do Brilhantina* (Francis Hime/Chico Buarque)
Canção de Pedroca (Francis Hime/Chico Buarque)
Cartel* (Francis Hime/Chico Buarque)
Feira das Almas (Francis Hime/Carlos Queiroz Telles)
O Rei de Ramos (Francis Hime/Chico Buarque/Dias Gomes)
Qualquer Amor (Francis Hime/Chico Buarque)
Samba do Dr. Vidigal* (Francis Hime/Chico Buarque)
Trio* (Francis Hime/Chico Buarque)

1980

Baião do Jeito (Francis Hime/Cacaso)
Cabelo Pixaim (Francis Hime/Cacaso)
Cinzas (Francis Hime/Olivia Hime)
E Agora, Paquetá?* (Francis Hime/Alberto Abreu)
E Se (Francis Hime/Chico Buarque)
Elas por Elas (Francis Hime/Cacaso)
Final* (Francis Hime/Alberto Abreu)
Flor do Mal (Francis Hime/Tite de Lemos)
Grão de Milho (Francis Hime/Cacaso)
Marina Morena (Francis Hime/Cacaso)
Meio Demais (Francis Hime/Cacaso)
Navio Fantasma (Francis Hime/Paulo César Pinheiro)
O Que a Gente Mais Quer* (Francis Hime/Alberto Abreu)
O Sinal (Francis Hime/Alberto Abreu)
Parintintin (Francis Hime/Olivia Hime)
Pássara (Francis Hime/Chico Buarque)
Somos Criancinhas* (Francis Hime/Alberto Abreu)

1981

A Tarde (Francis Hime/Olivia Hime)
Amor Barato (Francis Hime/Chico Buarque)
Doce Vida (Francis Hime/Toquinho)
Estrela do Mar (Francis Hime/Olivia Hime)
Homem Feito (Francis Hime/Milton Nascimento)
Hora e Lugar (Francis Hime/Cacaso)
Lua de Cetim (Francis Hime/Olivia Hime)
Luar (Francis Hime/Olivia Hime)
Luz (Francis Hime/Nelson Angelo)
Me Dá, Me Dá (Francis Hime/Cacaso)
O Farol (Francis Hime/Milton Nascimento)
Patuscada (Francis Hime/Cacaso)
Sonho de Moço (Francis Hime/Milton Nascimento)

1982

Cada Canção (Francis Hime/Olivia Hime)
Cartão Postal (Francis Hime/Olivia Hime)
Embarcação (Francis Hime/Chico Buarque)
Língua de Trapo (Francis Hime/Cacaso)
Luar do Japão (Francis Hime/Cacaso)
Mariposa (Francis Hime/Olivia Hime)
Mente (Francis Hime/Olivia Hime)
Pau Brasil (Francis Hime/Geraldo Carneiro)
Ribeirinho (Francis Hime/Cacaso)
Rio Vermelho (Francis Hime/Cacaso)

1983

Infinita* (Francis Hime/Ziraldo)
Vermelha (Francis Hime/Olivia Hime)

1984

A Fada* (Francis Hime/Renato Icarahy)
A Raposa e o Gato* (Francis Hime/Renato Icarahy)
Cara Bonita (Francis Hime/Olivia Hime)
Era Uma Vez um Sonho* (Francis Hime/Renato Icarahy)
Flor de Laranjeira (Francis Hime/Cacaso)
Laços de Serpentina (Francis Hime/Toquinho)
Mariana (Francis Hime/Ivan Lins/Vitor Martins)
Movimento da Vida (Francis Hime/Fátima Guedes)
País dos Brinquedos* (Francis Hime/Renato Icarahy)
Parceiros (Francis Hime/Milton Nascimento)
Perdición (Francis Hime/Geraldo Carneiro)
Pinochio* (Francis Hime/Renato Icarahy)
Promessas, Promessas (Francis Hime/Abel Silva)

Tango do Grilo* (Francis Hime/Renato Icarahy)
Teatro dos Bonecos* (Francis Hime/Renato Icarahy)
Um Carro de Boi Dourado (Francis Hime/Gilberto Gil)
Um Dueto (Francis Hime/Capinan)
Vai Passar (Francis Hime/Chico Buarque)

1985
Clara (Francis Hime/Geraldo Carneiro)
Coração do Brasil (Francis Hime/Olivia Hime)
É Bonito Isso* (Francis Hime/Antônio Pedro)
Glosa (Francis Hime/Fernando Pessoa)
Hino n° 1* (Francis Hime/Antônio Pedro)
Hino n° 2* (Francis Hime/Antônio Pedro)
O Fio da Meada (Francis Hime/Cacaso)
O Menino da Sua Mãe (Francis Hime/Fernando Pessoa)
Passagem das Horas (Francis Hime/Fernando Pessoa)
Pobreza* (Francis Hime/Antônio Pedro)
Por Tudo Que Eu Te Amo (Francis Hime/Carlinhos Vergueiro)
Tango* (Francis Hime/Antônio Pedro)
Tema do Porquinho* (Francis Hime/Antônio Pedro)

1986
Cobra Aranha (Francis Hime/Eugénia Melo e Castro)
Desencanto (Francis Hime/Manuel Bandeira)

1993
O Meu Amor me Procura* (Francis Hime/Geraldo Carneiro)

1997
Alta Madrugada (Francis Hime/Olivia Hime)
Choro Rasgado (Francis Hime/Olivia Hime)
Duas Faces (Francis Hime)
Flor no Lago (Francis Hime/Paulo César Pinheiro)
Gente Carioca (Francis Hime)
Jardim Botânico (Francis Hime)
Luz da Manhã (Francis Hime/Paulo César Pinheiro)
Maracanã (Francis Hime/Paulo César Pinheiro)
Uma Canção Perdida (Francis Hime/Olivia Hime)
Velho Moinho (Francis Hime/Olivia Hime)

2000
A Guimarães Rosa* (Francis Hime/Manuel Bandeira)
Alumbramento* (Francis Hime/Manuel Bandeira)
Bacanal* (Francis Hime/Manuel Bandeira)
Canção do Vento e da Minha Vida* (Francis Hime/Manuel Bandeira)

Lenda Brasileira* (Francis Hime/Manuel Bandeira)
Letra para uma Valsa Romântica* (Francis Hime/Manuel Bandeira)
Na Rua do Sabão* (Francis Hime/Manuel Bandeira)
Noturno da Rua da Lapa* (Francis Hime/Manuel Bandeira)
O Rio* (Francis Hime/Manuel Bandeira)
Sapo Cururu* (Francis Hime/Manuel Bandeira)
Sonho de uma Terça-Feira Gorda* (Francis Hime/Manuel Bandeira)
Tempo de Chuva (Francis Hime/Paulo César Pinheiro)

2001
Soneto a Quatro Mãos (Francis Hime/Vinicius de Moraes/Paulo Mendes Campos)

2003
Brasil Lua Cheia (Francis Hime/Moraes Moreira)
Canção Transparente (Francis Hime/Olivia Hime)
Choro Incontido (Francis Hime/Paulinho da Viola)
Cinema Brasil (Francis Hime/Joyce Moreno)
Corpo Feliz (Francis Hime/Cacaso)
Disfarçando (Francis Hime/Olivia Hime)
Menina (Francis Hime/Moraes Moreira)
Meu Coração (Francis Hime/Vinicius de Moraes)
Minas Goiás (Francis Hime/Cacaso)
Navios (Francis Hime/Paulo César Pinheiro)
No Parangolé do Samba (Francis Hime/Paulo César Pinheiro)
O Amor Passou (Francis Hime/Geraldo Carneiro)
Pó de Granito (Francis Hime/Lenine)
Um Sequestrador (Francis Hime/Vinicius de Moraes/Adriana Calcanhotto)

2004
Paixão Bandida (Sérgio Santos/Francis Hime/Paulo César Pinheiro)

2005
Descompaixão (Francis Hime/Hermínio Bello de Carvalho)
Gozos da Alma (Francis Hime/Geraldo Carneiro)
J'ai Grand Faiblesse Pour les Femmes (Francis Hime/Georges Moustaki)

2006
A Invenção da Rosa (Francis Hime/Geraldo Carneiro)
A Musa da TV (Francis Hime/Geraldo Carneiro)
Cadê (Francis Hime/Simone Guimarães)
Carta à Amiga Poeta (Francis Hime/Simone Guimarães)
Cláudia (Francis Hime/Geraldo Carneiro)
Corpo Marinheiro (Francis Hime/Ruy Guerra)
Desacalanto (Francis Hime/Olivia Hime)
Do Amor Alheio (Francis Hime/Abel Silva)

História de Amor (Francis Hime/Geraldo Carneiro)
Mais-que-Imperfeito (Francis Hime/Geraldo Carneiro)
Moto Perpétuo (Francis Hime/Eduardo Gudin)
O Mar do Amor Total (Francis Hime/Geraldo Carneiro)
Palavras Cruzadas (Francis Hime/Toquinho)
Recomeçar (Francis Hime/Cristina Saraiva)
Sem Saudades (Francis Hime/Cartola)

2007
De Repente (Francis Hime/Délcio Carvalho)
Existe Um Céu (Francis Hime/Geraldo Carneiro)

2008
Natal (Francis Hime/Vinicius de Moraes)
Viajante das Almas (Francis Hime/Fernanda Montenegro/Herbert Richers Júnior)

2009
Adrenalina (Francis Hime/Joyce Moreno)
Estrela da Manhã (Francis Hime/Geraldo Carneiro)
Eterno Retorno (Francis Hime/Geraldo Carneiro)
Eu Hei-de Amar Uma Onda (Francis Hime/Tiago Torres da Silva)
Ferida do Tempo (Francis Hime/Heron Coelho/Gianfrancesco Guarnieri)
Há Controvérsias (Francis Hime/Paulinho Moska)
Maré (Francis Hime/Olivia Hime)
O Amor Perdido (Francis Hime/Geraldo Carneiro)
O Tempo das Palavras (Francis Hime/Geraldo Carneiro)
O Tempo e a Rosa (Francis Hime/Geraldo Carneiro)
Pra Baden e Vinicius (Francis Hime/Paulo César Pinheiro)
Rádio Cabeça (Francis Hime/Joyce Moreno)
Sonho de Boêmia[2] (Francis Hime/Castro Alves)

2010
E Se Não For Fado (Francis Hime/Tiago Torres da Silva)

2011
Almamúsica (Francis Hime/Olivia Hime)

---

[2] Este tema foi lançado em versão instrumental no álbum *O Tempo das Palavras... Imagem*, integrando suíte que também abriga "Capricho", dos mesmos autores. "Sonho de Boêmia" foi concebida como canção, com música escrita por Francis sobre poema de Castro Alves, para constar em *Um Homem Célebre* (1974). No corte final do filme, no entanto, a canção acabou não sendo aproveitada, de modo que permanece inédita em sua versão com letra cantada.

Balada de um Café Triste (Francis Hime/Geraldo Carneiro)
Joana (Francis Hime/Toquinho)

2012
Bantu-Tupi (Francis Hime/Celso Viáfora)

2013
A Ver Navios (Francis Hime/Guinga/Olivia Hime)
Doentia (Francis Hime/Guinga/Thiago Amud)
Sem Palavras (Francis Hime/Thiago Amud)

2014
Amorosa (Francis Hime/Olivia Hime)
Breu e Graal (Francis Hime/Thiago Amud)
Canção Apaixonada (Francis Hime/Olivia Hime)
Canção Noturna (Francis Hime/Olivia Hime)
Ilusão (Francis Hime)
Maria da Luz (Francis Hime/Vinicius de Moraes)
Mistério (Francis Hime)
Navega Ilumina (Francis Hime/Geraldo Carneiro)
Sessão da Tarde (Francis Hime/Joana Hime)
Tempo Feliz (Francis Hime/Pio Rodrigues Neto)

2016
Daqui, de Lá e de Acolá! (Francis Hime/Martinho da Vila/Olivia Hime)
Enternecer (Francis Hime/Abel Silva)

2019
Desdenhosa (Francis Hime/Hermínio Bello de Carvalho)
Flores pra Ficar (Francis Hime/Adriana Calcanhotto)
Jogo da Vida (Francis Hime/Silvana Gontijo)
Laura (Francis Hime/Olivia Hime)
Mais Sagrado (Francis Hime/Ana Terra)
Menino de Mar (Francis Hime/Olivia Hime)
O Tempo e a Vida (Francis Hime/Tiago Torres da Silva)
Pietá (Francis Hime/Silvana Gontijo)
Samba Dolente (Francis Hime/Olivia Hime)
Samba Funk (Francis Hime/Geraldo Carneiro)
Sofrência (Francis Hime/Thiago Amud)
Soneto de Ausência (Francis Hime/Paulo César Pinheiro)

2020
Anjos Secretos (Francis Hime/Jorge Fernando)

2021
Casa (Francis Hime/Joana Hime)
Entreventos (Francis Hime/Joana Hime)
Terra e Céu* (Francis Hime/Laís Gomes)

2022
A Alegria É a Prova dos Nove (Francis Hime/Leoni)
Círculo Fechado (Francis Hime/Paulo César Pinheiro)
Mar Enfim (Francis Hime/Olivia Hime)
Valsa Sedutora (Francis Hime/Zélia Duncan)

CANCIONEIRO POR PARCERIAS

* Canções inéditas em fonograma comercial, mas apresentadas em trilhas para teatro, trilhas para cinema, concertos ou projetos especiais.

Canções com letra e música de Francis Hime
Duas Faces
Gente Carioca
Ilusão
Jardim Botânico
Mistério

Abel Silva
Do Amor Alheio
Enternecer
Promessas, Promessas

Adriana Calcanhotto
Flores pra Ficar

Alberto Abreu
E Agora, Paquetá?*
Final*
O Que a Gente Mais Quer*
O Sinal
Somos Criancinhas*

Ana Terra
Mais Sagrado

Antônio Pedro
É Bonito Isso*
Hino n° 1*
Hino n° 2*
Pobreza*
Tango*
Tema do Porquinho*

Cacaso
Baião do Jeito
Cabelo Pixaim
Corpo Feliz
Elas por Elas
Flor de Laranjeira
Grão de Milho
Hora e Lugar
Língua de Trapo
Luar do Japão
Marina Morena
Me Dá, Me Dá
Meio Demais
Minas Goiás
O Fio da Meada
Patuscada
Ribeirinho
Rio Vermelho
Se Porém Fosse Portanto
Terceiro Amor

Luís Vaz de Camões
Senhora*

Capinan
Um Dueto

Carlinhos Vergueiro
Por Tudo Que Eu Te Amo

Carlos Queiroz Telles
A Bela Adormecida
Demolição
Feira das Almas

Cartola
Sem Saudades

Castro Alves
Capricho
Sonho de Boêmia

Celso Viáfora
Bantu-Tupi

Chico Buarque
A Noiva da Cidade
A Zooteca*
Amor Barato
Atrás da Porta
Bolero do Brilhantina*
Canção de Pedroca
Cartel*
Desembolada
E Se
Embarcação
Luiza
Maravilha
Meu Caro Amigo
Pássara
Passaredo
Pivete
Quadrilha
Qualquer Amor
Samba do Dr. Vidigal*
Trio*
Trocando em Miúdos
Vai Passar
Valsa Rancho

Chico Buarque e Dias Gomes
O Rei de Ramos

Cristina Saraiva
Recomeçar

Délcio Carvalho
De Repente

Edu Lobo
O Sim pelo Não

Eduardo Gudin
Moto Perpétuo

Eugénia Melo e Castro
Cobra Aranha

Fátima Guedes
Movimento da Vida

Fernanda Montenegro e Herbert Richers Júnior
Viajante das Almas

Fernando Pessoa
Glosa
O Menino da Sua Mãe
Passagem das Horas

Georges Moustaki
J'ai Grand Faiblesse Pour les Femmes

Geraldo Carneiro
A Invenção da Rosa
A Musa da TV
Balada de um Café Triste
Clara
Cláudia
Estrela da Manhã
Eterno Retorno
Existe Um Céu
Gozos da Alma
História de Amor
Mais-que-Imperfeito
Navega Ilumina
O Amor Passou
O Amor Perdido
O Mar do Amor Total
O Meu Amor me Procura*
O Tempo das Palavras
O Tempo e a Rosa
Pau Brasil
Perdición
Samba Funk

Gilberto Gil
Um Carro de Boi Dourado

Guinga e Olivia Hime
A Ver Navios

Guinga e Thiago Amud
Doentia

Hermínio Bello de Carvalho
Descompaixão
Desdenhosa

Heron Coelho e Gianfrancesco Guarnieri
Ferida do Tempo

Ivan Lins e Vitor Martins
Mariana

Joana Hime
Casa
Entreventos
Sessão da Tarde

João Vitório Maciel
Amor a Esmo
Mar Azul
Se Você Pensar

Jorge Fernando
Anjos Secretos

Joyce Moreno
Adrenalina
Cinema Brasil
Rádio Cabeça

Laís Gomes
Terra e Céu*

Lenine
Pó de Granito

Leoni
A Alegria É a Prova dos Nove

Luiz Carlos Maciel
O Homem que Virou Dinheiro*

Manuel Bandeira
A Guimarães Rosa*
Alumbramento*
Bacanal*
Canção do Vento e da Minha Vida*
Desencanto
Lenda Brasileira*
Letra para uma Valsa Romântica*
Na Rua do Sabão*

Noturno da Rua da Lapa*
O Rio*
Sapo Cururu*
Sonho de uma Terça-Feira Gorda*

Martinho da Vila e Olivia Hime
Daqui, de Lá e de Acolá!

Milton Nascimento
Homem Feito
O Farol
Parceiros
Sonho de Moço

Moraes Moreira
Brasil Lua Cheia
Menina

Nelson Angelo
Luz

Oduvaldo Vianna Filho
Ave-Maria
Discurso*
Frevo*

Olivia Hime
A Menina e o Vento*
A Tarde
Almamúsica
Alta Madrugada
Amorosa
Cada Canção
Canção Apaixonada
Canção Noturna
Canção Transparente
Cara Bonita
Cartão Postal
Choro Rasgado
Cinzas
Coração do Brasil
Desacalanto
Disfarçando
Estrela do Mar
Laura

Lua de Cetim
Luar
Mar Enfim
Maré
Mariposa
Menino de Mar
Mente
Meu Melhor Amigo
Parintintin
Samba Dolente
Santa Tereza
Três Marias
Uma Canção Perdida
Velho Moinho
Vermelha

Paulinho da Viola
Choro Incontido

Paulinho Moska
Há Controvérsias

Paulo César Pinheiro
A Grande Ausente
Amor Sem Medo
Anunciação
Círculo Fechado
Flor no Lago
Herança
Lindalva
Luz da Manhã
Maracanã
Minhas Mãos
Navio Fantasma
Navios
No Parangolé do Samba
Pra Baden e Vinicius
Soneto de Ausência
Talvez
Tempo de Chuva

Pio Rodrigues Neto
Tempo Feliz

Renata Pallottini
A Noite

Renato Icarahy
A Fada*
A Raposa e o Gato*
Era Uma Vez um Sonho*
País dos Brinquedos*
Pinochio*
Tango do Grilo*
Teatro dos Bonecos*

Ruy Guerra
À Meia Luz
Ave Maria
Carta
Corpo e Alma
Corpo Marinheiro
Ieramá
Máscara
Meu Homem
Minha
Ode Marítima
Por um Amor Maior
Pouco Me Importa
Réquiem
Último Canto
Último Retrato (A Estrela Sobe)

Sérgio Santos e Paulo César Pinheiro
Paixão Bandida

Silvana Gontijo
Jogo da Vida
Pietá

Simone Guimarães
Cadê
Carta à Amiga Poeta

Thiago Amud
Breu e Graal
Sem Palavras
Sofrência

Tiago Torres da Silva
E Se Não For Fado
Eu Hei-de Amar Uma Onda
O Tempo e a Vida

Tite de Lemos
Flor do Mal

Toquinho
Doce Vida
Joana
Laços de Serpentina
Palavras Cruzadas

Vinicius de Moraes
A Dor a Mais
Anoiteceu
Eu Te Amo, Amor
Maria
Maria da Luz
Marília e Marina*
Meu Coração
Natal
O Tempo da Flor
Samba de Maria
Saudade de Amar
Sem Mais Adeus
Tereza Sabe Sambar

Vinicius de Moraes e Adriana Calcanhotto
Um Sequestrador

Vinicius de Moraes e Dália Antonina
Felicidade

Vinicius de Moraes e Paulo Mendes Campos
Soneto a Quatro Mãos

Zélia Duncan
Valsa Sedutora

Ziraldo
Infinita*

TEMAS INSTRUMENTAIS E MÚSICA PARA CONCERTO

* Obras inéditas em fonograma comercial.

1973
Olivia

1978
Joana

1981
Cachoeira

1982
Falcão
Rio Negro

1986
Sinfonia n° 1*

1988
Carnavais para Coro Misto e Orquestra, com letra de Geraldo Carneiro*

1997
Baiãozão
Terra Encantada, com letras de Olivia Hime e Paulo César Pinheiro*
Toadinha

2000
Choro n° 2 para Clarinete, Trompa, Fagote e Cordas*

2001
Sinfonia do Rio de Janeiro de São Sebastião
    Abertura (letra de Geraldo Carneiro e Paulo César Pinheiro)
    Lundu (letra de Geraldo Carneiro)
    Modinha (letra de Geraldo Carneiro)
    Choro (letra de Paulo César Pinheiro)
    Samba (letra de Paulo César Pinheiro)

Canção Brasileira (letra de Paulo César Pinheiro)
Final (letra de Geraldo Carneiro e Paulo César Pinheiro)

2004
Fantasia para Piano e Orquestra

2006
Balada Mineira

2008
Afro nº 1
Tema de Tocaia Grande
Valsa do Pescador

2009[1]
Canção de Teodoro nº 1
Canção de Teodoro nº 2
Canção do Vento
Choro de Vadinho
Choro nº 2
Choro nº 3
Lição de Amor
Abertura
Tema Central
Marcados para Viver
Namoro de Vadinho e Dona Flor
Rosinha
Tema da Parteira
Tema Hindu
Valsinha
Variação nº 1 de Dona Flor
Variação nº 2 de Dona Flor

2010
Concerto para Violão e Orquestra

2013
Concerto para Violino*

---

[1] Todos os temas instrumentais correspondentes ao ano de 2009 foram lançados no álbum O *Tempo das Palavras... Imagem*. Essas faixas são arranjos para piano baseados nas trilhas sonoras para cinema que Francis já havia lançado em diversos filmes — ver seção "Trilhas para cinema" (p. 378 deste volume).

2014
Beatriz — Choro Seresta
Cecília — Fantasia para Harpa e Orquestra[2]
Gávea
Isabel — Fantasia para Violino e Orquestra[3]

2019
Concerto para Harpa e Orquestra*

2021
Choro para Dois Cellos

2022
Alameda
Alvorada
Bucólica
Canção para Luiz Eça
Canção para Raphael Rabello
Concerto para Clarinete e Orquestra
Estuário
Itaipava
Manguezal
Para Olivia
Riachinho
Tarde Macia
Um Rio

---

[2] Faixa derivada do *Concerto para Harpa e Orquestra* (2019).

[3] Faixa derivada do *Concerto para Violino* (2013).

TRILHAS E PROJETOS ESPECIAIS

Trilhas para cinema

O Homem que Comprou o Mundo (1968), filme de Eduardo Coutinho
A Estrela Sobe (1974), filme de Bruno Barreto
Um Homem Célebre (1974), filme de Miguel Faria Jr.
Lição de Amor (1975), filme de Eduardo Escorel
Dona Flor e Seus Dois Maridos (1976), filme de Bruno Barreto
Marcados para Viver (1976), filme de Maria do Rosário
Marília e Marina (1976), filme de Luiz Fernando Goulart
A Noiva da Cidade (1978), filme de Alex Viany
República dos Assassinos (1979), filme de Miguel Faria Jr.
Augusto Boal e o Teatro do Oprimido (2010), filme de Zelito Viana
Cacaso na Corda Bamba (2016), de José Joaquim Salles e PH Souza

Trilhas para teatro

Dura Lex Sed Lex No Cabelo Só Gumex (1968), texto de Oduvaldo Vianna
   Filho, direção de Gianni Ratto
A Menina e o Vento (1979), texto de Maria Clara Machado, direção de Marília
   Pêra
O Rei de Ramos (1979), texto de Dias Gomes, direção de Flávio Rangel
Foi Bom Meu Bem? (1980), texto de Alberto Abreu, direção de Wolf Maya
O Banquete (1982), texto de Mário de Andrade, direção de Camilla Amado
Belas Figuras (1983), texto de Ziraldo, direção de Wolf Maya
Pinóquio (1984), texto de Carlo Collodi, direção do Grupo Tapa
Tá Ruço no Açougue (1985), texto de Bertolt Brecht, com adaptação e direção de
   Antônio Pedro
Na Sauna (1991), texto de Nell Dunn, direção de Wolf Maya
Cartas de Amor (2007), texto de A. R. Gurney, direção de Flávio Marinho

Projetos especiais

Cata-Vento (1975), trilha para o programa da TV Educativa
O Menino Atrasado — Auto de Natal de Cecília Meireles (1975), trilha sonora
   para especial exibido pela TVE

Feliz Aniversário (1977), trilha para episódio do programa "Caso Especial", da TV Globo

Os 4 Mineiros (1981), trilha sonora para disco em que Fernando Sabino, Hélio Pellegrino, Otto Lara Resende e Paulo Mendes Campos liam textos de sua autoria

Composição de doze canções sobre poemas de Manuel Bandeira (2000), apresentadas no Centro Cultural Banco do Brasil (RJ)

Jorge Amado (2008), trilha sonora para disco em que diversos intérpretes leem textos de Jorge Amado

DVDs lançados

Sinfonia do Rio de Janeiro de São Sebastião (2001)
Brasil Lua Cheia (2003)
Francis Ao Vivo (2007)
O Tempo das Palavras Ao Vivo (2010)
Almamúsica Ao Vivo (2012)
50 Anos de Música (2015)

REFERÊNCIAS BIBLIOGRÁFICAS

ANDRADE, Oswald de. *Do Pau-Brasil à Antropofagia e às utopias*. Rio de Janeiro: Civilização Brasileira, 1970.

CABRAL, Sérgio. *Antonio Carlos Jobim: uma biografia*. São Paulo: Lazuli Editora/Companhia Editora Nacional, 2008.

CASTELLO, José. *Vinicius de Moraes, o poeta da paixão: uma biografia*. São Paulo: Companhia das Letras, 1994.

CASTRO, Ruy. *Chega de saudade: a história e as histórias da bossa nova*. São Paulo: Companhia das Letras, 1990.

_____. "Francis Hime". In: *Música popular brasileira hoje*. Arthur Nestrovski (org.). São Paulo: Publifolha, 2002.

CHEDIAK, Almir. *Songbook Francis Hime*. Rio de Janeiro: Lumiar, 2001.

DREYFUS, Dominique. *O violão vadio de Baden Powell*. São Paulo: Editora 34, 1999 (2ª ed., 2020).

HIME, Francis. *Álbum musical — Livro de partituras*. Rio de Janeiro: Gryphus, 2004.

_____. *Trocando em miúdos as minhas canções*. São Paulo: Terceiro Nome, 2017.

HOMEM, Wagner. *Chico Buarque — Histórias de canções*. São Paulo: Leya, 2009.

MELLO, Zuza Homem de. *A Era dos Festivais: uma parábola*. São Paulo: Editora 34, 2003.

MENESES, Adélia Bezerra de. *Figuras do feminino na canção de Chico Buarque*. 2ª ed. São Paulo: Ateliê Editorial/Boitempo, 2001.

MOTTA, Nelson. *Noites tropicais*. Rio de Janeiro: Objetiva, 2000.

PINHEIRO, Amálio. *América Latina: barroco, cidade, jornal*. São Paulo: Intermeios, 2013.

SEVERIANO, Jairo. *Uma história da música popular brasileira: das origens à modernidade*. São Paulo: Editora 34, 2013.

SEVERIANO, Jairo; MELLO, Zuza Homem de. *A canção no tempo: 85 anos de músicas brasileiras — Vol. 1: 1901-1957*. São Paulo: Editora 34, 2015.

_____. *A canção no tempo: 85 anos de músicas brasileiras — Vol. 2: 1958-1985*. São Paulo: Editora 34, 2015.

TATIT, Luiz. *O século da canção*. São Paulo: Ateliê Editorial, 2004.

_____. *O cancionista: composição de canções no Brasil*. São Paulo: Edusp, 2006.

VIANY, Alex. *Introdução ao cinema brasileiro*. Rio de Janeiro: Revan, 1993.

WERNECK, Humberto. *Chico Buarque — Letra e música*. São Paulo: Companhia das Letras, 1989.

WISNIK, José Miguel. *Sem receita: ensaios e canções*. São Paulo: Publifolha, 2004.

VELOSO, Caetano. *Verdade tropical*. São Paulo: Companhia das Letras, 1997.

CRÉDITOS DAS IMAGENS

Agência O Globo: p. 33; p. 240b (Paulo Araújo)

Arquivo Francis Hime: 4ª capa, pp. 8, 16, 17a, 17b, 32a, 45, 74a, 74b, 75a, 86a, 87, 92a, 93a, 106a, 106b, 116, 117a, 117b, 122, 142a, 142b, 143a, 194, 220, 221a, 236a, 237a, 241a, 241b, 250a, 268a, 276b, 277a, 289a, 289b, 297a, 317b, 324a, 324b

Cafi (Carlos da Silva Assunção Filho): capa, pp. 55b, 86b, 169a, 169b

Divulgação/Reprodução: pp. 22, 23, 28a, 28b, 36a, 36b, 37a, 37b, 40, 41, 44, 48, 49, 54a, 54b, 55a, 60a, 60b, 61, 64, 65, 71, 75b, 80, 81a, 81b, 92b, 93b, 98a, 98b, 99, 107a, 107b, 109a, 109b, 123, 128, 129, 134, 135, 138, 139a, 139b, 143b, 146a, 146b, 147, 149, 156, 157a, 157b, 162, 163, 188, 189a, 189b, 195a, 195b, 201b, 213, 221b, 226a, 226b, 227a, 227b, 237b, 240a, 246a, 246b, 247, 250b, 258a, 258b, 259a, 259b, 268b, 269a, 269b, 276a, 277b, 284a, 284b, 285a, 285b, 288a, 288b, 296a, 296b, 297b, 304a, 304b, 305a, 305b, 316, 317a, 325a, 325b

Estadão Conteúdo/Arquivo: p. 32b

Instituto Antonio Carlos Jobim: pp. 70, 168, 180, 181a, 181b (Arquivo Chico Buarque); 212a, 212b (Arquivo Milton Nascimento/Mario Luiz Thompson); 251, 262, 263 (Arquivo Tom Jobim)

Instituto Moreira Salles: p. 29 (Coleção Baden Powell); pp. 200, 201a, 236b (Coleção José Ramos Tinhorão)

Todos os esforços foram feitos para se determinar a autoria das fotos usadas neste livro. Uma vez localizados os fotógrafos, a editora imediatamente se dispõe a creditá-los nas próximas edições.

SOBRE O AUTOR

André Simões, paulistano nascido em 1985, é jornalista e escritor. Lançou os livros de crônicas e contos *A arte de tomar um café* (Londrina, Atrito Art, 2010) e *23 minutos contados no relógio* (São Paulo, Patuá, 2018). Como repórter, teve passagens pelas redações da *Gazeta do Povo*, do *Jornal de Londrina* e do *Diário de Maringá*. É especialista em Canção Popular pela Faculdade Santa Marcelina (FASM), de São Paulo, e mestre em Letras pela Universidade Estadual de Londrina (UEL), tendo defendido a dissertação *O ato e o fato: a crônica política de Carlos Heitor Cony*. Em 2022 concluiu o doutorado no curso de Comunicação e Semiótica da PUC-SP, com a tese *O eu feminino na canção brasileira: desenvolvimento cultural entre 1901 e 1985*.

ESTE LIVRO FOI COMPOSTO EM SABON PE-
LA FRANCIOSI & MALTA, COM CTP E IM-
PRESSÃO DA EDIÇÕES LOYOLA EM PAPEL
CHAMBRIL BOOK 90 G/M² DA SYLVAMO
PARA A EDITORA 34, EM MARÇO DE 2023.